Philippe **Gouillou**

Pourquoi les femmes des riches sont belles

Programmation génétique et compétition sexuelle

Préface de
René **Zayan**

de boeck

2e édition

Éditions De Boeck Université
Rue des Minimes 39, B-1000 Bruxelles

Imprimé en Belgique

Dépôt légal :
Bibliothèque Nationale, Paris : juin 2010
Bibliothèque Royale Albert 1er, Bruxelles : 2010/0035/002

ISBN 978-2-8011-1609-8

Remerciements

La rédaction de ce livre n'aurait pas été possible sans les encouragements, les commentaires et les critiques de tous mes amis de la Principauté de Monaco, notamment Georges Dick, Pierfranck Pelacchi qui m'a convaincu de me lancer dans ce projet, Laurence Sirac et surtout Christine Pozzi-Ridoux pour ses très nombreuses relectures et nos heures de discussions et d'analyses. Je tiens aussi à remercier très vivement les très nombreux chercheurs qui m'ont aidé en m'expliquant et en commentant leurs théories et souvent en complétant des passages de ce livre. Ce sont notamment Peter Frost, qui avait relu et commenté la première version de cet ouvrage, Christian Mesquida qui non seulement m'a envoyé une riche documentation mais a aussi bien voulu relire cette version, Dave C. Geary, dont l'intelligence et la culture encyclopédique constituent des aides précieuses, Gregory M. Cochran et Lee Ellis qui, chacun dans leur domaine, m'ont envoyé de nombreux articles soutenant leurs dernières publications, Jacques Bénesteau qui m'a envoyé et commenté son manuscrit, L. Eugene Arnold, Christopher Brand, David B. Cohen, James Vaughn Kohl, Dorothy Tennov, John C.W. Waller et de nombreux autres qui ont pris le temps de répondre directement et souvent de manière approfondie, à mes questions. Il est évident que la présentation que je fais de leurs idées ne les engage en rien, mais je n'aurais pas eu autant de plaisir à pousser ma réflexion sans leur intelligence et leur soutien. Je n'aurais pu connaître tous ces chercheurs sans les listes Internet de très haut niveau qu'ont su créer et maintenir Ian Pitchford et Steve Sailer : qu'ils en soient ici remerciés et félicités.

Mes remerciements vont aussi à tous les chercheurs et à tous les vulgarisateurs qui ont pris et prennent le temps et le courage de diffuser leurs idoles, de les confronter à l'avis des autres, en supportant à chaque fois le risque de mettre en cause leur réputation et leur carrière, mais permettant ainsi à tous de découvrir des mondes nouveaux.

Préface

Le titre de ce livre peut déprimer, mais aussi consoler, la grande majorité des lecteurs qui ont étés confrontés à des échecs amoureux, c'est-à-dire tous les hommes qui ne sont pas assez riches et toutes les femmes qui ne sont pas assez belles ! En réalité, la richesse et la beauté sont à comprendre comme des qualités biologiques déterminant le choix d'un bon partenaire sexuel selon les principes et les découvertes de la psychologie évolutionniste (Evopsy). L'ouvrage de Philippe Gouillou expose les fondements de cette discipline avec une rigueur qui l'apparente davantage à la vulgarisation scientifique de style anglo-saxon qu'au divertissement intellectuel. Sur un thème éternel, celui des mystères de l'accouplement sexuel, il échappe aux trivialités des écrits de psychologie populaire à la mode. Le titre du livre illustre seulement un des principes de l'Evopsy. Pour simplifier, les femmes sélectionnent des hommes dotés de ressources suffisantes pour assurer la viabilité (« fitness ») de la progéniture ; les hommes sélectionnent des femmes dont la jeunesse et la santé garantissent qu'elles engendrent une progéniture viable. On l'a compris, pour l'Evopsy les humains choisissent de bons partenaires sur la base de traits corporels qui optimalisent la reproduction. Les hommes possèdent des marqueurs de taux élevés de testostérone (puissance physique mais aussi dominance ou statut social associé à davantage de ressources). Les femmes possèdent des marqueurs fiables de fécondité qui les rendent plus attirantes, ce qui est le cas de la beauté, que Gouillou définit joliment comme « la publicité extérieure d'une personne sur ses capacités reproductives ». Ainsi, un visage symétrique ou certaines valeurs du rapport tour de hanches/tour de taille sont des critères de beauté associés à de bons gènes pour produire et élever une progéniture viable.

L'auteur précise bien que dans les principes de l'Evopsy, la beauté ne constitue pas un critère de sélection culturel, mais biologique. Les partisans du relativisme culturel de la beauté seront atterrés par les résultats du psychologue Slater, à savoir que des nouveaux-nés préfèrent regarder les photographies de visages de femmes jugés beaux par des adultes, plutôt que des visages féminins jugés laids. Il semble que les humains soient programmés pour détecter des rapports morphologiques universels typiques de la beauté faciale. Il est plus aisé de reconnaître le caractère biologique du phénotype masculin qui prédispose certains hommes à posséder et à distribuer des ressources correspondant à leur dominance sociale. Une enquête de Buss a fait apparaître une tendance générale, dans une majorité de cultures, des hommes à sélectionner les femmes au physique attirant et des femmes à sélectionner les hommes présentant des attributs de statut élevé. La différence entre ces deux critères contribue à expliquer une autre tendance observée au sein de diverses cultures, celle des hommes d'âge mûr à s'accoupler avec des femmes plus jeunes qu'eux, la maturité correspondant davantage à l'acquisition de ressources via un statut supérieur. Le choix des femmes plus jeunes, plus «belles», se comprend si l'on postule que l'âge des hommes dominants concorde avec davantage d'expérience sexuelle, qui accroîtrait leur capacité reproductive (et le plaisir dans l'accouplement!). Si l'on ajoute que la beauté des femmes est associée à la jeunesse, à la santé, et que la fécondité des femmes est limitée dans le temps, on pourra accepter le principe d'une double stratégie évolutive. Chez les hommes, celle de disséminer au maximum leurs bons gènes «dominants» avec plusieurs partenaires. Chez les femmes, celle de sélectionner un bon géniteur pour leur «beaux» gènes; un mâle fort et sain, mais aussi un bon père (si possible fidèle) capable de maximiser ce qui compte avant tout pour elles, la viabilité de leur progéniture. D'où la polygamie universellement plus fréquente chez les hommes (polygynie) que chez les femmes (polyandrie).

On doit s'attendre à ce que ces thèses irritent par leur apparent réductionnisme. L'amour ne se résume pas à la reproduction; le choix sexuel n'est pas qu'une prédisposition biologique sélectionnée et conservée par l'évolution; l'expérience personnelle apprend à choisir les partenaires adéquats; les belles peuvent aussi aimer les pauvres; la rupture dévaste tout autant les riches que les pauvres; la santé n'est pas que physique, elle est «intérieure» et il ne faut pas se fier qu'aux apparences. À quoi l'on peut répondre en soulignant que l'Evopsy explique beaucoup d'intuitions justes de la littérature et de la philosophie. Le génial Schopenhauer était convaincu que l'amour est un subterfuge inventé par l'homme pour continuer à enfanter sans le savoir, et que le monde était gouverné par une force métaphysique et aveugle inconsciente: la volonté de survivre et de se reproduire. Et Drieu la Rochelle constatait amèrement que «la fidélité dure aussi longtemps que le prestige, aussi longtemps que l'étonnement» et que «ne se trompent que ceux qui s'ignorent». À cet égard, Oscar Wilde provoquait les rationalistes et les sentimentalistes en ironisant que «seuls les gens superficiels ne jugent pas d'après les apparences».

Le lecteur ne manquera pas de se poser une question angoissante: devons-nous désespérer de plaire, nous qui en majorité sommes (au mieux) moyennement beaux ?

La réponse est: Non!

Dans les travaux de l'Evopsy, plusieurs auteurs confondent beauté et attirance. Des visages peuvent être attirants par l'expressivité du regard, lors des sourires de réceptivité par exemple (relèvement des sourcils, dilatation des pupilles, clignements des paupières, pattes d'oie). Certains visages peuvent plaire sans présenter une morphologie de beauté faciale ; par exemple, deux profils très différents mais complémentaires, un dosage optimal de traits enfantins et de traits de maturité, ou un dosage optimal de traits féminins et masculins (un certain degré d'androgynie faciale attire). À l'inverse, des visages beaux mais peu expressifs de sociabilité ne sont pas jugés très attirants.

Quand on s'intéresse à l'importance de la beauté corporelle, il faut admettre qu'il nous est impossible de vérifier les degrés de symétrie d'un partenaire potentiel que nous détectons à distance. Le vêtement peut constituer une indication de ses ressources. Mais surtout, il ne masque pas les messages issus du comportement non verbal : attitudes corporelles, gestes, démarche, mimiques faciales, tonalité de la voix, autant de signaux qui renseignent sur les degrés de dominance, de réceptivité sociale, de masculinité ou féminité. Or, il existe un type de répertoire comportemental qui rend très attirant. C'est le charisme, bien analysé par Bella De Paulo et d'autres chercheurs en psychologie sociale. Les personnes charismatiques ont une forte expressivité faciale, gestuelle et vocale, ils sont dynamiques. Les recherches démontrent qu'elles sont jugées plus attirantes que des personnes jugées belles mais neutres ou peu expressives. Mieux : les personnes charismatiques sont perçues comme plus belles qu'elles ne le sont en réalité par leurs traits faciaux et corporels. Elles sont aussi perçues comme étant plus jeunes (un avantage pour les femmes) et plus grandes (un avantage pour les hommes) qu'elles ne le sont en réalité. On leur attribue une bonne santé corporelle et mentale ainsi que de la compétence sociale. Les hommes charismatiques sont perçus comme dominants ; on leur attribue du leadership ; ils ont davantage de succès social (statut) et économique (revenu). Dans leur comportement, les hommes charismatiques allient l'autorité naturelle à la sociabilité et à la jovialité ; ils rient et font rire, ce qui contribue fortement à la séduction. Provine a démontré qu'invariablement les femmes rient davantage que les hommes ; mais ce sont les hommes qui les font rire. De plus, une personne qui sait systématiquement faire rire est perçue comme dominante, parce qu'elle sait quand et comment contrôler les émotions positives du groupe.

Le comportement non verbal doit être considéré comme un élément du phénotype contribuant, par l'attirance qu'il peut déclencher, à la sélection sexuelle, qui est parfois trop envisagée sous l'angle de la « beauté » corporelle dans les concepts de l'Evopsy.

Les observations de Monica Moore ont démontré que certaines femmes sont d'autant plus attirantes qu'elles exécutent davantage de signaux non verbaux de sollicitation en direction des hommes. Parmi les 52 comportements répertoriés par l'auteur, ceux qui déclenchent les approches masculines sont les regards directs accompagnant les larges sourires, les rires, surtout très vocalisés, les auto-contacts tels que se caresser les bras ou la chevelure, les gestes emphatiques, le fait de commencer à danser toute seule. Les femmes les plus actives par la fréquence de ces signaux sont davantage approchées que leurs rivales plus discrètes, même si ces dernières sont en réalité plus belles. L'attirance peut donc compter davantage que la beauté dans la sélection sexuelle, dont l'Evopsy ne nie pas que les femmes y jouent un rôle actif. Ce qu'en vrai séducteur, Casanova avait déjà reconnu : « Je n'ai jamais séduit que celles qui m'avaient séduit ».

René ZAYAN,
professeur d'éthologie à l'Université Catholique de Louvain

Les femmes ne cherchent à convaincre de leur désintéressement que les hommes riches, pour les autres, elles ne prennent pas tant de peine.

René Clair (1951, p. 122)

Prologue

Comme prévu, les recherches se sont accélérées depuis la première parution en 2003, et les résultats obtenus sont venu compliquer encore plus le modèle évolutionniste.

Les deux révolutions les plus importantes ont probablement été la plus grande prise en compte de l'épigénétique et des transmissions horizontales des gènes, et la démonstration par Henry Harpending et Gregory Cochran que l'évolution humaine s'est accélérée depuis le passage à la civilisation (il y a environ 10 000 ans), permettant plus d'adaptations locales et donc plus de bio-diversité humaine qu'on le pensait.

Ce ne sont pas là les seules découvertes qui sont venu renforcer l'importance de l'influence biologique sur le comportement humain. Cette nouvelle édition présente aussi les trois types d'amour d'Helen Fisher, les travaux de Wang sur les différences sexuelles face au stress (et leurs implications), l'influence de la pilule sur les préférences des femmes en fonction de leur recherche (court-terme ou long-terme) et d'autres résultats de ces dernières années. Aucune ne remet en cause la logique générale, au contraire, mais toutes apportent des précisions et des éclaircissements.

Au niveau grand public et médiatique la psychologie évolutionniste n'est plus taboue comme elle l'était encore en 2003. Certes, la plupart des découvertes sont encore classées par les media dans leur rubrique «Insolites», mais d'excellents reportages sont maintenant diffusés sur les chaînes nationales.

Et si en France le terme est encore peu utilisé, à l'étranger «Psychologie Évolutionniste» devient le terme générique pour toutes les approches évolutionnistes de la psychologie et plus seulement de celles suivant les règles édictées par Tooby et Cosmide. De même qu'on ne précise plus «biologie évolutionniste» mais seulement «biologie», on peut parier qu'on ne parlera prochainement plus que de «psychologie», l'approche évolutionniste étant totalement évidente !

La plus cruelle des injustices

Tu as une belle gueule, tu dois plaire aux femmes : cela est injuste !

En agressant ainsi Jean-Louis Trintignant dans le film *La Course du lièvre à travers les champs* (Clément, 1972)[1], Aldo Ray exprime l'injustice la plus profonde qui soit : les hommes ne sont pas égaux devant l'amour. Les plus riches ou les plus célèbres seront adulés par les femmes les plus belles et les top models les plus en vue auront une cour de prétendants à leurs pieds, tandis que beaucoup d'autres resteront seuls, rejetés dans une solitude éternelle. Certains se marieront et auront une longue vie heureuse avec beaucoup d'enfants, tandis que les autres finiront abandonnés, victimes d'une impressionnante série d'échecs affectifs. Pourquoi cette injustice ? Comment y remédier ? Comment augmenter ses propres chances ? Comment battre les autres ?

Dans le film de René Clément, Aldo Ray est un ancien boxeur sur le retour, un peu usé. Pour écraser son adversaire, il va utiliser l'arme qu'il maîtrise le mieux : ses poings. Hélas, Trintignant le bat : même sur ce qui aurait dû imposer sa dominance, il se retrouve dominé, c'est la fin de tout. Trintignant est un fuyard condamné qui échoue dans une bande de voleurs, alors en pleine préparation d'un coup mal engagé, qu'il ne pourra que suivre. Bien sûr, pour les deux femmes présentes, qui ne connaissent pas sa fuite, Trintignant est l'étranger, Trintignant est la porte de sortie, la reprise de contrôle et elles se battront pour le conquérir ; lui aimerait bien mais ne peut pas. Le thème principal du film est cette progressive perte de contrôle d'hommes et de fem-

1. Les références entre parenthèses renvoient aux sources, qui comprennent également la présentation des principaux auteurs cités. Les mots suivis d'une astérisque (*) sont expliqués dans le glossaire.

mes sur leurs environnements, sur leurs vies. Bien sûr, tous et toutes essaient quelques bravades, mais, finalement, les seules véritablement grandioses ne seront que celles qui signeront leurs suicides.

Au niveau commercial comme au niveau artistique, ce film a été un très grand succès : le scénario de polar y est un formidable support pour une histoire profondément humaine. Les conflits déséquilibrés qui marquent les femmes entre elles et les hommes entre eux, ces pertes de contrôle que tous subissent et le désastre final qui en résulte, et même les quelques bravades qui les élèvent au rang de héros correspondent effectivement à la réalité, celle de tous les jours, celle que nous vivons tous, plus ou moins bien. Ils auraient pu vivre une vie un peu différente, beaucoup d'autres vivent une autre vie, mais celle-ci est la leur et elle finit mal. Pourquoi ?

De nombreux livres se sont attaqués à cette inégalité. Pour mieux séduire, on trouve des guides pratiques qui expliquent aux hommes ce que sont les femmes et aux femmes ce que sont les hommes, à un niveau plus général, on trouve de nombreux guides de leadership, de manipulation, ou même de méditation : les librairies sont remplies de livre de *self-help*. Tous affirment généralement qu'il suffit d'apprendre quelque chose, une technique ou une attitude, ou encore de résoudre ses problèmes d'enfance pour se transformer en *gagnant*. Ils postulent que tout le monde naît égal, avec le même potentiel de départ et que c'est l'environnement qui fait de nous ce que nous sommes, avec nos échecs et nos fiascos. Pour certains, changer l'environnement ne serait même pas nécessaire : il suffirait seulement de modifier la façon dont nous le ressentons pour tout d'un coup renaître (« insight ») et rejoindre les meilleurs. Pourtant, même après des années de thérapie, même après tous les cours de manipulation mentale au monde, beaucoup resteront frustrés, seuls et sans pouvoir. Pire, les méthodes de « Self-Help » ont été récemment démontrées comme ayant un effet négatif sur les personnes ayant une faible estime d'elles-mêmes (Wood *et al.*, 2009) ». Pourquoi ?

Le sujet de ce livre est d'apporter des éléments de réponse à cette question toute simple : *pourquoi les hommes ne naissent pas égaux**. Pour ce faire, il présente les travaux d'une nouvelle discipline qui commence à faire parler d'elle : la psychologie évolutionniste (« évopsy »). Il s'agit donc ici de *vulgarisation*, de présentation synthétique des principes et résultats d'une science.

L'évopsy est apparue à la fin des années 1980 grâce aux travaux de Leda Cosmides, John Tooby et Jerome Barkow. Elle s'appuie sur les travaux de la sociobiologie et sa tradition remonte directement à Charles Darwin qui écrivait dès la première édition de *L'origine des espèces* (1859) :

« J'entrevois dans un avenir éloigné des routes ouvertes à des recherches encore plus importantes. La psychologie sera solidement établie sur une nouvelle base, c'est-à-dire sur l'acquisition nécessairement graduelle de toutes les facultés et de toutes les aptitudes mentales, ce qui jettera une vive lumière sur l'origine de l'homme et sur son histoire. »

Cette prédiction a mis en fait plus de cent ans à se réaliser. Si tout au long du XXe siècle de nombreux chercheurs utiliseront l'évolutionnisme pour approcher le comportement des animaux (Konrad Lorentz sera l'un des plus médiatisés), ceux qui oseront en faire de même avec l'humain resteront inconnus. *Le Singe Nu* de Desmond Morris en 1967 sera le premier livre grand public sur le sujet et ce n'est qu'en 1975 qu'Edward O. Wilson relancera véritablement le débat au niveau scientifique avec son livre *Sociobiology : A new Synthesis*. Le retentissement sera énorme : Wilson sera le premier scientifique américain à être physiquement agressé lors d'une présentation de ses travaux, son discours sera aussitôt dénoncé par la gauche et exploité par l'extrême droite et beaucoup de chercheurs verront leurs carrières brisées pour avoir affirmé leur accord avec la sociobiologie (voir par exemple : Wilson, 1995). Mais toute cette guerre de religion (en réalité politique) n'a pas remis en cause la validité scientifique de l'approche et à la fin des années 1980, le besoin s'est fait sentir de la faire évoluer et connaître. Ce seront Cosmides, Tooby et Barkow qui apporteront les évolutions les plus marquantes à la sociobiologie et surtout la renommeront afin que l'image politique soit abandonnée. L'évopsy est véritablement l'héritière directe de la sociobiologie, à tel point qu'on a pu la définir au choix comme son application à l'humain ou comme sa version politiquement correcte, expurgée.

Les deux approches s'inscrivent dans l'étude darwinienne du comportement humain : c'est la sélection naturelle et la sélection sexuelle qui ont construit notre cerveau au fil des générations, comme elles ont construit notre corps. L'évopsy apporte cependant deux éléments nouveaux à la sociobiologie : elle postule que le cerveau est constitué de modules plus ou moins indépendants (des processeurs spécialisés) et que la sélection s'est principalement opérée à une époque qui était différente de celle où nous vivons (qu'on appelle EEA* : *Environment of Evolutionary Adaptedness*), en d'autres termes que notre cerveau a été optimisé pour un monde qui n'existe plus.

La psychologie évolutionniste est une approche multidimensionnelle, qui identifie les caractéristiques historiques, de développement, de culture et de situation qui ont formé la psychologie humaine et qui l'orientent aujourd'hui.

David Buss (1994, p. 20)

L'évopsy est une science multidisciplinaire qui rassemble des anthropologues, des éthologues, des biologistes, des psychologues, des sociologues, etc. : en fait, elle occupe des milliers de chercheurs à travers le monde. Ses succès sont reconnus : elle est maintenant en mesure d'expliquer simplement et précisément un grand nombre de comportements humains et de faire des prédictions efficaces. Ses applications bouleversent toutes les disciplines touchant aux sciences humaines, du marketing à la politique, de l'enseignement à l'art de la guerre. Ses découvertes sont tellement importantes et transforment tellement notre vision de nous-mêmes que la psychologie évolutionniste devrait être enseignée dans toutes les écoles. Ce n'est évidemment pas encore le cas.

Aujourd'hui, quiconque voudrait s'intéresser à cette science pour mieux comprendre le monde (ou l'appliquer à son avantage) devrait lire de nombreux ouvrages, certains de génétique, et d'autres de psychologie. Il lui faudrait aussi maîtriser l'anglais pour s'inscrire à plusieurs listes de diffusion Internet sur le sujet et lire dans le texte les articles scientifiques : il n'existe quasiment rien en français. Tout cela l'intéressera certainement beaucoup mais lui paraîtra beaucoup trop long s'il a d'autres sources d'intérêt et ne souhaite pas s'y spécialiser.

Aussi ce livre s'adresse à tous ceux qui ont intérêt à comprendre les bases de la psychologie évolutionniste, qu'ils soient étudiants (en sciences humaines ou en gestion) ou tout simplement *honnêtes hommes*. Il est construit pour être pédagogique et il est conseillé de le lire dans l'ordre : beaucoup de notions exploitées dans les derniers chapitres proviennent d'explications des pages précédentes et vouloir bouleverser cette progression risque de mener à des incompréhensions.

La suite de ce chapitre commencera par s'attaquer aux mythes qu'on nous enseigne encore : l'idée fausse que les hommes et les femmes sont identiques et l'incroyable tromperie qu'est la psychanalyse. Par la suite, nous expliciterons les concepts fondamentaux des théories évolutionnistes et notamment l'influence des gènes sur notre comportement, pour préciser comment nous sommes programmés dans nos choix amoureux. Nous nous intéresserons ensuite à l'impact de la société, avant de revenir plus profondément sur les rapports entre les sexes et étudier comment nous pouvons optimiser ce jeu que nous n'avons pas choisi, dans lequel la nature nous a jeté. Enfin, l'évopsy sera resituée dans un contexte plus large, par la présentation des « sujets qui fâchent » et des principales interrogations qu'elle a à affronter.

L'évopsy est une science extrêmement féminine : de Leda Cosmides à Sarah Blaffer Hardy, ce sont des femmes qui l'ont construite. Pour ma part, je suis un homme et cela se sentira certainement dans le style : il me faut bien assumer mes biais. Le lecteur aura peut-être intérêt à garder à l'esprit cette orientation : si je m'inscrivais dans la guerre des sexes, je me placerais évidemment du côté des hommes, j'aimerais pouvoir leur promettre un accès facilité aux représentantes de l'autre sexe. Mais je suis aussi en compétition avec ces mêmes hommes, alors j'espère que beaucoup de femmes liront ce livre, pour apprendre comment résister à ceux qui se débrouilleront mieux que moi !

LA FIN DES MYTHES

La philosophie et les matières connues sous le nom « d'humanités » sont encore enseignées comme si Darwin n'avait jamais vécu. Cela changera certainement en son temps.
Richard Dawkins (1989, p. 18)

Deux grands mythes ont dominé le dernier siècle en psychologie. Le premier est que les hommes et les femmes sont fondamentalement identiques et que ce n'est que la société qui assigne des rôles différents à chacun (largement favorables aux hommes selon certaines féministes*). Développé dès la fin du XIXe siècle en Occident, en lien avec la lutte des femmes pour l'égalité politique avec les hommes, ce mythe s'est maintenant suffisamment implanté pour que le système universitaire américain ait été totalement perverti par le *politically correct* pendant la dernière décennie du XXe.

Le second mythe est celui de la liberté de l'homme face à son héritage génétique. Il affirme que la souplesse psychologique de l'humain est suffisante pour qu'il puisse transformer complètement son caractère par des actions adaptées et notamment par l'emploi du langage. Formalisé depuis John Locke et répandu par Sigmund Freud, ce mythe a été poussé à son extrême par certains béhavioristes et fonde encore actuellement la plupart des analyses psychologiques que l'on peut lire dans la presse.

Deux sexes

Sexe et genre

David Reimer, jumeau monozygote né en 1965, a connu deux « malchances » dans sa vie. La première est d'avoir été accidentellement castré lors de sa circoncision (pénis brûlé par le bistouri électrique). La deuxième est que cela s'est passé en 1966, alors qu'il n'avait que 8 mois, à une époque où l'on affirmait que le genre n'est qu'une question de construction sociale et qu'il suffit d'élever un garçon comme une fille pour qu'il en devienne une. Et c'est ce que le psychologue consulté par ses parents (John Money, John Hopkins Hospital) leur a conseillé de faire (sous le nom de Brenda), parallèlement à son frère jumeau, élevé, lui, comme un garçon. La vie de David Reimer a connu une grande célébrité depuis, tout d'abord parce que John Money a popularisé son histoire (sous le nom de John/Joan) comme une preuve de la validité de sa vision sociale du genre et surtout parce qu'en 1997 la vérité est apparue, totalement opposée à ce que l'on racontait (Colapinto, J., 1997).

Le cas de David Reimer n'est pas unique : environ 1 enfant sur 2 000 naît avec un sexe indifférencié (par exemple, avec un pénis trop petit) et beaucoup d'entre eux sont élevés comme étant du sexe opposé, à l'aide de vêtements, d'attitudes et d'hormones. Le résultat vient d'être démontré : aucun garçon qui a été élevé comme une fille et qui a été interrogé n'a connu une enfance gratifiante et tous ont révélé des comportements typiquement masculins alors même qu'ils n'avaient plus de testicules et étaient sous hormones féminines (Lewis, R., 2001).

David Reimer n'a su la vérité le concernant qu'à l'âge de 14 ans, après qu'il ait une nouvelle fois tenté de se suicider. Son histoire finit bien : il a tout de suite repris son rôle masculin, s'est très bien intégré, s'est marié, a adopté un enfant qu'il a élevé et est maintenant grand-père.

Ce qui avait causé la perte de David Reimer était une vision philosophique des sexes et des genres : les hommes et les femmes sont « égaux », dans le sens « identiques » ; tout le monde naît bon et c'est la société qui pervertit et assigne un rôle à chacun. La tragédie de Reimer et la célébrité qui a entouré son cas ont finalement eu un impact positif : maintenant, chacun peut savoir que la philosophie rousseauiste des sexes est fausse et dangereuse et la science a repris ses droits sur les préjugés. Nous allons présenter succinctement ce qui est maintenant considéré comme valide.

Égalité en droit

L'égalité en droit, définie par les philosophes des Lumières et fixée par la Déclaration des Droits de l'Homme se fonde justement sur l'inégalité fondamentale entre tous les êtres humains. Puisque tous les hommes et les femmes sont différents, l'unique solution pour permettre à chacun de vivre sa vie alors que ses goûts et ses besoins sont uniques est de garantir les mêmes droits et la même liberté à tous.

La croissance

Pendant les quelques semaines qui suivent la conception, le fœtus apparaît comme désexualisé : ni garçon ni fille. Ce sont les décharges hormonales au cours de la grossesse qui façonneront son corps et son cerveau et l'orienteront plus ou moins d'un côté ou de l'autre de la barrière des sexes. On affirme généralement que le sexe féminin est celui par défaut, c'est-à-dire que ce sont les hormones mâles qui modifieront la croissance normale en provoquant l'orientation masculine. Cette primauté du féminin a été contestée récemment mais le principe d'action des hormones n'est pas contesté. Selon que les décharges se déroulent plus ou moins précisément (pour des raisons génétiques et environnementales) dans un sens ou dans l'autre, l'humain qui naîtra aura un corps et un cerveau plus ou moins masculins ou plus ou moins féminins. L'orientation sexuelle du cerveau se retrouvera dans sa forme (par exemple, la taille de l'hypothalamus est plus petite chez la femme que chez l'homme) et dans le comportement.

Revenons sur l'importance de ces hormones dans la distinction sexuelle. Pour que la croissance prénatale se passe bien, il faut tout d'abord que les chromosomes* sexuels du fœtus sachent commander leur libération et leur action : la moindre erreur peut tout modifier. L'absence ou la présence de certains gènes provoquera le développement de caractéristiques associées à l'un ou à l'autre sexe.

Il est tout aussi nécessaire que la mère soit apte à fournir les constituants nécessaires pour ces hormones : si elle vit dans un environnement pollué chimiquement, il est possible qu'elle transmette en même temps d'autres composants qui pourront plus ou moins gêner l'action hormonale. Par exemple, les ligands* agonistes ou antagonistes d'hormones femelles que l'on trouve dans certains plastiques peuvent perturber la sexualisation des mâles. L'effet a déjà été constaté chez des reptiles, et semble commencer à se faire sentir chez les humains. En un mot, il faut que la mère soit dans un environnement lui permettant de répondre aux besoins de son fœtus.

Le dernier critère essentiel est celui du temps : l'enfant ne se construit pas d'un coup mais par une succession d'étapes. La sexualisation du corps ne se fait pas en même temps que celle du cerveau : si un problème hormonal perturbe la réalisation d'une de ces deux étapes, le bébé pourra naître avec un corps d'un sexe et un cerveau de l'autre (c'est le cas des transsexuels).

Au vu de toutes ces contraintes, on peut trouver miraculeux que la croissance se passe généralement bien : les hermaphrodites et les cas limites sont assez rares et la très grande majorité de la population naît avec un cerveau et un corps globalement du même sexe. Bien sûr, la plupart d'entre nous ne sont pas purement sexués : nous sommes une sorte de mélange. Par exemple, un homme peut bénéficier de « l'intuition féminine » ou des capacités verbales supérieures des femmes. De même, une femme peut bénéficier des avantages en intelligence visuo-spatiale associés à la masculinité. La sexualisation n'a pas besoin d'être absolue.

Nous allons tout d'abord montrer quelques-unes des différences essentielles entre les hommes et les femmes, telles qu'elles apparaissent a posteriori, sans les expliquer. La suite du livre montrera les évolutions et les contraintes qui ont mené à de telles différences.

Quelques différences

> *Les femmes (...) ne cessent de crier que nous les élevons pour être vaines et coquettes, que nous les amusons sans cesse à des puérilités pour rester plus facilement les maîtres... Quelle folie ! Et depuis quand sont-ce les hommes qui se mêlent de l'éducation des filles ? Qu'est-ce qui empêche les mères de les élever comme il leur plaît ?... Force-t-on vos filles à perdre leur temps en niaiseries ? Leur fait-on malgré elles passer la moitié de leur vie à leur toilette ? (...) Est-ce de notre faute si elles nous plaisent quand elles sont belles, si leurs minauderies nous séduisent, si l'art qu'elles apprennent de vous nous attire et nous flatte, si nous leur laissons affiler à loisir les armes dont elles nous subjuguent ? Eh ! Prenez le parti de les élever comme des hommes ; ils y consentiront de bon cœur. Plus elles voudront leur ressembler, moins elles les gouverneront et c'est alors qu'ils seront vraiment les maîtres.*
>
> Jean-Jacques Rousseau (*Émile*, 1762, Livre V [1274])

Il est surprenant qu'un mythe tel que celui de l'identité homme-femme, propagé par certaines féministes extrémistes, ait pu se développer. Tous nos sens et toutes nos observations nous démontrent quotidiennement que les hommes et les femmes sont extrêmement différents, à tel point qu'on peut se demander comment ils arrivent à se supporter !

Les différences les plus visibles se retrouvent au niveau du physique : les caractères sexuels primaires (zone génitale) et secondaires (seins, pilosité, etc.) distinguent complètement les deux sexes. La femme est plus petite et plus légère que l'homme, a une répartition graisseuse différente, une pilosité différente, une poitrine beaucoup plus développée, des mains plus fines, une peau plus claire, etc.

Les différences intellectuelles sont tout aussi évidentes quand on emploie les tests appropriés. La femme a une intelligence verbale très supérieure à celle de l'homme : elle comprendra mieux les différents sens d'une phrase. La femme parle beaucoup plus que l'homme et pas avec les mêmes objectifs : cela se retrouve dans toutes les sociétés qui ont été étudiées. Cette supériorité existe même au niveau du risque de bégaiement qui est dix fois moins élevé chez elle. À l'opposé, les hommes sont plus aptes en intelligence visuo-spatiale : ils dominent complètement dans les tests demandant de reconstruire une image ou en lecture d'une carte routière (Ceux qui ont lu les *Rubriques à brac* de Gotlib savent qu'il est nécessaire d'être un mutant pour réussir à replier la carte routière !). L'intuition féminine lui permet de mieux comprendre les relations entre les gens, elle saura très vite qui cherche à séduire qui, quel est l'état affectif réel d'un couple en dérive, alors que l'homme en sera le plus souvent strictement incapable.

Il faut bien comprendre que ces différences ne sont pas absolues. Il est facile de trouver des contre-exemples : beaucoup de femmes sont plus grandes que beaucoup d'hommes, même si *en moyenne*, les femmes sont plus petites que les hommes. Beaucoup de femmes sont de très bons pilotes de rallyes automobiles ou même d'avions de combats, activités extrêmes dont la majorité des hommes sont incapables, même si *en moyenne*, elles sont moins bonnes en intelligence visuo-spatiale. Ces différences, présentées telles quelles, correspondent à un « archétype », féminin ou masculin, que peu de gens remplissent. Il ne s'agit que d'orientations.

Il n'empêche que ces différences s'imposent : nous les constatons jour après jour et de nombreux débats, plus ou moins grivois, sont souvent lancés à leur sujet. Mais, de façon très surprenante, elles n'ont pas suffi à certains qui n'ont voulu y voir que l'influence de l'éducation, de la culture sur le rôle social de chacun des sexes, avec des résultats dramatiques comme le cas Reimer.

Dans un livre doté d'un titre épouvantable (*Pourquoi les hommes n'écoutent jamais et pourquoi les femmes ne savent pas lire une carte routière*) mais très amusant, Allan et Barbara Pease détaillent les différences entre les sexes en utilisant comme images *l'homme chasseur qui ramène à manger* et la *femme gardienne de nid qui s'occupe du foyer*. Cette vision est beaucoup trop simpliste et entraîne des erreurs mais elle ne remet pas en cause l'intérêt du livre. Nous verrons ci-après que les raisonnements à tenir sont beaucoup plus subtils et complexes, qu'il y a plus de contraintes opposées et que fondamentalement, il s'agit d'optimisations et pas de rôles prédéfinis. En d'autres termes : tous ceux qui vous affirment que la femme doit se comporter de telle ou telle manière, que chacun des sexes doit « tenir sa place », sous prétexte que la science l'aurait dit, n'ont strictement rien compris aux recherches en cours.

Des origines du comportement

En 1979, la psychologie freudienne était considérée comme une donnée historique intéressante. La nouvelle frontière en vue était alors l'étude clinique du système nerveux central. Aujourd'hui, les nouveaux savants prouvent et démontrent, analysent et ré-analysent et projettent leurs résultats et ne considèrent plus les constructions mentales de Freud, ses « libidos », « complexes d'Œdipe » et tout le reste que comme un bizarre charlatanisme d'autrefois, à côté du « magnétisme animal » de Mesmer.

Tom Wolfe, *In Our Time*

Psychanalyse et béhaviorisme et Tabula Rasa

Le deuxième mythe essentiel est celui de l'extrême indépendance du comportement humain par rapport aux contraintes biologiques. Sa formalisation remonte au XVIIe siècle anglais, où le philosophe John Locke avait utilisé pour représenter sa vision du cerveau humain l'image de la table vide (*Tabula Rasa**) qui ne serait remplie que par ce que chacun y apporterait. Selon cette image, le cerveau d'un nouveau-né serait vierge de toute influence et son développement et son devenir ne seraient dus qu'aux influences environnementales, qui y amèneraient de quoi le construire. Et, depuis les débuts du siècle, l'accent a été mis sur l'origine purement psychologique (environnementale) du comportement et tout ce qui pouvait correspondre à un inné a été rejeté.

Sigmund Freud avait proposé un modèle horizontal de construction du cerveau (moi, ça, surmoi) qui s'opposait à la vision biologique verticale en vigueur chez les autres psychologues (cerveau droit, cerveau gauche) constatée lors des autopsies. De cette révolution est né un courant psychologique pur, qui a prétendu pouvoir expliquer le comportement d'une personne par la simple référence à ses expériences passées (nées de l'environnement) et a postulé qu'il était possible de faire une modification profonde de ce comportement par l'action de la parole, par la verbalisation (et la conscientisation affective : « insight ») de ces expériences passées.

Pendant de nombreuses années, les prémisses de la psychanalyse ont été considérées comme valides par toutes les théories psychologiques. On y retrouve notamment : l'opposition entre un « conscient » et un « inconscient » (ou « subconscient ») distincts l'un de l'autre et en conflit, la distinction entre le « symptôme » et la « cause » (avec l'axiome que l'action sur le symptôme n'a aucun impact sur la cause) et l'espoir que tout comportement pathologique peut être corrigé par une thérapie verbale appropriée. Il est important de remarquer que ces théories allaient à l'encontre de multiples constatations médicales et que de ce fait leur validité aurait dû être pour le moins pondérée dès l'origine.

Mais elles apportaient aussi un espoir et ont donc correspondu à un besoin.

De nos jours, beaucoup croient encore à la psychanalyse (qu'elle soit freudienne, lacanienne ou autre) et nous nous retrouvons face à une véritable religion, inaccessible aux études scientifiques (pour une histoire complète de la psychanalyse : Bénesteau, J., 2002). Dès les années 1960, l'école de Palo Alto démontrait que causes et symptômes sont en interaction (Watzlawick, P., 1967). À la même époque, la séparation théorique horizontale du cerveau était complètement annihilée par les découvertes de Roger Sperry sur la spécialisation de chaque hémisphère. Les recherches en neurobiologie ont depuis montré l'impossibilité de distinguer une zone « consciente » d'une zone « inconsciente » : certaines informations atteignent ou non le niveau de la conscience en fonction de nombreux critères mais il n'existe pas de zone qui soit par définition inconsciente, à part celles qui gèrent les mouvements réflexes comme les battements du cœur (et encore, certains finissent par réussir à les contrôler consciemment). Les recherches inter-culturelles ont quant à elle montré que le fameux « complexe d'Œdipe » ne pouvait exister que dans une situation bien particulière qui ne se trouve qu'en Occident moderne et même pas dans tous les cas.

On dit qu'il n'est pas beau de tirer sur l'ambulance et la psychanalyse est bien moribonde maintenant. Mais, comme une religion, elle a encore ses adeptes et son influence dans la presse et dans l'enseignement est toujours prépondérante. Beaucoup essaient encore de se construire, ou de se reconstruire, en fonction de ses concepts, alors même qu'en plus d'un siècle d'existence, elle n'a pu démontrer ne serait-ce qu'un seul succès thérapeutique, à tel point qu'elle est de plus en plus considérée comme dangereuse. Nous sommes donc obligé d'en parler.

Certaines théories sont allées encore plus loin sur certains sujets : notamment certaines expressions du béhaviorisme qui ne reconnaissaient comme comportements « innés » que la recherche de la gratification et la fuite des punitions. Les études sur des nouveau-nés ont maintenant montré leur fausseté mais on retrouve leur influence dans les tentatives pathétiques de nombreuses personnes de nier toute origine biologique au comportement (surtout en France).

Description vs Prescription

Les débats sur les différences hommes-femmes sont très fréquemment ternis par la confusion entre Description et Prescription. De même que dire qu'un certain pourcentage de personnes passent leurs vacances à la mer n'est en rien obliger ces personnes à y aller, dire que les hommes et les femmes présentent en moyenne telle ou telle orientation n'est en rien leur prescrire cette orientation.

La socialisation par le groupe

La remise en cause de ces théories s'est faite en deux temps : il a d'abord fallu démontrer l'importance de l'inné dans le comportement (génétique plus prénatal) et enfin préciser la réelle influence de l'environnement. Cette dernière étape s'est déroulée assez brutalement en juillet 1995, par la publication d'un article révolutionnaire de Judith Rich Harris (1995). Par une synthèse des découvertes récentes de nombreux chercheurs, elle y démontrait que l'influence parentale, loin de constituer la plus grande part de l'environnement, était quatre fois moins importante que celle des pairs, du groupe. Les chiffres moyens pour chaque comportement, exprimés en pourcentage de la variance, sont de 50 % pour le génétique, 40 % pour les pairs et seulement de 10 % pour l'influence parentale.

Cette théorie de « la socialisation par le groupe » a évidemment provoqué beaucoup de commentaires. Judith Harris a depuis écrit un livre qui est devenu un best-seller traduit en 13 langues (Harris, J.R., 1998). En règle générale, les critiques scientifiques de l'article et du livre ont reconnu sa validité : Harris a bien détruit le mythe de l'influence parentale et transformé la psychologie telle qu'elle était conçue depuis environ un siècle. Aussi, quand un psychologue vous expliquera que tous vos malheurs sont la conséquence directe d'un manque de câlins de la part de votre maman, d'une absence paternelle, ou qu'il vous accusera de ne pas être assez présent dans la vie de vos enfants, vous saurez qu'il n'a raison qu'à 10 %... et qu'il néglige 90 % de votre personnalité.

La programmation génétique

Nous détaillerons dans ce livre quelle est l'influence réelle des gènes sur notre comportement mais avant de commencer, il est important de comprendre que les recherches en cours vont toutes dans le sens d'une influence des gènes sur ce que nous sommes bien plus grande que ce que l'on avait imaginé jusqu'aujourd'hui. Cela est vrai pour l'intelligence, le bonheur, la résistance aux maladies, au stress, la réussite sociale, etc. Il apparaît de plus en plus que les gènes (et la vie prénatale) définissent un maximum qui sera atteint sauf si l'environnement vient l'empêcher. En d'autres termes, l'éducation et les hasards de la vie peuvent détruire un potentiel, le restreindre, ou au contraire permettre de l'exploiter, éventuellement l'orienter mais pas le développer ; et cela est vrai en termes de capacités sportives, intellectuelles, de bonheur, etc. Il vaut mieux le savoir si on veut en profiter.

Pourcentages génétiques

À chaque nouvelle découverte sur le pourcentage d'origine génétique d'un comportement, un critique fait remarquer qu'on ne peut distinguer la part de l'inné de celle de l'acquis dans un comportement, de la même façon qu'on ne peut distinguer la part de chacun des cotés d'un rectangle dans sa superficie. Et pourtant on continue de lire que notre comportement est en moyenne à 50 % d'origine génétique. Qu'est-ce-que ça signifie ?

Imaginez que vous calculiez la superficie d'un rectangle : cette superficie est dépendante de la longueur de chacun des deux cotés. Si un de ces cotés est le double de l'autre, peut-on alors dire qu'un coté explique 1/3 de la superficie, tandis que l'autre explique les deux tiers restant ? Non, ça ne signifie rien.

Imaginez maintenant que vous ayez plusieurs rectangles de longueur et/ou largeur différentes, donc de superficies différentes, vous pouvez alors vous demander quelle part d'un coté ou de l'autre (longueur et largeur) explique ces différences. Par exemple, si seul le coté horizontal (la longueur) change : 100 % de la différence de superficie entre les rectangles est expliquée par la différence de longueur, 0 % par la différence de largeur (verticale). Si les deux cotés varient, le calcul est plus compliqué mais est toujours possible : on peut distinguer quelle part de la variation de superficie est expliquée par la variation d'un coté et de l'autre.

C'est ce qu'exprime l'expression « pourcentage d'origine génétique » qui n'est qu'un raccourci de « pourcentage de changement de la Variance ».

On peut noter que ce raccourci est parfois abusif. Imaginez que sur deux personnes, l'une ait perdu accidentellement un doigt : 100 % de la variance du nombre de doigts est alors environnementale, mais dire que « le pourcentage d'origine génétique du nombre de doigts» est de 0 % ne peut mener qu'à des difficultés !

Un monde d'égoïstes

Il est amusant de regarder les moralistes balancer entre, d'un côté, leur refus que les gènes puissent avoir une influence importance sur l'intelligence ou le comportement et de l'autre, leur affirmation que le comportement d'un clone humain sera entièrement prédéterminé par sa construction génétique.

Lewis Wolpert (1999)

Vous vous promenez en plein désert et vous trouvez une petite lampe que vous frottez vigoureusement avec votre manche. Ce qui doit arriver arrive et le génie qui en surgit vous propose trois vœux au maximum (vous ne pouvez pas demander d'avoir droit à une infinité de vœux...), à choisir rapidement, dont il vous promet la réalisation au cours de votre vie : c'est une bonne nouvelle. Hélas pour vous, votre voisin a fait une meilleure découverte : son génie lui offre un vœu par jour pendant toute sa vie. Bien sûr, les vœux promis à votre voisin sont plus limités, moins extraordinaires que les vôtres mais il a beaucoup plus de vœux : il a droit à l'erreur. Peut-être vous plaindrez-vous de cette injustice mais vous n'y pouvez rien changer : il va falloir vous décider. Bien sûr, vous devrez réfléchir beaucoup plus que votre voisin : chacune de vos demandes réduit d'un tiers votre liberté et vous coûte beaucoup plus cher. Lui peut se permettre des fantaisies, vous ne le pouvez pas.

D'un certain point de vue, les femmes n'ont vraiment pas de chance : il suffit de quelques minutes à un homme pour féconder, alors que la femme passera de nombreux mois à enfanter. L'homme peut procréer plusieurs fois par jour tout au long de sa vie à partir de la puberté, tandis que la femme y engage à chaque fois presque une année et une bonne part de sa santé. Le pire est qu'elle ne dispose que d'un temps limité par la ménopause ! À vrai dire, heureusement que la femme a *la joie de porter la vie*, car sinon elle trouverait sans doute le prix à payer un peu cher.

Ce déséquilibre entre les engagements de chacun des sexes peut cependant être vu de façon complètement opposée. On peut en effet considérer que la femme constitue une ressource rare : l'homme qui la féconde se réserve ses capacités d'enfantement pour toute la grossesse et même plusieurs mois après (le temps de l'allaitement). Ce qui est rare est cher et justifie une compétition extrême entre les hommes : être une femme est un avantage fantastique. Et pourtant, presque aussi grande que l'homme, la femme coûte aussi cher que lui à élever et à nourrir, est moins utile pour la chasse (quoiqu'elle le soit plus pour la cueillette) et est limitée en nombre d'enfants. Pour devenir un ancêtre et avoir plein de petits-enfants, ce n'est pas l'idéal. Si vous pouviez choisir le sexe de votre enfant, que préféreriez-vous ?

Fitness

Le terme *fitness* est l'un des plus employés en évolutionnisme. Il désigne fondamentalement le nombre de descendants à très long terme : celui qui a le plus grand fitness est celui qui aura le plus de descendants et donc qui aura transmis le plus ses gènes. Mais comme il est impossible de déterminer le futur, fitness est utilisé pour désigner la probabilité d'avoir de nombreux descendants et, par extension, l'adaptation aux situations environnementales qui a un impact sur cette probabilité.

Nous verrons que ce déséquilibre fondamental et sa double interprétation marquent toute l'histoire humaine. L'homme va chercher à propager ses gènes avec le maximum de femmes, tandis que celles-ci vont garder une prudente réserve et essayer de choisir au mieux à qui réserver leur rareté. Selon la représentation de chacun des sexes au cours d'une époque, selon aussi la difficulté de la vie à ce moment, les relations entre les hommes et les femmes parcourront une infinité de configurations et la guerre entre les sexes verra l'un d'entre eux avantagé ou non en fonction des circonstances. Heureusement, la programmation qui nous conditionne est à la fois suffisamment rigide pour être efficace et suffisamment souple pour s'adapter à ces circonstances : des règles strictes sont communes et leur application est dépendante de l'environnement.

Toutes choses égales par ailleurs

Les sciences humaines sont des sciences comme les autres qui cherchent à définir des lois générales en fonction de variables. Le seul problème est que ces dernières sont beaucoup plus nombreuses en sciences humaines que dans les autres disciplines et que la plupart sont difficiles à quantifier, voire totalement inconnues. Un physicien peut calculer la vitesse de chute d'une pierre dans le vide parce qu'il connaît tout l'environnement de l'action. Comment s'en sortirait-il s'il ne s'agissait pas de vide mais d'une substance inconnue ? Ou si un autre événement, dont il n'a pas connaissance, venait perturber la chute ? Pour s'en sortir, le physicien fera la liste exhaustive des variables qu'il a prises en compte. Mais cela n'est pas possible en sciences humaines : le nombre d'inconnues, ou de peu connues, y est tellement énorme que n'importe quel épistémologue pourrait déprimer...

C'est donc l'approche inverse qui a été choisie en évopsy : au lieu de chercher à lister toutes les variables, le chercheur en sciences humaines va considérer celles qu'il connaît et déclarer faire *comme si* toutes les autres étaient invariables. C'est le sens de l'expression *Toutes choses égales par ailleurs* qui est fréquemment employée et toujours sous-entendue dans les études en évopsy.

Par exemple, quand on dit que bénéficier d'une combinaison génétique qui protège des parasites offre un avantage reproductif, on sous-entend *toutes choses égales par ailleurs.* Dans la vie réelle, l'avantage ne sera pas forcément très évident. Tout d'abord, il se peut que le porteur de cette combinaison meure accidentellement ou soit victime d'un prédateur, ce qui ne remet pas en cause le principe de l'avantage mais sa concrétisation pour l'individu. Ensuite, il se peut que cette combinaison génétique ait d'autres conséquences allant à l'encontre de la survie et de la reproduction de ses porteurs. Dans ce cas, il ne s'agit bien évidemment plus d'un avantage : le principe est remis en cause.

L'expression *Toutes choses égales par ailleurs*, toujours sous-entendue, sert donc à montrer les limites des connaissances et à rappeler la prudence qu'il faut conserver quant à leur interprétation.

C'EST BEAU L'AMOUR...

Le premier serment que se firent deux êtres de chair, ce fut au pied d'un rocher qui tombait en poussière, ils attestèrent de leur constance un ciel qui n'est pas un instant le même ; tout passait en eux et autour d'eux et ils croyaient leurs cœurs affranchis de vicissitudes. Ô enfants ! Toujours enfants !

Denis Diderot

La guerre des sexes

Pour avoir une chance de devenir un ancêtre, l'homme ne devra pas seulement trouver une femme qui veuille de lui mais surtout en conquérir une qui soit apte à avoir des enfants. La ménopause est une caractéristique rare dans le monde animal et sa conséquence est brutale : la période de fécondité* de la femme est très limitée dans le temps, moins de quarante ans au total, dans les meilleurs des cas et généralement moins de trente ans (17 à 42 ans). En d'autres termes, la fécondité potentielle future d'une femme (exprimée en nombre d'enfants qu'elle peut avoir) dépend de son âge et devient quasi nulle à la cinquantaine. Seuls les hommes qui auront su conquérir une femme jeune pourront avoir des enfants : ce choix est essentiel. L'homme sera aidé dans sa sélection par les signes extérieurs de jeunesse de la femme : l'aspect de la peau, la forme physique, etc. Certains de ces critères se retrouvent dans toutes les cultures de toutes les époques : ce n'est pas que les hommes vont les regarder directement comme des signes de fécondité mais ils trouveront les femmes qui y correspondent plus belles et seront plus attirés par elles. Nous verrons que la beauté n'est pas une notion culturelle mais la publicité extérieure d'une personne sur sa capacité reproductive, c'est-à-dire pour la femme principalement sa position dans sa période de fécondité (on remarque d'ailleurs que l'industrie pharmaceutique vend comme des produits « rajeunissants » les produits de beauté). La beauté peut être considérée comme le premier critère recherché par l'homme.

Le deuxième critère essentiel pour l'homme qui veut avoir une chance pour l'avenir de ses gènes est la fidélité de sa compagne : entre 10 % et 20 % (selon les études) des enfants ont un père biologique différent du père officiel (c'est le sens du terme « cocu ». Il ne suffit pas qu'une femme soit infidèle pour que le mari soit « cocufié », il faut qu'il élève, sans le savoir, les enfants d'un autre). Investir ses ressources pour élever les enfants d'un autre n'est pas ce qui attire le plus un homme : il s'agit même de la pire chose qui puisse arriver à ses gènes et on imagine mal comment un tel altruisme aurait pu être sélectionné.

Déjouer ce risque est essentiel pour l'homme : qu'il se trompe et il ne sera jamais un ancêtre. Le problème est qu'il n'a pas beaucoup d'armes pour cela : même l'idée qu'un enfant ressemble plus à son père qu'à sa mère pendant sa première année d'existence qui avait été proposée par N. Christenfeld et E. Hill (1995) a été remise en question depuis (Brédart, S. & French, R.M., 1999). C'est-à-dire qu'avant la mise au point des tests génétiques, l'homme n'a probablement que très rarement eu la certitude d'être le géniteur des enfants à sa charge (voir aussi : Bressan, P, 2002). Sa plus grande chance pour cela est que la mère n'ait qu'un seul partenaire sexuel. Et la meilleure ceinture de chasteté, malgré toutes les inventions au cours des siècles, reste la fidélité.

Les objectifs de la femme sont évidemment différents. Étant celle qui investit le plus dans la procréation, elle voudra au minimum obtenir de bons gènes. L'homme devra être apte à créer des enfants solides, ayant une chance de survivre et susceptibles d'avoir des enfants plus tard. Il devra aussi être un bon père, c'est-à-dire capable de les nourrir, de les éduquer et de les protéger, contre les aléas de la nature et aussi contre les autres hommes : l'infanticide n'est pas rare, comme nous le verrons. Bien sûr, tous les hommes ne sont pas égaux devant ces critères : la femme devra privilégier les meilleurs. Fort heureusement, pour éviter les conflits dus à la concurrence, les critères de dominances sont multiples et dépendent des circonstances. L'image de chef qui ne manquera pas d'accompagner un homme politique dans beaucoup de milieux parisiens peut être remise en question s'il se retrouve perdu au milieu de la jungle, ou même à la campagne : beaucoup de films (dont la série des Tarzans) se sont amusés de ce changement de position hiérarchique. Chaque femme aura sa hiérarchie* à elle, qu'elle suivra dans sa recherche de partenaire. Nous verrons même qu'elle aura parfois intérêt à suivre deux hiérarchies : une pour son compagnon à long terme et une autre pour son amant (le véritable géniteur).

Il ne lui suffit pas non plus d'avoir obtenu ce bon père : encore faut-il qu'il ne parte pas. Les biologistes ont remarqué qu'on peut classer les différentes espèces animales en fonction de l'implication du mâle dans les soins donnés à la progéniture et ont appelé ce critère IPM (Investissement Parental Mâle, en anglais : *Paternal Investment*). L'homme s'implique beaucoup dans l'éducation de ses enfants. La mère en a d'ailleurs un besoin crucial : la grossesse est longue et contraignante, l'enfant naît avant terme (en comparaison avec les autres primates, A. Portmann (1941) a estimé qu'une grossesse complète chez la femme durerait 21 mois !) et il faut plusieurs années à l'enfant pour être sevré. L'IPM humain n'est cependant pas absolu : il est relativement fréquent qu'un homme quitte sa femme et son enfant en bas âge (voire avant la naissance). La femme devra donc être particulièrement attentive à trouver un homme qui ne l'abandonnera pas.

Les contraintes opposées

Ce modèle est certes simpliste et caricatural et il lui manque beaucoup d'éléments importants. Il faudrait tout d'abord prendre en compte le ratio entre les hommes et les femmes disponibles, leurs différences d'âge et beaucoup d'autres critères : nous les étudierons plus loin. Mais il est plus riche qu'on pourrait le croire : il permet notamment de mettre à jour l'opposition essentielle entre chacun des objectifs de chaque sexe et de découvrir la meilleure stratégie pour contourner ses limites et transmettre ses gènes.

Tout d'abord, ce modèle montre bien l'opposition des critères deux à deux : il est impossible d'optimiser l'un sans tenir compte de l'autre. La plus belle femme du monde n'offre que ce qu'elle a, et pas forcément la fidélité : elle ne manquera pas d'opportunités de trouver d'autres géniteurs et la garder risque d'être pour son mari une compétition de tous les instants. De même, la femme ayant obtenu le meilleur des hommes risque de voir celui-ci profiter des opportunités que sa situation lui offre, et finalement la quitter : l'IPM n'est pas optimal. Cette notion d'optimisation de contraintes opposées est *fondamentale* en psychologie évolutionniste.

Ce modèle permet aussi de montrer dans quelle mesure les ambitions de chacun se trouvent restreintes : il décrit même une sorte de hiérarchie où chacun se situe et que chacun devra respecter sous peine de perdre d'une autre façon. Le professeur R.I.M. Dunbar (Liverpool) pense même que chacun devient assez rapidement conscient de sa position dans la hiérarchie de la séduction : il suffit de quelques essais, pendant l'adolescence, pour se situer et savoir viser à son niveau. Il retrouve cela dans les annonces matrimoniales : l'auteur se décrit normalement un peu mieux que ce qu'il est mais sa description de la personne qu'il recherche correspond exactement à ce qu'il sait pouvoir espérer.

Savoir tricher

Mama's baby, papa's maybe
Le bébé de maman, de papa peut-être
Proverbe américain

Ce modèle montre aussi comment contourner cette contrainte, comment optimiser : l'essentiel est de rester souple et de savoir s'adapter aux circonstances. Par exemple, l'homme qui bénéficie d'une forte progression sociale peut avoir intérêt à remettre en cause ses engagements précédents et à se trouver une nouvelle compagne, plus jeune et plus belle. De même, la femme qui améliore son apparence physique (par la chirurgie, un régime, une autre coupe de cheveux, etc.)

verra les propositions augmenter : à elle de savoir en profiter. C'est la solution du divorce et de la monogamie à répétition, qui résume bien la situation actuelle en Occident. Mais il existe surtout un moyen plus subtil (et plus usuel) de garder le beurre avec l'argent du beurre : c'est l'infidélité. Elle est d'une efficacité redoutable ! Il ne s'agit en fait que d'une autre présentation de ce même modèle : les hommes vont chercher à minimiser leur engagement et les femmes à obtenir les gènes les mieux cotés. La femme qui s'est trouvé un mari stable qui lui offre ses ressources a tout intérêt à profiter du goût des hommes pour les liaisons sans lendemain et se trouver un amant plus beau ou plus brillant : elle conservera le soutien de son mari mais gagnera de meilleurs gènes. L'amant bénéficie même d'un double avantage : il ne lui est plus besoin d'être riche pour féconder les femmes les plus belles et surtout il aura une progéniture qui profitera pleinement des ressources du mari en titre : il s'agit de la première forme de mutualisation des ressources ! À vrai dire, le seul qui y perde est évidemment le mari officiel : ses ressources se trouvent détournées. Qu'y peut-il ? Eh bien, tout simplement être l'amant d'autres femmes !

DILEMME DU PRISONNIER

Si le Christ a pardonné à la femme adultère,
c'est que ce n'était pas la sienne.
Auteur inconnu (France, XIXe siècle)

Faut-il donc trahir systématiquement ? Est-il absolument nécessaire d'être infidèle ?

Le choix entre trahir et coopérer est l'un des rares comportements pour lesquels nous disposions d'une modélisation mathématique puissante, connue sous le nom de Dilemme du Prisonnier (voir Axelrod, R., 1984). On le présente de la façon suivante :

Un juge a trouvé les deux auteurs d'un hold-up mais manque de preuves : il a besoin des aveux, au moins de l'un d'entre eux. Pour les obtenir, il va chercher à les manipuler : après les avoir isolés l'un de l'autre, il demande à chacun de trahir son complice en le dénonçant, grâce au marché suivant :

- Soit tu coopères avec ton ami, tu ne le dénonces pas et deux possibilités se présentent :
  - Ton ami non plus ne t'a pas trahi et n'ayant aucune preuve pour le hold-up, je ne peux vous condamner tous les deux que d'une peine d'un an pour port d'arme illicite ;
  - Ton ami te trahit et tu prends dix ans.

- Soit tu trahis ton complice en le dénonçant et dans ce cas :
  - Si ton ami ne te trahit pas, je te relâche pour te remercier de ta collaboration ;
  - Si ton ami te trahit aussi, alors tous les deux bénéficiez de ma clémence et prenez pour trois ans.

Que feriez-vous à la place du prisonnier ?

Vous raisonneriez probablement comme suit : tout dépend de l'attitude de l'autre. Soit il me dénonce (me trahit), alors le trahir aussi est ma seule solution pour éviter les dix ans ; soit il ne me trahit pas, mais là encore, j'ai intérêt à le trahir, parce que je suis relâché. Dans tous les cas, j'ai donc intérêt à trahir, c'est-à-dire à le dénoncer.

Le problème est évidemment que l'autre prisonnier fera le même raisonnement... et vous serez tous les deux condamnés à trois ans, soit deux de plus chacun que si vous aviez coopéré ensemble !

Présenté en 1950 par Merril Flood et Melvin Dresher (voir l'annexe historique), ce dilemme a fait l'objet de multiples études scientifiques et mathématiques approfondies. Robert Axelrod, spécialiste américain en sciences politiques, en a publié une analyse complète en 1984 avec la définition suivante :

> « Dans le Dilemme du Prisonnier, deux joueurs sont en présence. Chacun a deux options : soit coopérer, soit faire cavalier seul. Chacun doit choisir sans connaître la décision de l'autre. Quoi que fasse l'autre, il est plus payant de faire cavalier seul que de coopérer. Le dilemme consiste en ceci que si les joueurs font cavalier seul, ils s'en tirent moins bien que s'ils avaient coopéré. » (Axelrod, 1984, p. 15)

Ce dilemme peut être reporté à beaucoup de situations de la vie et beaucoup de valeurs peuvent être prises en compte. Par exemple, il décrit particulièrement bien les relations entre un vendeur et son client : chacun peut choisir de coopérer avec l'autre ou de le trahir. Au niveau théorique, il n'est même pas besoin que les gains soient symétriques (que chacun gagne et perde autant), il faut juste respecter les deux règles suivantes :

- les valeurs doivent systématiquement inciter chaque joueur à la trahison ;
- la coopération doit être préférable à la trahison et à l'alternance trahison / coopération sur le long terme.

Sur le long terme, parce que ce dilemme peut être répété de multiples fois, on imagine une situation où les échanges sont multiples et où le Dilemme du Prisonnier se posera de nombreuses fois aux mêmes joueurs. Le vendeur peut revenir, retrouver le même client : quelles stratégies* globales devront-ils choisir dans ce cas ?

Pour obtenir le plus de points (ou le moins d'années de prison), il suffit de trahir quand l'autre coopère. Dans notre image du vendeur et du client, ce dernier peut choisir de ne pas payer les produits achetés. Le problème est que cela n'a que peu de chances de se reproduire souvent : le vendeur n'est pas totalement naïf et a une mémoire, il risque d'arrêter de coopérer, ce qui peut être désastreux. Dès lors que la situation peut se reproduire, il vaut mieux trouver un point d'accord et engager une coopération réciproque : certes le résultat obtenu sera inférieur au maximum théorique mais cet optimum sera plus positif que la catastrophe de la trahison réciproque. Mais il ne suffit pas non plus de coopérer : choisir systématiquement de coopérer en permanence est ruineux face à quelqu'un qui trahit, c'est comme si le vendeur oubliait toute sa mémoire et se laissait consciencieusement trahir par l'acheteur. Ce raisonnement circulaire montre bien que l'on retrouve exactement le même dilemme dans cette version itérative (à plusieurs tours) que dans la version simple. La stratégie doit donc savoir à la fois coopérer et interdire la trahison. Comment ?

Axelrod a mené un grand tournoi international où il a comparé des dizaines de stratégies les unes avec les autres et il a publié l'ensemble de ses résultats dans un excellent livre traduit en français (Axelrod, R., 1984). Trois de ses découvertes sont essentielles pour notre sujet. Tout d'abord, la stratégie aléatoire* est l'une des plus mauvaises possibles : il vaut mieux essayer de réfléchir que de jouer au hasard. Ensuite, la stratégie qui s'est révélée la plus payante face aux autres a été *Tit for tat* (*T4T* ou *TFT* : Donnant-donnant) qui se résume comme suit : je coopère au premier tour et ensuite je joue systématiquement ce qu'a joué l'autre au tour précédent. Enfin, la durée du jeu, en d'autres termes la probabilité qu'une autre rencontre aura lieu, est un élément déterminant qui augmente la valeur de la coopération (à la condition bien sûr que les intervenants s'en souviennent, qu'ils aient une mémoire des rencontres précédentes). Ce troisième point est essentiel : il signifie que la meilleure manière d'augmenter la coopération dans un groupe est d'augmenter le nombre d'interactions, le nombre de fois que les gens se rencontrent. À l'inverse, le meilleur moyen d'inciter à la trahison est de limiter ce nombre de rencontres et c'est pourtant ce que nous faisons bien souvent. Un exemple : la société qui changera trop souvent de vendeurs ne pourra jamais gagner la confiance de ses clients.

Que chacun des intervenants affiche clairement sa stratégie est un autre moyen efficace d'augmenter le taux de coopération. Imaginez que parmi les personnes avec qui vous vous trouvez dans un Dilemme du Prisonnier, certaines affichent d'une façon ou d'une autre qu'elles utiliseront la stratégie *Tit for tat*, tandis que les autres gardent le plus grand secret quant à leurs intentions. Avec qui chercherez-vous à coopérer ? En qui aurez-vous confiance ?

Pour déterminer quelle sera la stratégie suivie par les autres, vous disposez de plusieurs moyens d'investigation. Vous pouvez tout d'abord exploiter la mémoire que vous avez des interactions précédentes mais ce n'est pas toujours possible : vous n'avez des informations que sur ceux que vous connaissez déjà. Avec quelqu'un de complètement nouveau, vous devrez utiliser tous vos sens pour essayer de déterminer son orientation : vous aurez certainement plus confiance si l'autre vous ressemble, d'une façon ou d'une autre, que s'il est trop différent de vous. Le moyen le plus efficace avec un complet inconnu est de connaître sa morale. Celle-ci peut être vue comme un ensemble de règles de comportements dans des Dilemmes du Prisonnier : quelqu'un qui professe la loi du Talion (œil pour œil, dent pour dent) par exemple ne fait que vous annoncer qu'il suivra le *Tit for tat* et quelqu'un qui affirme tendre la deuxième joue avant de contre-attaquer annonce un *Tit for tat* avec effet retard (au moins deux trahisons avant punition). Dans les deux cas, l'information obtenue est suffisante pour vous permettre d'optimiser vos relations avec lui. Vous n'avez donc pas besoin de très bien connaître votre partenaire pour gagner avec lui mais simplement de découvrir sa morale, ce qui est beaucoup plus facile. De plus, beaucoup de gens affichent d'une manière extrêmement visible les règles qu'ils suivent : ce sont les croyants d'une religion. Celle-ci, de par son côté ensemble de règles morales, correspond exactement à l'annonce du comportement futur dans un Dilemme du Prisonnier : tout ce dont vous aviez besoin ! (voir par exemple : Irons, W., 1991)

Le ratio bénéfice/coût

Choisir la meilleure stratégie dans un Dilemme du Prisonnier nécessite plusieurs opérations : il faut tout d'abord compter ce que l'on gagne ou perd selon les circonstances (ce que l'on appelle les bénéfices* et les coûts*), estimer le risque que l'autre vous trahisse et enfin évaluer le nombre de tours. Si l'on ne croise quelqu'un que 4 ou 5 fois, il peut être intéressant de le trahir, surtout si le coût n'en est pas très élevé. Si l'on veut créer un partenariat sur le long terme, la moindre trahison peut être fatale. En commerce, les bénéfices et les coûts se mesurent en impact sur le chiffre d'affaires et sur les bénéfices. En biologie évolutionniste, ils se mesurent en nombre de descendants, c'est-à-dire en chances au présent d'être un ancêtre des générations futures : ce qu'on appelle le *fitness*. Si la trahison vous permet d'avoir un enfant de plus, c'est du bénéfice ; si elle menace la vie des enfants que vous avez déjà, c'est du coût.

Les *Darwin Awards* représentent bien ce que l'on peut entendre par « coût reproductif », au sens le plus extrême. Ce sont des prix décernés annuellement à « ceux qui ont rendu le plus grand service au pool génétique mondial en s'exterminant eux-mêmes (ou en se stérilisant) de la manière la plus extraordinairement stupide ». Pour exemple, le prix de 1995 a été attribué à un homme mort écrasé par un distributeur de boissons qu'il avait renversé sur lui en essayant d'y voler une canette. Chaque année, des hommes sont nominés pour s'être castrés eux-mêmes accidentellement en rangeant leur pistolet chargé et armé sous la ceinture, dans leur pantalon. Il existe évidemment de nombreux moyens plus simples et plus habituels de souffrir de coûts reproductifs. À chaque grossesse, par exemple, la femme devient indisponible pour presque un an (sans compter le temps de l'éducation) : c'est autant de pris sur d'autres enfants qui auraient pu naître. L'éducation, l'habillement et la nourriture de l'enfant en sont aussi. Le coût pour un mari trompé qui se retrouve à élever l'enfant d'un autre comprend notamment : un enfant de moins avec sa femme (soit presque 50 % de perte dans la situation actuelle en Occident : un peu plus de deux enfants par famille en moyenne) ; ses ressources dilapidées pour propager les gènes d'un autre ; le risque de maladies indirectement transmises par l'amant ; et enfin, si sa femme le quitte pour son amant, le risque accru de mauvais traitements pour ses propres enfants par le beau-père et la perte de sa possibilité de maîtriser l'éducation. D'autant plus qu'il sera certainement condamné à payer une pension alimentaire, voire s'il est Français une indemnité compensatoire*, atteintes à ses ressources qui peuvent être suffisantes pour lui interdire l'accès à une nouvelle femme.

On peut aussi présenter les notions de coût et de bénéfice en se référant aux gènes eux-mêmes : tout ce qui augmentera la chance qu'un gène soit plus répandu à la génération suivante sera pour lui un bénéfice et l'inverse un coût. Le pire pour un gène est que son seul porteur (un mutant) meure avant d'avoir procréé. La perte est évidemment moindre pour un gène s'il est déjà répandu, si d'autres le portent.

Le problème principal de cette approche est qu'il n'existe aucune définition valide du gène. Certains chercheurs vont jusqu'à affirmer que le gène ne peut avoir aucune influence sur le comportement, puisqu'on ne sait pas le définir. C'est un petit peu de mauvaise foi, bien sûr mais il faut quand même rester prudent dans l'utilisation du mot. Dawkins consacre les trois premiers chapitres de *Le gène égoïste* à préciser sa propre définition et il conclut (Dawkins, 1989, pp. 55 à 57) : « J'utilise le mot "gène" pour désigner une unité génétique suffisamment petite pour durer pendant de nombreuses générations et se répandre sous forme d'une multitude de copies. » et plus loin : « Ce que j'ai fait, c'est de définir le gène d'une manière telle que je ne puisse vraiment pas ne pas avoir raison ! »

Dans tout ce livre, nous resterons encore plus prudent : nous allons juste définir un gène comme l'unité logique de la génétique, ce sur quoi s'applique la sélection naturelle, sans autre précision, cela nous suffit. Cela nous permettra même de parler de *gènes souples*, de *gènes sympas* ou de *gènes hypocrites* tout comme Dawkins avait parlé de *gènes égoïstes. R*appelez-vous bien qu'il ne s'agit que d'une image, de rien de concret ; nous ferons comme si cela marchait comme cela et nous verrons qu'en effet, cela marche.

L'approche génétique apporte l'avantage essentiel d'être quantifiable : grâce aux lois découvertes par Gregor Mendel, on peut calculer la probabilité de répartition d'un gène. Chez les humains, 50 % de gènes venant du père et 50 % de la mère (en moyenne), un gène présent uniquement chez l'un des deux a 50 % de chance de se retrouver dans un enfant, 25 % de chance dans un petit enfant, etc. Les scientifiques ayant un goût très prononcé pour les ratios utilisent plutôt le *degré de parenté*, qui n'est qu'une autre manière d'indiquer la même chose. Au lieu de dire qu'il y a 50 % entre un parent et son enfant, ils notent : 1/2, c'est beaucoup plus facile pour compter. Ainsi, le degré de parenté entre deux frères est de 1/2, entre deux cousins de 1/8, etc.

Imaginons qu'il existe un gène qui incite son porteur humain au meurtre des membres de sa famille et que le carnage commence. Quelle est la probabilité que ce gène se répande parmi la population ? À vrai dire pas beaucoup : tous ses porteurs se seront rapidement supprimés les uns les autres. À l'inverse, un gène qui inciterait son porteur, plus ou moins fermement, à s'occuper de ses proches, à les secourir et à les aider, augmenterait ses chances de se propager par rapport à un gène neutre : il serait promis à un bel avenir. C'est-à-dire qu'un gène incitant au népotisme y gagne beaucoup égoïstement (d'où le titre de Dawkins : *Le gène égoïste*). Ainsi un gène qui pousserait la femme à s'occuper convenablement de ses enfants finirait rapidement par exister au sein de toute la population : les enfants seraient plus viables, auraient plus de chances d'arriver à l'âge adulte, de procréer et de retransmettre ce gène. Le même gène chez le père aurait un peu moins d'avenir : s'occuper des gènes d'un autre (plus de 10 % de « chances ») n'est pas très efficace pour la transmission des siens. Le père a tout intérêt à être plus prudent, moins impliqué : et nous retrouvons déjà les quelques faiblesses de l'investissement parental mâle chez l'homme !

Au fur et à mesure des générations, les gènes bénéficiaires se sont répandus à travers la population : on peut dire qu'ils ont été sélectionnés. Certains sont devenus communs à tous les humains, tandis que d'autres ont une diffusion plus ou moins restreinte et se partagent la population avec d'autres. Il faut bien comprendre que ces gènes qui sont restés ne sont pas seulement ceux qui nous ont donné un corps mieux adapté à l'environnement mais aussi ceux qui ont programmé notre comportement d'une manière telle qu'ils se sont retrouvés dans les générations suivantes. Et il faut surtout comprendre que ces gènes qui ont réussi ne sont pas forcément ceux dont nous aurions voulu : la sélection s'est basée sur l'efficacité, par sur la morale ni sur le bonheur.

Nos amis les gènes

Fort heureusement, notre programmation génétique n'est pas absolue et nous bénéficions même d'une certaine souplesse, d'une capacité d'adaptation à l'environnement : deux jumeaux ayant le même patrimoine génétique ne seront pas 100 % identiques, chacun bénéficiera de ses particularités. Un gène a souvent besoin de l'environnement pour s'exprimer.

Très schématiquement, on peut distinguer deux types de gènes (toujours dans les limites de notre définition) selon leur force de conditionnement. Il y a tout d'abord les gènes *à effet obligatoire*, qui agissent dès lors qu'ils sont présents. Les plus connus de ce type seront certainement ceux de la couleur des yeux : pour que ces derniers soient bleus, il faut et il suffit que les deux parents en aient transmis le gène. Mais il existe aussi des gènes dont l'effet est plus subtil : il s'agit de ceux qui auront une influence statistique, qui augmenteront les chances d'apparition d'un phénomène mais qui ne le décideront pas à eux seuls (*gènes souples*). Ce sont des gènes conditionnels qui réagissent à tout un ensemble de circonstances. Les plus simples d'entre eux sont les gènes qui dépendent du sexe du porteur : par exemple, les gènes de la sexualisation du corps pendant la grossesse ne s'exprimeront qu'en présence des hormones sexuelles. D'autres dépendent de conditions plus complexes, soit de la présence de nombreux autres gènes, soit de l'environnement, soit des deux ; certains d'entre eux peuvent être communs à une grande partie de la population et n'être actifs que parmi une fraction de celle-ci. Ces gènes souples offrent beaucoup d'avantages par rapport aux gènes du premier type : ils seront mieux à même de correspondre aux circonstances, de s'adapter à des environnements différents. Bien sûr, rappelons encore que les gènes souples n'ont pas d'existence concrète, qu'ils ne sont qu'une image, qu'une manière de parler : en réalité, rares sont ceux qui agissent seuls et de nombreux gènes sont le plus souvent impliqués dans chaque trait complexe. Leur souplesse provient de leur collaboration, les choses ne se passent donc pas physiquement tel que nous venons de le décrire mais cette image est suffisamment simple et parlante pour que nous l'utilisions tout au long de ce livre.

Qu'est-ce que l'épigénétique?

Définie par le Network of Excellence Epigénome (2010) comme « l'étude des changements héréditaires dans la fonction des gènes, ayant lieu sans altération de la séquence ADN » l'épigénétique est venue énormément compliquer les études génétiques. Elle montre en effet que l'ADN à lui seul ne suffit pas à déterminer la construction génétique, et qu'une influence de type environnementale pourra avoir non seulement un impact sur quels gènes seront activés chez leur porteur, mais aussi parfois chez les descendants de ce porteur.

Brona McVittie (2006) résumait : « Tout comme le chef d'orchestre inspire la dynamique de l'exécution d'une symphonie, les facteurs épigénétiques gouvernent l'interprétation de l'ADN à l'intérieur de chaque cellule. La compréhension de ces facteurs pourrait révolutionner la biologie de l'évolution et du développement et influer ainsi sur des pratiques allant de la médecine à l'agriculture. »

Analogie du programme d'échec

Le paragraphe suivant va présenter les raisons de cet avantage des gènes souples, en se basant sur ce qui au départ était une analogie de Richard Dawkins dans *Le gène égoïste* : le programme de jeux d'échec. Cette image sera un petit peu transformée pour servir d'exemple au fonctionnement de la sélection naturelle.

Dawkins (1989, Chap. 4) utilise cette analogie pour décrire le décalage temporel qui existe entre l'apparition du gène et son action : le gène est figé alors que l'environnement évolue. Il part de la constatation que les gènes ne changent pas au cours de la vie d'un organisme : ils arrivent dès le tout départ, effectuent leur action et leur succès dépendra de circonstances qu'ils ne pouvaient avoir prévues. Les gènes peuvent sur ce point être comparés à un programme informatique conçu pour jouer aux échecs : l'informaticien crée son programme avant la partie, sans avoir aucune possibilité de le modifier pendant son cours. Pour une nouvelle partie, il pourra imaginer un nouveau programme mais pas avant. Nous allons reprendre cette image, sur les mêmes bases mais la développer différemment afin de l'adapter à notre sujet particulier.

Vous êtes informaticien, programmeur d'un jeu d'échec : quel programme allez-vous écrire pour maximiser vos chances de gagner face à d'autres programmes ? Votre problème principal est de ne pouvoir prévoir la partie qui se déroulera : le nombre des coups possibles est trop astronomique pour être dénombré. Votre seule chance est de trouver des règles qui s'adapteront à la plupart des situations. Ce peut être par exemple : *protéger la Reine quoi qu'il arrive*, ou *utiliser les Cavaliers au début de la partie*. La validité de ces règles dépendra du comportement de votre adversaire, de la situation générale : certaines sont toujours bonnes (par exemple : *éviter le mat*), tandis que d'autres doivent être pondérées à chaque situation (il ne sert à rien de protéger la Reine si cela met le Roi mat au coup suivant). En remplaçant la première règle par *protéger la Reine quoi qu'il arrive, sauf pour empêcher le mat*, c'est-à-dire en introduisant du conditionnel dans vos règles, vous augmentez vos chances : l'idéal serait évidemment que la règle sache affiner d'elle-même ces conditions, qu'elle sache s'adapter aux circonstances particulières de chaque partie. Il faut enfin qu'aucune des règles ne contredise les autres, que leur assemblage ne bloque pas le programme, bref, qu'elles sachent coopérer les unes avec les autres.

Nous avons ici une image assez parlante de ce qu'est un gène : il correspond à une règle, prédéfinie, qui devra coopérer avec d'autres règles, dans un environnement qu'elle ne peut prévoir. Le plus intéressant est que nous pouvons poursuivre cette analogie beaucoup plus loin. Vous avez un grand nombre de règles et vous souhaitez déterminer lesquelles utiliser ensemble pour construire le programme le plus efficace. Pour cela, vous procédez comme suit : vous définissez que chaque règle à tester est une unité de programme et faites concourir tous les programmes possibles contenant ou non ces différentes règles dans un gigantesque tournoi. Quand un programme gagne, vous donnez un point à chacune des règles qu'il contient, zéro quand il perd et à la fin vous faites l'addition. Parfois, des règles que vous voulez tester s'annulent les unes les autres, ou pire bloquent le programme par leurs actions combinées : cela fait zéro point. Au fur et à mesure des parties, vos additions vous montreront sans doute que quelques règles se distinguent, qu'elles gagnent plus souvent que d'autres. Vous remarquerez certainement aussi des règles qui gagnent plus souvent quand elles sont associées à certaines autres que quand elles sont seules ou mal accompagnées : elles se soutiennent si parfaitement que vous pourriez les mixer et définir qu'ensemble elles n'en forment qu'une. Sans doute verrez-vous surgir plusieurs types de programmes : certains avec un ensemble de règles, d'autres avec d'autres ensembles. À la fin donc, vous aurez déterminé un ou plusieurs programmes efficaces : ceux qui contiennent les meilleures règles qui travaillent le mieux ensemble.

Évidemment, ce processus est trop long et tester toutes les combinaisons possibles n'est absolument pas réaliste : il vous faudra simplifier. Pour raccourcir le temps de traitement, vous pouvez appliquer deux procédures : à l'origine, vous tirez au hasard les programmes que vous allez tester parmi tous ceux possibles, ensuite, à chaque tour, vous ne conservez pour concourir ensemble que ceux qui ont obtenu suffisamment de points au précédent, les autres étant éliminés. Ce processus équivaut à une sélection continue qui vous fera gagner du temps. Les programmes qui resteront dépendront évidemment des conditions de départ : vous changez le tirage au sort d'origine et l'ensemble des parties se trouvera modifiée. Mais dans quasiment tous les cas (*i.e.* : sauf malchance extraordinaire), quelques programmes émergeront : ce processus est invariable.

Vous pouvez maintenant remonter l'arbre des parties et vous interroger : pourquoi telle règle a-t-elle tant réussi ? Quels sont les points communs entre les règles sélectionnées ? Eh bien, nous retrouvons la logique d'origine : les règles les plus efficaces sont celles qui ont le mieux collaboré avec les autres règles et celles qui ont offert la plus grande souplesse. À vrai dire, vous croirez avoir sélectionné des programmes plutôt que des règles. Le point essentiel est celui-là : par une sélection entièrement individuelle (un point quand une règle appartient à un programme qui a gagné, zéro sinon), vous aurez sélectionné des groupes. Chacune des règles avait une existence indépendante mais elle n'a survécu que par son intégration à d'autres, à tel point qu'il devient difficile d'imaginer que la sélection ne s'est pas portée sur le groupe mais bien sur chacun de ses individus. Vous ne trouvez pas comme un point commun avec la vie ?

Remplacez les règles par des gènes, les programmes par des organismes complexes et vous retrouvez le processus de la sélection naturelle. Un gène de meilleure qualité, c'est-à-dire un gène qui coopère bien avec les autres de l'organisme, et qui est suffisamment souple pour être adapté à des circonstances différentes, aura plus de chances de se retrouver à la fin.

Ce modèle est particulièrement clair mais il est loin d'être parfait. Sa première limite est qu'il ne contient pas de variation : toutes les règles ont été définies au départ et aucune nouveauté n'apparaît. Pour le rendre plus crédible, il faudrait rajouter, à chaque génération, un pourcentage d'erreurs de reproduction : certaines règles se modifieraient un peu, d'une partie à l'autre et la sélection agirait sur ces règles modifiées. Une autre limite est aussi importante : nous avons fixé comme loi que les règles qui survivent sont celles qui ont gagné, pas celles qui se sont reproduites. C'est-à-dire que nous n'avons utilisé qu'une seule notation : 1 ou 0. Il serait plus réaliste d'imaginer des points différents selon la situation : certaines se répandraient plus que d'autres au cours de la génération suivante. La raison profonde de cette difficulté est que le jeu d'échecs est un jeu à somme nulle (ce que gagnent les uns est perdu par les autres), alors que la vie est un jeu à somme non nulle. Il faudrait donc refaire le même raisonnement sur un modèle plus proche de la réalité : nous pourrions ici réutiliser le Dilemme du Prisonnier, avec des valeurs non symétriques.

Les gènes sont sympas

Les gènes souples offrent beaucoup d'avantages : ils s'adaptent mieux aux circonstances, nous permettent de survivre à des environnements plus divers et nous autorisent même à utiliser différentes manières d'arriver à leurs objectifs. Une femme peut par exemple, choisir de rester vierge jusqu'au mariage, de s'engager très tôt et d'avoir des enfants très jeune et de rester fidèle toute sa vie, alors qu'une autre au contraire peut préférer vivre sa jeunesse avant de se faire inséminer à 35 ans passé et élever seule son enfant. On dira que chacune a choisi une *stratégie* différente. Le terme est utilisé ici dans son sens marketing : chacun va se choisir une *cible*, un *positionnement*, une *approche* et en déduire sa propre manière d'atteindre ses *objectifs*. Évidemment, certaines stratégies sont plus efficaces que d'autres pour atteindre l'objectif de devenir un ancêtre, certaines sont même le plus souvent impossibles à mettre en place : c'est le cas de notre deuxième exemple lorsque l'environnement est trop difficile.

Les gènes hypocrites

Le plus amusant chez les gènes est qu'ils savent également être *hypocrites* : ils ne s'expriment que par des incitations indirectes, nous faisant croire certaines choses, qui pourtant sont plus ou moins éloignées de leur objectif réel. Un exemple : si votre corps a besoin de sucre, il vous le fera savoir en vous incitant à manger, il vous orientera peut-être vers des aliments sucrés et aura ainsi répondu indirectement à son besoin premier. Il n'y a que peu de chances que votre corps vous dise « Mange du sucre » parce que ce serait beaucoup moins efficace, trop compliqué à suivre : il vous faudrait pour cela d'abord savoir quels aliments en contiennent et vous seriez peut-être mort d'hypoglycémie avant d'avoir pu obéir. L'ordre indirect est beaucoup plus simple. Il en est de même pour l'amour : plutôt que de vous intimer l'ordre de procréer, les gènes s'arrangent juste pour vous inciter à tomber amoureux, vous inciter à avoir tel type de comportement quand vous l'êtes, notamment à rechercher les rapports sexuels et ensuite à vous occuper de vos enfants. Le résultat est le même (vous procréez) mais cette souplesse permet une meilleure adaptation aux différentes circonstances, une plus grande efficacité.

Cette incitation, pour être indirecte et dépendante des circonstances, n'en est pas moins extrêmement puissante. On s'en aperçoit très nettement quand on fait des enquêtes statistiques : malgré les différences d'environnement, malgré la culture, malgré l'intelligence, les comportements humains sont très fortement stéréotypés. Une petite image pour mieux comprendre : on peut imaginer le cerveau humain comme une succession de couches où l'influence des gènes provient du niveau le plus profond, le plus instinctif. Selon ce modèle, un ordre génétique devra passer les filtres du culturel, de l'intelligence, de tout ce qui est lié aux circonstances, de tout ce qu'étudient la psychologie et la sociologie, avant d'atteindre le niveau du comportement extérieur : on pourrait croire que cette succession de passages modifie, ou même renverse, l'ordre initial. Il n'en est rien : **l'analyse de l'objectif génétique reste souvent l'approche la plus précise et la plus prédictive d'un comportement**.

Redondance

Il faut dire que pour être sûrs de gagner, les gènes ont vraiment mis tous les moyens en œuvre : ils utilisent même ce qu'on appelle la *redondance*, le même principe que celui utilisé dans les ordinateurs les plus sécurisés. La redondance, c'est la multiplication d'un élément. En informatique, par exemple, vous pouvez avoir deux disques durs « en miroirs », qui enregistrent exactement les même informations : si l'un tombe en panne, il vous restera toujours l'autre. Vous utilisez la redondance aussi quand vous voulez laisser un message à quelqu'un et contactez plusieurs personnes pour le lui transmettre : une seule aurait suffi dans le meilleur des cas mais vous assurez la sécurité. Une autre forme de redondance se retrouve en motivation : pour être certain qu'un de vos subordonnés fera ce que vous lui demandez, vous lui promettrez non seulement une augmentation mais aussi une nouvelle voiture, des vacances au soleil, etc. C'est exactement ce que font les gènes : que vous procréiez est tellement vital pour eux qu'ils vont vous y inciter par tous les moyens possibles. Et c'est ainsi que vous serez programmé au niveau affectif (pour tomber amoureux) mais aussi au niveau sexuel (les amours de passage) et même pour l'amour des enfants (y compris de ceux des autres). Beaucoup de nos comportements semblent au premier abord inutiles pour nos gènes, comme adopter un enfant et s'en occuper, ou avoir des relations sexuelles complètement protégées mais en réalité on s'aperçoit qu'une des utilités de ces comportements est de servir de secours, de redondance, pour l'objectif initial.

Au final, on pourrait dire que nos gènes sont sympas : ils nous permettent de prendre du plaisir sexuel, ils nous permettent d'être heureux avec nos enfants et ceux des autres et ils nous laissent une grande liberté dans nos choix stratégiques pour arriver à procréer. On ne pourrait rêver mieux : ils ont même la bonne grâce de nous laisser croire en l'amour, alors qu'ils ne cherchent qu'à se transmettre…

Éloge de la trahison

– Prince, m'avez-vous été fidèle ?
– Souvent, Madame.
Attribué au Prince de Ligne

Revenons au couple du début du chapitre : quel est l'intérêt de l'infidélité ? Qu'en est-il dans ce cas particulier ? Quelle est la valeur de la stratégie de la trahison ? Qu'y gagnent les gènes ?

Le gain le plus important est certainement celui de la variation. Nous avons vu qu'on ne peut connaître par avance l'efficacité d'un gène particulier : elle dépendra des circonstances extérieures, par exemple, des parasites qui existeront pendant la vie de leur porteur. De plus, il existe toujours un risque que le ou la partenaire habituel(le) souffre d'une maladie génétique non décelée : il n'est pas très prudent de parier l'ensemble de ses chances de devenir un ancêtre sur un(e) seul(e) ! En d'autres termes, il vaut certainement mieux *ne pas mettre tous ses œufs dans le même panier* et pour cela, il faut être infidèle.

En fait, le mari, la femme et l'amant se retrouvent tous trois dans des Dilemmes du Prisonnier et nous avons vu que la trahison n'apporte pas que des avantages mais aussi des risques importants. En trompant son mari, la femme gagne des gènes différents mais risque de perdre l'engagement et les ressources de son compagnon habituel, ce qui peut remettre en cause l'avenir de ses enfants. L'amant transmet ses gènes mais perd tout contrôle sur l'éducation. Sans parler pour les deux du risque d'être tués ou rendus stériles, directement par le mari ou l'entourage, ou indirectement par la transmission de maladies en provenance de l'autre. Pour pouvoir appliquer le dilemme, il nous faut maintenant quantifier le coût de ces risques, les gains potentiels et déterminer le nombre d'itérations (la durée du jeu). Le risque dépend à l'évidence de deux facteurs principaux : le pourcentage de chances que le mari puisse reconnaître qu'il ne s'agit pas de ses enfants et le coût pour les enfants en cas de divorce, c'est-à-dire l'importance des ressources du mari dans leur éducation. Heureusement, cette dernière est en chute libre dans notre société moderne : la loi de la pension alimentaire a permis de réduire fortement le coût d'un divorce pour la femme et les enfants et dans certains pays, de le retourner, la femme pouvant parfois gagner plus une fois divorcée que pendant son mariage. Même si le risque que le mari s'aperçoive de l'infidélité est important, la femme n'a pas beaucoup à craindre. Le gain de meilleurs gènes pour la femme est quant à lui difficilement estimable : il faudrait mesurer l'impact sur la procréation future mais la femme peut espérer qu'il sera positif, ne serait-ce que grâce à la variation. Pour l'amant, tout semble pour le mieux : cette situation lui offre un enfant de plus, qu'il n'aura même pas à charge. Son risque principal est de subir la contagion d'une maladie de la femme. Nous remarquerons cependant qu'il perd toute chance de participer à l'éducation de l'enfant, ce qu'il peut considérer comme un coût (nous y reviendrons). Pour finir notre analyse du dilemme, il reste à la femme à étudier le nombre d'interactions : s'agit-il d'une situation suffisamment répétée pour justifier la coopération avec son mari (c'est-à-dire la fidélité) ? Le dilemme se pose à chaque nouvel enfant, il suffit donc de déterminer combien la femme en aura au cours de sa vie. En Occident, ce sera le plus généralement moins de cinq : cela ne fait pas beaucoup, en tout cas pas assez pour donner un avantage définitif à la coopération. Il faut trahir.

ESS : EVOLUTIONARY STABLE STRATEGY

Hélas, dans la stratégie si attrayante que nous venons de prôner, nous avons négligé une contrainte essentielle : pour tromper son mari, il faut d'abord se marier, c'est-à-dire trouver quelqu'un qui ait un autre positionnement que celui d'amant. En d'autres termes, la réussite de cette stratégie dépendra d'abord du nombre de ceux qui ne l'auront pas choisie !

Nous sommes en présence de ce que les biologistes appellent *dépendant de la fréquence (Frequency Dependent)* et ils démontrent qu'une telle situation autorise souvent un ou plusieurs points d'équilibre, c'est-à-dire un ou plusieurs pourcentages de répartitions qui sont stables et que l'on peut déterminer. C'est ce que John Maynard-Smith a présenté en 1972 : il a nommé ces points d'équilibres stratégies évolutionnairement stables (*ESS* : *Evolutionary Stable Strategies*) et il a révolutionné les sciences économiques et biologiques.

Il imagine un territoire où deux types d'animaux se contestent la même ressource R : les colombes et les faucons. Les règles sont les suivantes :

- Si un faucon rencontre une colombe, celle-ci s'enfuit et le faucon emporte toute la ressource (R).
- Si un faucon rencontre un autre faucon, ils se battent, avec blessure (C). Dans ce cas, le gain de chacun est estimé à 1/2(R – C) ; ils se partagent les bénéfices et les blessures.
- Si une colombe rencontre une autre colombe, elles se partagent la ressource R (soit R / 2).

Résumées dans un tableau, ces règles sont donc :

	Faucon	Colombe
Faucon	1 / 2 (R C)	R
Colombe	0	R / 2

Et la question est : quelle répartition de colombes et de faucons allons-nous trouver ? La théorie mathématique des jeux nous donne la solution :

- Si les gains sont supérieurs au coût des blessures (R > C), alors toutes les colombes seront éliminées et il y aura 100 % de faucons ;
- Dans le cas contraire (C > R), alors les faucons représenteront R / C de la population.

La raison de cela est assez simple : si le nombre de faucons est suffisamment faible, ils ne seront que rarement en compétition entre eux et leur nombre pourra augmenter... jusqu'à ce que le coût des rencontres fratricides devienne trop important. Une *stratégie évolutionnairement stable (ESS) est donc une stratégie qui, si elle est utilisée par suffisamment de membres, ne pourra être envahie par aucune autre stratégie.*

Cet exemple est basique : il ne présente qu'un seul équilibre. Il existe d'autres situations où différents équilibres seraient possibles : celui qui apparaîtrait serait déterminé par les proportions existant au début de l'interaction. Et il existe enfin des situations où aucun équilibre n'est possible.

On peut aussi imaginer que les positionnements de chacun ne soient pas entièrement prédéterminés, qu'ils puissent choisir d'être faucon ou colombe selon les circonstances. On pourrait même imaginer des stratégies différentes et les comparer et on pourrait enfin modifier les valeurs des coûts et bénéfices. Nous revoilà dans le Dilemme du Prisonnier, dont le modèle faucon/colombe n'est qu'un cas particulier.

Quel pourcentage d'amants ?

Qu'en déduire pour notre problème d'infidélité ? Existe-t-il un équilibre ? L'étude des Bluegills permet d'en avoir une approche. Chez cette espèce de poissons, deux types de mâles ont chacun une stratégie différente. Certains (les « respectables ») mettront 7 ans à atteindre la maturité sexuelle, choisiront une femelle et s'occuperont de protéger le nid : voilà nos colombes. Les autres mûrissent beaucoup plus vite (2 ans seulement) et chercheront à tromper l'attention des respectables pour fertiliser eux-mêmes les œufs dans les nids construits par les premiers : des faucons redoutables... qui ne représentent pourtant que 20 % de la population, toute augmentation étant restreinte par le nombre de nids pouvant être fertilisés.

Tout cela ressemble fort à notre histoire et les faucons humains sont peut-être eux aussi restreints en nombre par la même limite. Nous verrons cependant qu'il existe un autre facteur essentiel qui contrôle les tendances à l'infidélité, en intervenant sur le positionnement faucon/colombe des époux : les phéromones*.

LE PARASITISME

Le prototype du traître

On ne peut parler des faucons et de l'importance de la trahison sans étudier le prototype du traître : le parasite, dont la définition générale est *qui vit aux dépens d'autrui*. En biologie, les parasites se distinguent par leur constitution incomplète qui les rend dépendants de leur hôte : pas de système moteur ou pas de système digestif par exemple, ou une incapacité de se reproduire seul. Ils se retrouvent partout et on considère que leur relation avec l'hôte est du type proie-victime. Chez les humains, les parasites sont principalement connus pour les maladies qu'ils peuvent provoquer, la désignation « maladie parasitaire » étant parfois utilisée de façon générique, quoique les médecins préfèrent les distinguer des « maladies infectieuses » qui sont causées par les bactéries et les virus. Dans les relations humaines, bien sûr, les parasites sont ceux qui vivent à vos frais.

Les parasites sont-ils toujours nuisibles ? Cette définition (*aux dépens d'autrui*) le ferait penser. Pourtant, il existe de nombreuses variétés d'organismes (au sens large) qui ne peuvent survivre sans leur hôte mais qui lui sont bénéfiques. Les mitochondries*, qui constituent une espèce différente de la nôtre (ADN* indépendant) et ne peuvent se reproduire qu'en s'intégrant à d'autres cellules (pour qui elles constituent l'apport d'énergie), sont-elles des parasites ? Non, pas selon notre définition : elles sont bénéfiques, on dit qu'elles vivent en *symbiose* avec nous. Un organisme interne qui ne peut vivre sans son hôte mais qui ne lui sera nuisible que s'il se développe trop et l'envahisse est-il un parasite ? Oui.

En fait, l'emploi du terme *parasite* en biologie et en psychologie évolutionniste n'est pas toujours aussi rigoureux qu'il doit l'être en médecine : il désignera le plus souvent tout organisme étranger pouvant avoir un impact hostile sur son hôte. C'est ainsi que parler de l'éventuelle origine parasitaire d'un comportement ou d'une maladie psychiatrique ne signifie pas forcément que la cause de cette maladie ou de ce comportement correspond à la définition stricte d'un parasite mais qu'elle est liée à l'intervention d'un organisme externe. On emploie également cette même version élargie de la définition quand on parle de « lutte contre les parasites ».

Relation proie-victime

Bien évidemment, les relations entre le parasite et son hôte peuvent être étudiées via le Dilemme du Prisonnier et c'est ce que fait Richard Dawkins dans *Le gène égoïste*. Le plus intéressant est que les règles mises en évidence par Robert Axelrod ayant un impact sur le taux de coopération (ou de trahison) s'y retrouvent parfaitement. Par exemple, l'importance de la durée de l'interaction pour la coopération correspond aux maladies dites *opportunistes* (qui profitent de l'état de faiblesse d'un malade pour se développer) : le parasite peut avoir tendance à *trahir* son hôte (en se multipliant tellement qu'il en remet en cause la survie) s'il *considère* que l'interaction ne durera plus longtemps, que son hôte va bientôt mourir.

Un parasite peut trahir de plein de façons différentes, il a un choix beaucoup plus étendu que sa simple multiplication : il peut notamment modifier le comportement de l'hôte, plus ou moins directement, pour faciliter son propre succès. Dawkins prend l'exemple du rhume :

> « Lorsque nous prenons un coup de froid ou que nous avons un rhume, nous pensons normalement que les symptômes sont des conséquences ennuyeuses de l'activité des virus. Mais dans certains cas, il semble plus probable qu'ils soient délibérément créés par le virus lui-même pour l'aider à voyager d'un hôte à un autre. Non content d'être simplement respiré dans l'atmosphère, le virus nous fait tousser ou éternuer par à-coups. » (Dawkins, 1989, p. 330)

Il s'agit là d'une modification simple du comportement (éternuement ou toux) mais certains imaginent que des parasites peuvent avoir des effets plus importants : soit en détruisant certaines cellules nerveuses, soit en modifiant les taux hormonaux.

Pour Dawkins, il s'agit là d'une *action phénotypique étendue* des gènes du parasite : ils ont une action sur leur hôte, c'est-à-dire sur un organisme extérieur à eux-mêmes, correspondant à leurs propres objectifs *égoïstes*. De même que nous avons montré qu'un de nos gènes modifiant notre comportement dans le but de faciliter sa transmission aux générations suivantes aura plus de chances de se propager qu'un autre, un gène capable d'avoir la même action sur d'autres organismes gagnera le même bénéfice et les mêmes raisonnements s'appliquent. Aussi quand on oppose une théorie parasitaire d'un comportement ou d'une maladie à une théorie génétique, on ne fait en quelque sorte que chercher à découvrir à qui appartient le gène causal : à l'organisme victime ou à un autre. Cette distinction est particulièrement importante quand il s'agit de découvrir les modes de transmissions de ce comportement ou de cette maladie : par contagion ou par hérédité.

Kin selection (sélection de la parentèle) et *inclusive fitness*

Dawkins va plus loin et se demande ce qui fait qu'un parasite est ou peut devenir dangereux pour son hôte. Il constate que le critère essentiel est le moyen de reproduction. Si le parasite utilise pour se reproduire les mêmes canaux que son hôte (chez les humains : spermatozoïdes et ovocytes), il aura tout intérêt à coopérer avec celui-ci : c'est le cas notamment des mitochondries qui sont transmises par les ovules. Si par contre, les canaux reproductifs sont différents, le parasite aura parfois à se retourner contre son hôte pour assurer sa propre descendance. Bien évidemment, on remarque que toutes nos cellules contiennent les mêmes gènes (ADN humain et ADN mitochondrial) et ont tout intérêt à la coopération totale :

> « Nos propres gènes coopèrent non parce qu'ils sont les nôtres mais parce qu'ils partagent la même sortie – le spermatozoïde ou l'ovocyte – pour aller dans l'avenir. » (Dawkins, R., 1989, p. 328)

En d'autres termes, c'est parce que le ratio de parenté entre nos cellules est de 1 que leur coopération est extrême : le ratio sert à mesurer le taux de coopération.

En fait, ce raisonnement est celui que William Donald Hamilton (1964) avait formalisé sous le nom de *Kin selection* (sélection de la parentèle) : le sacrifice d'un porteur de gène est bénéfique pour ce gène s'il permet de sauver plus de porteurs de ce même gène. Il faut prendre en compte le ratio de parenté : la mort d'un individu porteur du gène est rentable pour ce dernier si elle permet de sauver plus de 2 frères, ou plus de 8 cousins, etc.

L'exemple le plus connu de cette différence de traitement entre ceux qui nous sont proches génétiquement et ceux qui ne le sont pas est celui des relations entre les beaux-parents et les enfants qui ne sont pas les leurs. M. Daly et M. Wilson (2001) ont confirmé que les beaux-enfants connaissent beaucoup plus de risques (abus ou même homicides) que les enfants génétiques. Il s'agit là de ce qu'on appelle *l'effet Cendrillon*. Dans les cas où la même discrimination existe mais de façon positive, on parle de *népotisme* en référence aux papes qui en avaient fait grand usage : on dit que leurs taux de parenté avec leurs *neveux* étaient particulièrement élevés, puisque ces derniers étaient en fait leurs enfants naturels.

LE RISQUE DE TRAHISON

Trahir, qu'on dit, c'est vite dit. Faut encore saisir l'occasion.
C'est comme ouvrir une fenêtre dans une prison, trahir.
Tout le monde en a envie mais c'est rare qu'on puisse.
Louis-Ferdinand Céline (1932)

La Reine rouge

À la fin du film *Les Vikings* de Richard Fleisher (1958), Kirk Douglas, un féroce combattant, apprend lors du combat final que son ennemi juré (Tony Curtis) est son demi-frère (ratio de 1/4) et hésite à le tuer. Son opposant, bien sûr, ne le sait pas et Douglas est passé au fil de l'épée. C'est qu'en effet il ne faut pas se tromper : pour qu'il puisse y avoir népotisme, il faut à la fois savoir distinguer ceux qui ne sont pas de son lignage et reconnaître ses proches génétiques. Ni l'un ni l'autre des deux héros du film n'était très doué à ce niveau : pourquoi ?

Puisque le népotisme apporte des avantages importants comparativement à l'Effet Cendrillon*, on peut supposer que tout organisme qui arriverait à *tromper* les autres sur sa proximité génétique connaîtrait un grand succès. Mais en suivant le même raisonnement, on peut aussi supposer que tout organisme qui serait plus apte à détecter cette tromperie (une forme de trahison) serait plus avantagé que les autres moins discriminants. Ces deux avantages opposés (la capacité à tromper et la capacité à détecter la tromperie) se retrouvent donc en compétition permanente, c'est une véritable course aux armements comme celle qui a marqué la Guerre Froide : on dit que ces caractéristiques ont *co-évolué*. Il s'agit là de ce que Leigh Van Valen (1973) a dénommé la *sélection de la Reine rouge* : comme dans *De l'autre côté du miroir* (Carroll, 1872), où la Reine explique à Alice qu'il est nécessaire de courir aussi vite que possible pour rester sur place (et qu'il faut aller deux fois plus vite pour avancer), chacun des deux opposants a dû évoluer, avancer, pour conserver la même situation vis-à-vis de l'autre.

Ce principe est maintenant connu et on le retrouve partout : on peut penser aux animaux qui développent leur technique du camouflage, tandis que leurs prédateurs affûtent leur vue par exemple. Chez les humains, dont le langage est l'arme la plus puissante, on s'est aperçu que le cerveau comprend une zone dédiée : mentir ne sollicite pas les mêmes modules que dire la vérité (Landgleben, D. *et al.*, 2001). Bien évidemment, cette découverte récente sera certainement utilisée pour construire de meilleurs détecteurs de mensonge que les célèbres et trompeurs polygraphes (auxquels il faut mentir pour être cru !) mais c'est surtout une démonstration *in vivo* de cette lutte des modules.

Formalisation

Et c'est encore le Dilemme du Prisonnier qui sert à formaliser cette lutte contre la trahison. Rappelons-en les règles : la coopération ne peut se développer que si le nombre d'interactions est suffisant et la différence entre les récompenses et les punitions suffisamment motivante. Dans les sociétés humaines, le développement de la morale et des religions indique a posteriori que ces conditions ont été suffisamment remplies. C'est-à-dire que les avantages acquis par le respect des règles (confiance dans les autres, sécurité, etc.) et le grand nombre d'interactions ont été suffisants pour permettre le développement de la coopération. Et c'est aussi que les punitions en cas de trahison se sont renforcées : même de nos jours, il n'est pas conseillé d'être un tant soit peu hors normes dans un village de province. Dans ce dilemme, ceux qui s'en sont sortis le mieux sont évidemment ceux qui ont su analyser les risques et les avantages de la trahison, ceux qui ont fait le bon choix.

Le terme utilisé pour décrire la coopération est *altruisme réciproque*. Pour l'expliquer, E.O. Wilson avait pris l'exemple d'un passant qui saute à l'eau pour sauver quelqu'un de la noyade : le but de son geste est que l'autre pourra lui payer en retour cette prise de risque. C'est la coopération initiale dans un Dilemme du Prisonnier. L'image était malheureuse et beaucoup se sont amusés du fait qu'il ne fallait pas espérer que le premier noyé puisse être d'une utilité quelconque si la situation se retournait : il avait déjà suffisamment prouvé qu'il ne savait pas nager ! Mais la moquerie était trop facile : elle confondait *altruisme symétrique* (échange identique) et *altruisme réciproque*.

Le principe est bien celui-là : en aidant les autres, on espère pouvoir être aidé un jour ; nous vivons en permanence dans un grand nombre de Dilemmes du Prisonnier, avec cette seule différence que la réciprocité y est indirecte, que la récompense ne viendra pas forcément de ceux que nous avons aidés et qu'elle n'aura pas toujours la même forme. Nos ancêtres, qui ont su nous transmettre leurs gènes, sont ceux qui ont le mieux su se débrouiller dans ce dilemme. Il leur a fallu pour cela une mémoire profonde des interactions précédentes et une forte capacité de traitement de ces informations : le développement de l'intelligence a été nécessaire pour survivre dans un tel environnement.

LE PANIER DE CRABES

Il existe enfin une stratégie que nous n'avons pas abordée : celle du *Panier de Crabes*. Le principe en est simple : quand il est impossible de se distinguer en faisant mieux que les autres, un moyen de ne pas perdre trop est d'empêcher ses concurrents de réussir.

Prenez un crabe en bonne santé et jetez-le au fond d'un panier. Il y a de fortes chances pour qu'assez rapidement il arrive à grimper sur les parois et sortir. Pour l'en empêcher, vous pouvez bien sûr agrandir le panier, ce qui ne fera que retarder l'échéance, ou mettre un couvercle. Une autre solution est de rajouter un deuxième crabe : dès que l'un d'entre eux semblera indiquer qu'il a trouvé une issue, en escaladant les parois, le second s'y agrippera et le fera retomber. Le panier n'a pas besoin d'être bien haut : ce comportement systématique interdira à chacun des deux crabes de s'en extraire.

Une étude anglaise parue fin 2001 montre que ce type de comportement est aussi généralisé chez les humains. Le professeur Andrew Oswald de l'Université de Warwick a organisé un test où les volontaires pouvaient gagner de l'argent (qu'ils emportaient après le test) et où ils avaient de plus la possibilité de sacrifier une partie de leurs gains pour faire baisser ceux des autres. Sur les 116 sujets de l'expérience, 72 (soit 62 %) ont opté pour cette possibilité de faire perdre de l'argent aux autres, en étant prêts à dépenser dans ce but jusqu'à 25 % de leurs gains (Oswald, A. & Zizzo, D.J., 2001). C'est probablement l'explication de pourquoi en France de nombreux sondés se déclarent favorables à l'augmentation des impôts des riches, *même si* cela doit provoquer une augmentation de leurs propres impôts.

DES TRAÎTRES ÉVOLUÉS

Ne jamais avouer,
Toujours nier,
Ne pas laisser de traces,
En cas de flagrant délit : dire que c'était la première fois.
(L'auteur de ce conseil a, logiquement, requis l'anonymat.)

Nous voilà donc intelligents et aptes à trahir ou à détecter la trahison. Nous savons être colombes et être faucons et nul doute que nous survivrions emprisonnés séparés de notre complice face à un shérif sadique : il suffirait juste qu'il nous laisse plusieurs essais. Nous savons tout cela parce que nous avons reconnu comment nos gènes orientent notre comportement et comment ils vont nous aider à nous adapter à l'environnement. Nous avons aussi une vision de leurs objectifs (être transmis) et sommes parés à y répondre. Le bonheur nous ouvre les bras : il ne reste qu'à savoir mettre en pratique ces connaissances et à choisir les meilleurs gènes pour avoir les plus beaux et plus intelligents enfants du monde. Comment ?

Eh bien, ce sera l'objet des prochains chapitres. Bien sûr, nous ne sommes pas abandonnés, livrés à nous-mêmes dans cette chasse aux gènes : des tendances innées influeront sur notre comportement et nous les détaillerons. Mais auparavant, il est important de revenir un petit peu en arrière pour préciser quelques-uns des concepts que nous avons présentés, en étudier la validité et les approfondir un petit peu.

Mécanismes psychologiques évolués

Tout d'abord, l'essentiel : les gènes souples, hypocrites ou sympas n'existent nulle part ailleurs que dans ce livre : ils ne sont qu'une image, une métaphore pédagogique, un truc d'auteur pour expliciter un phénomène essentiel, celui des *mécanismes psychologiques évolués* (*Evolved Psychological Mechanisms*).

Ceux-ci sont le fondement de toute l'étude de l'origine biologique du comportement humain. Les points essentiels à retenir à leur sujet sont :

- Les gènes ayant une action, quelle que soit celle-ci, sur la psychologie (au sens large : comportement plus états internes) ont une action sur le fitness de leur porteur, c'est-à-dire sur ses chances de laisser des descendants. Ils sont dès lors soumis aux mêmes règles découvertes par la sélection naturelle que les gènes ayant une action sur la morphologie. On y retrouve donc tous les modèles décrivant les contraintes de la coopération et de la trahison : Dilemme du Prisonnier, Stratégies Évolutionnairement Stables, sélection de la parentèle, etc., ainsi que les contraintes de temps d'action de la sélection naturelle (*mismatch**).
- Deux types de gènes peuvent avoir une action sur la psychologie humaine : les gènes qui proviennent du porteur et ceux d'organismes extérieurs (souvent dénommés *parasites*). Pour ce dernier cas, on parle depuis Richard Dawkins d'*action phénotypique étendue.*
- L'action de ces gènes n'a pas à être directe et gagne même à être la plus dépendante possible des circonstances environnementales : c'est cette souplesse qui permet la meilleure adaptation.
- Au final, à partir d'éléments unitaires (les gènes), on obtient des mécanismes psychologiques complexes, très probablement le plus souvent définis par de très grandes combinaisons de gènes mais qui peuvent aussi ne dépendre que d'un gène unique.

Applications des modèles mathématiques aux comportements biologiques

Depuis John Von Neumann, de très nombreuses recherches, extrêmement fructueuses, ont été effectuées sur l'application de la théorie des jeux dans la vie. Nous n'avons cité ici que le Dilemme du Prisonnier et les stratégies évolutionnairement stables des faucons et des colombes alors que de nombreux autres modèles sont utilisés quotidiennement. En fait, les théories psychologiques et biologiques présentées de nos jours sont quasi systématiquement testées mathématiquement via des jeux.

Taux d'infidélité

Comme beaucoup s'en doutent, il est extrêmement difficile de mesurer le taux d'infidélité chez les humains : il s'agit d'un sujet qui fâche. Les célèbres chiffres de R. Baker et M.A. Bellis ont été très fortement critiqués pour leur faible représentativité : ils avaient recruté leur échantillon grâce à des publicités dans les magazines homosexuels ! À noter que les sociétés qui proposent au public de pratiquer le test de paternité sont débordées par les demandes et surprises par les taux obtenus (mais là encore, l'échantillon n'est pas représentatif).

La méthode utilisée est la comparaison génétique (maintenant bien au point) et les échantillons les plus fiables sont :

- Les cas de divorce : le test de paternité est de plus en plus conseillé par les avocats, même si l'infidélité de la femme ne dispense pas aux États-Unis l'homme du versement de la pension alimentaire ;
- Les cas médicaux : en cas de maladie génétique les médecins testent les deux parents, les enfants et les autres membres de la famille.

L'hypothèse basse retenue suite à ces études considère un taux de cocuage moyen de 10 %, qui peut aller jusqu'à 30 % dans les tranches sociales les plus basses (soit 14 % à 16 % pour la classe moyenne). Ces chiffres placent l'humain dans la moyenne des populations animales.

Il reste maintenant à essayer de découvrir qui trompe qui et avec qui : ce sera l'objet des prochains chapitres. Mais auparavant, nous allons revenir sur les bases théoriques et présenter rapidement les origines de la psychologie évolutionniste.

Les origines de l'évopsy

QU'EST-CE QUE LE DARWINISME ?

Commençons par le début. Au XIXe siècle, trois grands chercheurs ont révolutionné l'étude des êtres vivants. Il y eut Jean-Baptiste Lamarck (inventeur du terme *biologie*) fin XVIIIe début XIXe, il y eut Charles Darwin et il y eut Alfred Russell Wallace. Il faudrait bien sûr rajouter Gregor Mendel mais l'histoire nous apprend qu'il n'eut aucune influence avant le XXe siècle.

Lamarck fut le premier à remettre en cause le *fixisme* des espèces, c'est-à-dire le dogme que tous les êtres vivants ont été créés individuellement par Dieu et n'ont pas évolué depuis, et il proposa le *transformisme* qui postule que les êtres vivants se transforment au cours du temps. Le problème de la théorie de Lamarck est qu'elle n'avait aucun élément permettant d'expliquer le *pourquoi* ni le *comment* de ces transformations. Darwin a repris le transformisme et l'a associé au malthusianisme (Malthus, T., 1798), ce qui lui a permis d'offrir une réponse au *pourquoi* : la natalité différentielle, qui fait que certains êtres transmettent plus leurs caractéristiques que d'autres et ont ainsi une influence sur l'avenir des espèces. Pour cela, Darwin, qui était lui-même un éleveur passionné de pigeons, imagine que, de même que les éleveurs en pratiquant la sélection artificielle modifient les caractéristiques d'une race, il existe une force naturelle qui aura un impact sur l'évolution. Chose amusante, Darwin n'était pas le seul à avoir eu cette idée : Wallace aussi voulait la présenter et l'on raconte qu'il écrivit d'abord à Darwin pour lui demander son soutien et que c'est ce courrier qui obligea Darwin à mettre au grand jour sa propre théorie afin de garder la priorité. Et Wallace resta le grand oublié. En fait, Darwin et Wallace n'ont résolu que la moitié du problème laissé par

Lamarck : ni l'un ni l'autre n'offre de réponse au *comment* de cette sélection. On peut aussi remarquer que le choix de l'expression *sélection naturelle* n'était peut-être pas tellement heureux : en plaçant l'action naturelle sur le même plan que l'action artificielle de l'élevage, elle a incité beaucoup à croire à tort que, comme dans les élevages, la nature agit dans un but.

Paradigme

Le terme *paradigme*, qui ne servait en français qu'en grammaire et en linguistique, a entièrement changé de sens depuis la parution en 1962 de *The Structure of Scientific Revolutions* de Thomas S. Kuhn. Il désigne maintenant la conception générale qui se trouve derrière chaque théorie d'une époque, la vision du monde qui soutient ces théories (en quelque sorte, la métathéorie dominante d'une époque). Selon Kuhn, les recherches scientifiques soutiennent d'abord le paradigme existant, jusqu'à ce qu'il y ait un *basculement de paradigme* (*paradigm shift*) qui permette une nouvelle avancée.

Le concept est extrêmement intéressant et de nombreux épistémologues se battent pour déterminer quelles approches ont correspondu ou correspondent à un basculement de paradigme. Au niveau de la psychologie, certains considèrent que chacune des grandes théories du siècle passé a correspondu à un tel basculement. D'autres sont plus prudents et nous les suivrons en ne retenant que deux ruptures de paradigme dans l'histoire de la psychologie : son transfert du domaine philosophique au domaine scientifique, à la fin du XIXe siècle et son insertion dans la biologie, qui date de la même époque mais ne s'est imposée que très récemment avec l'évopsy.

De nos jours, nous avons le *lamarckisme*, considéré comme le transformisme avec transmission des caractères acquis, le *darwinisme*, c'est-à-dire le transformisme sans transmission des caractères acquis (et donc appelé *évolutionnisme*) et nous n'avons pas de *wallacisme*. On raconte que pour expliquer le long cou des girafes, le lamarckisme affirme qu'elles ont dû tendre le cou pour attraper les feuilles et qu'elles ont transmis ce cou allongé à leurs descendants, alors que pour le darwinisme, l'explication est que seules les girafes ayant un cou assez long pour se nourrir ont pu avoir des descendants à qui elles ont transmis leurs caractéristiques. En fait, si ces images correspondent bien à ce que l'on appelle aujourd'hui lamarckisme et darwinisme, elles ne se fondent pas sur la théorie de chacun mais plutôt sur les mythes qui en ont été construits.

Le problème de la transmission des caractères (acquis ou non) a été, jusqu'à la prise en compte de la génétique de Mendel, l'immense point faible des théories transformistes et ni Lamarck ni Darwin ni Wallace n'y apporteront jamais la moindre solution satisfaisante. Il apparaît même que Lamarck et Wallace ont été beaucoup plus prudents que Darwin sur ce sujet. On peut le constater en lisant *L'expression des émotions chez les hommes et les animaux* (1872-1899) où Darwin s'engage profondément dans la défense de la transmission des caractères acquis :

> « On ne peut guère douter qu'un changement physique se produise dans les cellules nerveuses ou dans les nerfs qui sont utilisés de manière habituelle, car, sinon, il serait impossible de comprendre comment devient héréditaire la tendance à certains mouvements acquis. » (Darwin, 1899, p. 46)

Et plus loin (toujours dans le premier chapitre) :

> « (...) d'après ce que nous savons de l'hérédité, il n'y a rien d'improbable à ce qu'une habitude se transmette aux descendants à un âge plus jeune que celui auquel elle a été acquise par les ascendants. » (Darwin, 1899, p. 57)

Et finalement, à la fin du XIXe siècle, le manque de réponse à cette question du comment fera que le transformisme comme l'évolutionnisme seront globalement déconsidérés, et il faudra attendre la redécouverte des travaux de Mendel pour reconstruire la théorie qui est maintenant solide.

Les 5 théories

Le problème principal que pose l'évolution chez le grand public est que le terme désigne à la fois un fait et une théorie. Le fait, c'est tout simplement que les choses changent avec le temps : cela est constaté par tous et ne peut être remis en doute. Cependant, le même terme est utilisé dans la théorie darwinienne : il ne faut pas les confondre.

Depuis Ernst Mayr (1991), on considère que le darwinisme couvre en fait 5 théories :

1 *L'évolution en tant que telle* : les organismes changent avec le temps ;

2 *L'origine commune* : tous les organismes proviennent d'un ancêtre commun ;

3 *La multiplication des espèces* : soit par séparation interne, soit par distanciation ;

4 *Le gradualisme** : l'évolution prend place par des petites touches qui s'accumulent progressivement et pas par des macromutations (mutations* simultanées d'un grand nombres de gènes) brutales ;

5 *La sélection naturelle* : l'impact qu'a le fait que seulement un petit nombre d'individus transmettront leurs gènes.

Bien évidemment, chacune de ces cinq théories a engendré de nombreux débats qui se poursuivent et Laurence Moran (1993) remarque que la théorie synthétique moderne de l'évolution se distingue du darwinisme original par ces trois points importants :

1 Elle reconnaît plusieurs autres mécanismes évolutifs en plus de la sélection naturelle. L'un d'entre eux est la *dérive génétique** qui peut être aussi importante que la sélection naturelle.

2 Elle reconnaît que les caractéristiques se transmettent par des entités discrètes appelées *gènes*. Les variations au sein d'une population sont dues à la présence de plusieurs *allèles** d'un même gène.

3 Elle reconnaît que la spéciation est (généralement) due à l'accumulation *graduelle* de petits changements génétiques. Cela équivaut à dire qu'une macroévolution est tout simplement un grand nombre de microévolutions.

Et depuis février 2002, l'importance de la dérive génétique citée au premier point, qui correspond à la *théorie neutraliste** de Motoo Kimura, a été rejetée par J.C. Fay et Chung-I Wu de l'Université de Chicago (Fay & Wu, 2002). Pourtant, même après tous ces changements majeurs dans la théorie, on parle toujours de darwinisme. Il faut dire que le cœur de la théorie est resté globalement inchangé : il s'agit de la sélection naturelle.

Sélection naturelle *vs* sélection sexuelle : maximalistes et minimalistes

En 1871, Darwin a publié un deuxième livre important : *On the Descent of Man* traduit par *De l'ascendance de l'homme* qui ajoute un nouveau mécanisme de sélection à l'évolution : la sélection sexuelle. L'idée est simple : il ne suffit pas de survivre jusqu'à 80 ans pour transmettre ses gènes, il faut surtout trouver un partenaire avec qui les associer et dès lors que ce dernier aura une possibilité de choix, il opèrera une sélection. Il lui faudra pourtant un siècle pour s'imposer.

La sélection sexuelle est tout d'abord une composante de la sélection naturelle mais qui présente des règles particulières qui peuvent les mettre en opposition. Ce sera le cas dans ce que Sir Ronald Aylmer Fisher (1890-1962) a appelé *Runaway Selection* :

> « Chez les espèces où le succès reproductif d'un sexe dépend fortement du bon vouloir de l'autre sexe, comme c'est évidemment le cas chez beaucoup d'oiseaux polygames, la sélection sexuelle agira d'elle-même pour accroître l'intensité de tout ce qui favorisera une préférence, avec comme conséquence qu'à la fois la caractéristique préférée et l'intensité de cette préférence augmenteront de

plus en plus vite, provoquant une importante et rapide évolution de certaines caractéristiques marquantes, jusqu'à ce que ce processus soit arrêté par l'action directe ou indirecte de la sélection naturelle. » (Fisher, R., 1930)

La *Runaway Selection* se retrouve par exemple, chez le paon dont la queue a atteint des proportions considérables. On peut cependant se demander s'il existe une raison pour que tel ou tel critère puisse donner lieu à un tel développement. En d'autres termes, la préférence sexuelle initiale, qui donnera lieu à la *Runaway Selection*, est-elle liée à un avantage en termes de sélection naturelle ? Et si c'est le cas, quel est cet avantage ? Pour le paon nous savons : en attirant ainsi l'attention sur sa zone anale, le mâle montre à la femelle qu'il ne souffre pas de parasites et prouve ainsi la qualité de ses gènes. Mais est-ce toujours le cas ? En fait, les deux approches s'opposent : on distingue les *minimalistes* qui considèrent que les signaux sexuels ne sont pas forcément liés à un avantage précis, des *maximalistes* qui, au contraire, recherchent systématiquement l'avantage caché derrière toute preuve. Nous verrons dans les chapitres à venir que la théorie de Fisher est complétée par le *Principe du Handicap*, de Amotz Zahavi et nous reprendrons l'exemple du paon.

Les conséquences

Aujourd'hui, la théorie de l'évolution est à peu près aussi ouverte au doute que la théorie que la terre tourne autour du soleil.
Richard Dawkins (1989)

Le darwinisme nouveau est maintenant à la base de toute la biologie, c'est-à-dire également à la base de la médecine, et sa validité ne pose plus de problèmes importants. Il s'agit cependant d'une théorie compliquée qui mène très rapidement à de grandes confusions. Les points essentiels à retenir, parce qu'ils nous serviront par la suite, sont :

- Tout ce qui, *à la fois*, est variable entre les individus, est transmissible génétiquement et a une influence sur la survie et/ou la reproduction, est sujet à pression sélective.
- *Variations signifie différences qui signifie inégalités* : au niveau génétique, il n'y a que les clones (les jumeaux monozygotes) qui sont identiques. Hormis ces cas particuliers, personne ne part avec les mêmes armes et les mêmes atouts génétiques. Comme, de plus, les gènes ont besoin de l'environnement pour s'exprimer et que celui-ci n'est jamais le même pour deux individus, tout le monde est différent.

- *La sélection naturelle intervient a posteriori* : on ne peut pas juger, a priori, quelle combinaison génétique aura le plus d'avenir, c'est l'environnement et le hasard qui décideront.
- *Le seul jugement final est celui du nombre de descendants* qui n'a rien à voir avec l'intérêt individuel ni avec aucune morale.

Comme on le voit, l'inégalité et l'injustice sont profondément inscrites dans ce que nous sommes, dès nos gènes, avant même que nous ayons à prendre en compte l'environnement. Le monde n'est même pas cruel : il est neutre, indifférent.

Comportements et états internes

Le terme psychologie, tel qu'il est utilisé actuellement, recouvre en fait deux types d'études : celle du comportement, c'est-à-dire de ce qui est perceptible de l'extérieur, l'action sur l'environnement et celle des états internes, c'est-à-dire comment la personne est et se ressent. Les raisons de cette distinction sont historiques. Bien sûr, le comportement est toujours plus ou moins influencé par les états internes et il peut sembler réducteur de les distinguer. Cependant, au début du XXe siècle, pour fonder véritablement la psychologie en tant que science, des chercheurs ont prudemment préféré se restreindre à ce qu'ils pouvaient observer et à laisser de côté ce qui était trop sujet aux mythes : on les appelle d'ailleurs les comportementalistes (béhavioristes). Il a fallu attendre la moitié du XXe siècle pour que le cognitivisme réintroduise les états internes dans le champ d'études de la psychologie.

Si cette distinction n'existe plus au niveau de la recherche, on en retrouve pourtant les séquelles au niveau du vocabulaire. Ainsi, on dit souvent que la psychologie est l'étude du comportement humain, ou que l'évopsy est l'étude de l'origine biologique du comportement humain, comme si la psychologie s'était limitée au béhaviorisme. En fait, il ne s'agit là que d'une simplification de langage : toutes les approches psychologiques actuelles intègrent l'étude des états internes.

LES ORIGINES DE L'ÉVOPSY

Bien évidemment, l'idée d'appliquer la puissance de l'évolutionnisme à la psychologie a existé depuis l'origine : la phrase de Darwin n'était pas passée inaperçue. À son époque, la psychologie était considérée comme une branche de la philosophie qui restait à développer en tant que science. On aurait pu croire que l'influence de Darwin pousserait la psychologie à évoluer comme une branche de la biologie mais en fait, il a fallu plus d'un siècle pour que cette transformation se fasse. Aussi la référence a été celle de la reine des sciences : la physique. Pour que la psychologie puisse se concevoir en tant que science, il a fallu qu'elle emploie les mêmes outils que la physique et donc principalement la mesure.

Structuralisme et associationnisme : le nouveau paradigme scientifique

Les historiens datent le plus souvent la naissance de la psychologie scientifique à la création par William Maximilian Wundt (1832-1920) du premier laboratoire, en 1879 (soit 20 ans après la phrase de Darwin), à l'Université de Leipzig en Allemagne. Il a défini un mouvement qu'on appelle *psychologie structuraliste* qui cherchait à quantifier le vécu psychologique mais ne disposait comme outil que de l'introspection : les fondements étaient là mais les outils manquaient, d'où la fin rapide de cette approche.

À la même époque, Hermann Ebbinghaus (1850-1909), Allemand lui aussi, s'intéressait à la mémoire et a mis en avant l'importance de l'association dans la mémorisation : d'où le nom d'*associationnisme* pour son approche (Ebbinghaus, 1885).

Ces deux théories valent surtout pour la révolution qu'elles ont su provoquer en inscrivant la psychologie dans la science. Leurs découvertes n'ont pas laissé beaucoup de marques (les méthodes de Ebbinghaus ont été reprises par la psychologie cognitive à ses débuts mais on ne retient pas énormément des travaux de Wundt), pourtant leur approche est restée. Il est à noter que la science de l'époque était la physique et c'est à son épistémologie que s'attacheront les psychologues, notamment en utilisant la méthode des mesures de temps.

Grâce à eux l'époque sera particulièrement productive. De nombreux chercheurs, se fondant sur ce nouveau paradigme, laisseront des marques profondes. On peut citer notamment Sir Francis Galton (1822-1911), demi-cousin de Darwin, dont les recherches sur l'intelligence au moyen des mesures de l'*Inspection Time** seront confirmées au début des années 1980 (Brand, C., 1996 ; Jensen, A.R., 1998 ; pour une synthèse voir Gouillou, P., 2002) et qui mettra au point avec Karl Pearson (1857-1936) les fondements des statistiques descriptives modernes, et Charles Spearman (1863-1945) qui découvrira à partir des travaux des précédents, le facteur *g* correspondant à l'intelligence générale, essentielle en psychologie différentielle.

Le béhaviorisme (ou comportementalisme)

Nous avons déjà critiqué les égarements du béhaviorisme et leurs conséquences dramatiques. Ce mouvement, dominant toute la première moitié du XXe siècle, ne doit cependant pas être abordé uniquement sous son angle noir : il a permis à la fois de confirmer l'orientation scientifique de la psychologie et de consolider ses méthodes.

L'article fondateur du béhaviorisme est daté de 1913 et signé J.B. Watson et se pose bien évidemment à l'encontre du structuralisme de Wundt. L'idée est que l'introspection en tant que méthode n'a rien de scientifique et que la seule base possible de la psychologie humaine est ce qui peut être constaté par tous, à savoir le comportement. L'essentiel de l'approche béhavioriste s'est donc fondée sur l'étude des stimuli-réponses (SR), le plus souvent sans s'inquiéter de ce qui se passait entre les deux : c'est le concept de la *boîte noire*.

Cette distinction entre le *comportement* et les *états internes* est encore essentielle de nos jours. Elle conduira cependant directement les béhavioristes face à deux problèmes essentiels : le refus de l'étude de ce qui se passe entre S et R interdit à la fois toute explication ou tentative d'explication d'une modification de la relation et elle interdit également toute approche de l'individu en tant qu'unité. Les dérives arriveront vite : ce sont celles dont nous avons parlé en début d'ouvrage. En d'autres termes, le béhaviorisme s'est construit sur une définition précise de son champ d'étude, base de tout fondement scientifique, qui s'est révélée trop restrictive, l'amenant à négliger des contraintes essentielles. Aussi, dès 1950, le béhaviorisme commencera à être combattu. Hélas, si l'importance qu'il accorde à l'approche scientifique a pu être conservée, certains de ses égarements ont prévalu jusqu'à nos jours (par exemple : le mythe de la *Tabula Rasa* dont nous avons parlé en introduction).

Cognitivisme

Le cognitivisme peut être défini comme ce qui vient *après* le béhaviorisme : tout en gardant la validité scientifique de ce dernier, il s'est intéressé à ce qui se passe entre S et R : Patrick Lemaire (1999, p. 24) définit son objectif comme « la découverte des processus cognitifs impliqués dans une tâche ». Ainsi, le basculement de paradigme entre les deux approches, s'il y en a un, était prévisible.

Cependant, la naissance du cognitivisme n'a été possible que grâce à l'avancée des sciences dans d'autres domaines et notamment aux travaux de John Von Neumann (1903-1957), mathématicien aussi à l'origine de tous les ordinateurs personnels et de gestion actuellement utilisés dans le monde (seuls les ordinateurs « connexionnistes » (ou « neuronaux ») ne suivent pas le « modèle Von Neumann »). Le texte qui synthétise son apport à la psychologie (Von Neumann, J., 1956) était à l'origine un cycle de conférences qu'il devait donner en 1956, ce que sa santé lui interdit. En analysant les composants nécessaires à la construction d'un ordinateur (les processeurs de calculs, les différents types de mémoire, etc.), il va définir en même temps ce qui sera l'informatique de la fin du XXe siècle et un modèle du cerveau humain qui se révélera particulièrement fécond.

Le cognitivisme est maintenant l'approche de la psychologie la plus avancée et toujours la plus riche : ses publications se comptent par milliers chaque année.

De la sociobiologie à la psychologie évolutionniste

Contrairement à toutes les approches précédemment citées, la sociobiologie ne s'est pas construite en opposition aux théories existantes à l'époque. Elle vient du darwinisme et est en quelque sorte entrée dans le monde de la psychologie par la petite porte, incidemment, même si l'explosion n'en a été que plus violente. Pour comprendre, il faut remonter dans l'histoire du darwinisme.

À partir de la redécouverte des lois de Mendel, le darwinisme a pu connaître un nouvel essor en biologie, qui s'est traduit dans les années 30 par une *Théorie Synthétique de l'Évolution* fondée sur une définition génétique de l'évolution formalisée par Fisher. Au cours du siècle, de nombreux chercheurs apporteront leur contribution à cette vision de l'évolution. Un des problèmes qui s'est posé tout au long du siècle était celui de l'altruisme : comment expliquer dans un monde où la compétition fait rage qu'un comportement gratuit (voire coûteux) ait pu se transmettre d'une génération à l'autre ? Le premier à apporter une réponse solide sera William Hamilton, avec sa théorie de la sélection de la parentèle en 1966.

Aussi, en 1975, un spécialiste de l'étude des fourmis, Edward O. Wilson publie *Une nouvelle synthèse* de l'évolution prenant en compte toutes les découvertes du siècle. Son livre s'axera autour de l'étude des animaux sociaux et il reprendra le terme *sociobiologie* (qui n'avait rien de neuf mais n'avait jamais connu de succès) pour désigner son approche. Tout son livre connaîtra un grand succès académique : la qualité de son travail et la validité du contenu ne seront quasiment jamais remis en cause. Sauf que dans son dernier chapitre, Edward O. Wilson reprenait l'idée de Darwin et remarquait que tout ce qui avait fait l'objet des centaines de pages précédentes pouvait aussi être appliqué à l'homme. Le scandale sera énorme : Wilson sera insulté et agressé par l'ensemble de la gauche, aux États-Unis comme en Europe (en France notamment). De nombreux chercheurs ayant exprimé leur intérêt pour son approche verront leurs carrières brisées ; les conférences sur le sujet seront interrompues par des agressions physiques contre les conférenciers. Une telle guerre politique a bien évidemment laissé des traces : aujourd'hui encore, toute référence à l'origine biologique du comportement humain, aux États-Unis comme dans plusieurs pays d'Europe, provoque de nombreuses réactions violentes.

Pourtant l'approche de Wilson s'est révélée fructueuse : certains chercheurs ont pu, discrètement, continuer leurs recherches dans le domaine et, à la fin des années 1980, Leda Cosmides et John Tooby ont refondé la sociobiologie en la renommant *psychologie évolutionniste*. Il y a bien sûr quelques différences entre les deux théories : presque 15 ans s'étaient écoulés depuis le livre de Wilson. Mais le débat existe toujours pour déterminer si la psychologie évolutionniste a véritablement apporté des modifications suffisamment importantes pour justifier le changement de nom ou si ce dernier ne s'explique que par la crainte de la dictature du *politically correct* (voir par exemple : Kennair, 2002).

Les 5 principes de Cosmides et Tooby

La principale différence entre l'évopsy et la sociobiologie se situe au niveau de ce que Leda Cosmides et John Tooby, fondateurs de l'évopsy, ont appelé le *mismatch*. Pour expliquer ce concept, nous allons nous reporter à un des articles fondateurs de l'évopsy où ils ont pris la peine de préciser leurs cinq principes fondamentaux.

L'article (Cosmides et Tooby, 1997) commence par définir la psychologie comme « cette branche de la biologie qui étudie (1) les cerveaux, (2) comment les cerveaux traitent l'information et (3) comment les programmes du cerveau traitant l'information génèrent le comportement. »

Nous voilà donc véritablement passés de la psychologie s'accrochant aux sciences physiques à la psychologie partie prenante de la biologie : le basculement de paradigme essentiel a mis un siècle à véritablement se concrétiser et la psychologie évolutionniste est la première à avoir réussi à l'imposer.

Viennent ensuite les 5 principes :

Le cerveau est un système physique

Le cerveau est un système physique. Il fonctionne comme un ordinateur. Ses circuits sont conçus pour générer des comportements appropriés aux circonstances environnementales.

Nos circuits neuronaux

Nos circuits neuronaux ont été conçus par la sélection naturelle pour résoudre les problèmes que nos ancêtres ont connus pendant l'histoire de l'évolution de notre espèce.

La conscience

La conscience n'est que le haut de l'iceberg ; la plus grande partie de ce qui se passe dans votre esprit vous est caché.

Des circuits neuronaux différents (modules)

Des circuits neuronaux différents (des modules) sont spécialisés pour résoudre des problèmes adaptatifs différents.

Mismatch

Notre cerveau date de l'âge de pierre Il n'a donc pas été « sélectionné » pour vivre dans l'environnement que l'on connaît aujourd'hui : surpopulation, partage du travail, etc.

C'est ce cinquième principe qui marque le plus la nouveauté de l'évopsy par rapport à la sociobiologie : « mismatch » signifie disparité, manque d'accord, union ratée. Le débat à ce niveau est bien sûr celui de la durée nécessaire pour que la sélection puisse avoir une influence : nos gènes sont-ils adaptés à notre environnement actuel ? L'évopsy considère que non : notre cerveau n'a pas eu le temps de s'adapter ni de subir des évolutions majeures au cours des 10 000 à 15 000 ans derniers de civilisation. La sociobiologie insiste moins sur cette différence. Et donc, l'évopsy reproche à la sociobiologie de considérer l'humain actuel comme un *maximisateur de fitness*, alors qu'elle le considère comme un *exécutant de l'évolution*.

L'évolution s'accélère

Contrairement à l'opinion générale que la civilisation aurait permis à plus de gens d'avoir des enfants, et donc restreint voire supprimé l'influence de la sélection naturelle chez l'humain, Henry Harpending et Gregory Cochran ont démontré que l'évolution s'accélère chez l'humain. La civilisation permet en effet à plus de personnes de survivre plus longtemps, mais elle offre aussi plus de possibilités de variation et, au cours des générations, l'évolution se fait d'autant plus sentir (Hawks *et al.*, 2007 ; Hagen, 2009)

UNE MÉTATHÉORIE

En synthèse, il faut retenir le mouvement de la psychologie : elle est partie de la philosophie, a été mise aux normes scientifiques grâce à la référence à la physique, puis enfin, tout récemment, intégrée dans la biologie. À cette place, la psychologie se trouve bien sûr en relation directe avec de nombreuses disciplines scientifiques qui s'occupent du cerveau (neurobiologie, neuropsychologie, psychiatrie, etc.) et celles qui s'occupent principalement du comportement animal (éthologie, biologie comportementale, etc.). À ces disciplines, l'évopsy apportera les résultats de plus d'un siècle de mesures et les découvertes du cognitivisme. En ce sens, on peut la voir comme une métathéorie, un cadre d'analyse de la psychologie.

Psychologie évolutive, évolutionnaire, ou évolutionniste ?

Les Français utilisent trois expressions pour traduire le terme américain original *Evolutionary Psychology* : psychologie évolutionniste, évolutionnaire ou évolutive. Laquelle est la bonne ? Pour le savoir, nous nous sommes plongé dans le *Littré* 1872, sans trouver aucun de ces mots. La révision de 1876 ajoute *évolutionnaire et évolutionniste* au dictionnaire et confère à chacun exactement le même sens. Cependant, comme *Evolutionary Biology* est le plus souvent traduit de nos jours par *biologie évolutionniste*, comme les théories darwiniennes sont rassemblées sous le terme *évolutionnisme* et pas sous un nom ayant pour racine *évolutionnaire* et comme enfin Anne Béraud-Butcher, traducteur de *L'animal moral* (Wright, R., 1994), premier livre à grande diffusion sur le sujet en France, avait choisi *évolutionniste*, nous avons privilégié ce terme.

Évopsy est un des raccourcis de *Evolutionary Psychology* qui sera utilisé en tant que synonyme ; on lit aussi *Evol-Psych*, ou tout simplement *EP*.

Enfin, l'évopsy est, comme toutes les autres théories scientifiques, extrêmement *évolutive* : de nouvelles découvertes sont annoncées tous les jours.

La chasse aux gènes

Ainsi, ce sont bien nos ancêtres qui sont à l'origine de nos mauvaises passions ! !
Le diable, sous l'apparence du babouin, est notre grand-père.
Charles Darwin, *Carnet de notes* (1838)

Nous sommes tous les descendants de gens très spéciaux : nos ancêtres. Leur particularité n'est pas seulement qu'ils ont vécu avant nous mais surtout qu'ils ont eu des enfants, qui eux-mêmes ont eu des enfants... jusqu'à nous. Notre existence même fait leur spécificité : qu'ils aient eu tellement de descendants ne manque pas de surprendre. Il est extrêmement difficile d'avoir un succès reproductif continu sur énormément de générations et pourtant ils y ont *tous* réussi.

Nous avons tous deux parents, chacun d'entre eux a eu deux parents (nos quatre grands-parents) ; une génération plus tôt et nous avons huit arrière-grands-parents. En comptant 25 ans en moyenne par génération, il suffit de remonter de deux siècles, soit à la Révolution Française pour avoir 256 ancêtres et aux débuts de l'ère chrétienne (2 000 ans soit 80 générations) pour avoir plus d'un million de milliards de milliards d'ancêtres (1 suivi de 24 zéros), ce qui est impossible. Nous n'avons bien sûr pas tant d'ancêtres. Certes, nous avons bien deux parents mais il est moins certain que nous ayons quatre grands-parents : peut-être nos parents étaient-ils frère et sœur ? Avoir huit arrière-grands-parents n'est possible que s'il n'y a pas eu de mariage entre cousins germains, ni entre frère et sœur depuis cette époque. Pour avoir seize arrière-arrière-grands-parents, il faut encore interdire les mariages entre cousins du deuxième degré, etc. Bref, loin d'avoir tant d'ancêtres, nous descendons d'un grand nombre de mariages plus ou moins consanguins et, comme le remarque Pierre-Henry Gouyon : « Chacun de nos ancêtres de l'époque de Charlemagne est des millions de fois notre ancêtre. » (Il calcule 2^{50} ancêtres, soit plus d'un million de milliards d'ancêtres (1 125 899 906 842 620) à l'époque de Charlemagne, vers l'an 800 ; Gouyon, 1999, p. 58.) Et comme il n'y avait pas tellement de monde à ces époques reculées, l'ancêtre est un bien extrêmement rare et en réalité nous nous les partageons tous : avoir ses ancêtres à soi est un luxe que plus personne ne peut se permettre.

Nos ancêtres nous ont transmis ce qu'ils avaient au plus profond d'eux : leurs gènes. Ceux-ci décident en grande partie de ce que nous sommes physiquement et aussi de notre comportement. Certains des traits de nos ancêtres se retrouvent parmi nous et c'est ainsi qu'une femme qui a probablement vécu en Afrique il y a entre 200 000 et 400 000 ans serait notre mère à tous. Cela ne veut pas dire qu'elle était la première femme, même si beaucoup l'ont appelée « l'Ève africaine » mais que ses gènes se seraient progressivement répandus à travers toute la population et que tous les humains de nos jours en porteraient une partie. C'est ce qu'on appelle un très grand succès reproductif : des dizaines de milliards d'êtres humains ont été ses descendants.

Certains d'entre nous seront les ancêtres des générations futures. Il faut d'abord avoir un ou des enfants, un ou des petits-enfants et ainsi de suite sans interruption pendant toutes les générations. Car même si vous vivez jusqu'à connaître vos arrière-arrière-petits-enfants, vous ne serez jamais certain d'être un des ancêtres des temps d'après : il peut suffire d'une guerre, d'une maladie, ou même de la volonté de ces descendants de rester chastes, pour vous faire perdre toutes vos chances d'avenir.

Si l'on regarde en arrière cette longue lignée d'ancêtres, on peut parfois comprendre les raisons de leur succès. Il est logique de remarquer que si un humain a eu tendance à avoir des enfants plus tôt et plus d'enfants et à mieux s'en occuper, alors il a plus de chances de faire partie des ancêtres des générations futures que son voisin moins porté sur la procréation et l'éducation. Il ne s'agit pas seulement d'une caractéristique physique ou anatomique mais aussi d'une caractéristique psychologique : la femme la plus féconde physiquement ne deviendra jamais une ancêtre si sa psychologie la pousse à refuser les enfants. Cela signifie exactement que dès lors qu'un gène permet, d'une façon ou d'une autre, de maximiser le nombre de descendants, il a plus de chances de se retrouver dans les générations futures. Et son porteur a plus de chances de devenir un ancêtre : par exemple, avoir systématiquement trois enfants par génération au lieu de deux fait passer le nombre de descendants au bout d'un siècle de 16 à 81 !

Vus sous cet angle, certains gènes apparaissent plus efficaces que d'autres : on dit qu'ils apportent un *avantage sélectif*. Et, petit à petit, ils se répandent dans la population, parce que les gènes moins efficaces ont créé moins de descendants. Nous sommes tous porteurs de ces gènes les meilleurs qui influent sur notre anatomie, notre physique et notre comportement : nous avons été sélectionnés pour avoir le plus de chances d'être des ancêtres des générations futures.

Mais ce même regard en arrière peut aussi faire croire qu'il y a eu un objectif, une volonté : que nous sommes le résultat d'un plan. On pourrait imaginer que nos ancêtres ont été programmés, non pas seulement pour avoir des enfants mais aussi pour maximiser les chances de ceux-ci d'en avoir eux-mêmes (ce qui est parfois contradictoire). Nous verrons au cours de ce livre que cette approche finaliste est fausse : il n'y a pas de but, pas d'objectif, juste des gènes qui se sont révélés plus efficaces (en terme de reproduction) que d'autres.

CHOISIR LES BONS GÈNES

Beauté x Intelligence x Disponibilité = Constante

Avant même l'éducation, avant même les aléas de la vie, la première optimisation à effectuer pour avoir des chances de transmettre ses gènes (de devenir un ancêtre) est de trouver avec qui les associer. Votre enfant ne portera que 50 % de vos gènes et de la qualité des 50 % autres dépendra votre chance qu'il puisse les propager. Bien sûr, ensuite, l'environnement aura une influence déterminante sur vos chances de devenir un ancêtre mais dans un premier temps, il vous faut vous intéresser aux gènes. Nous avons vu que c'est la femme qui devra être la plus prudente et la plus discriminante dans cette recherche, alors même que c'est elle qui est la plus limitée par le temps. Le géniteur qu'elle choisira pourra être son compagnon officiel (moins de 90 % des cas en moyenne en Occident) ou un amant, au choix, mais il faudra qu'il soit bon. Chercher et choisir un géniteur correspond pour la femme à ce qu'on appelle : *un shopping de gènes*. L'homme est beaucoup plus libre, il n'a qu'à craindre les maladies (parasites) ou l'engagement. Ce ne sera pas le cas s'il veut pouvoir s'investir dans l'éducation des enfants : alors lui aussi devra être prudent et sélectif, presque autant que la femme (pas tout à fait quand même).

Choisir les meilleurs gènes n'est pas très évident : ils ne se distinguent pas tant que cela et déterminer leur qualité à partir de leur résultat final ne semble au premier abord pas très facile. Le problème se complique quand on prend en compte la nécessité que les gènes des deux parents s'accordent bien. Comment choisir le bon produit ? Fort heureusement, les femmes comme les hommes bénéficient de nombreuses portes ouvertes sur les gènes de l'autre, et les études statistiques ont montré que tous ou presque savent les utiliser. Dans cette guerre des sexes, certains sont avantagés : les femmes correspondant le plus à certains critères ont plus de chances de trouver un bon géniteur et des ressources pour promettre le plus grand succès à leurs enfants, et les hommes correspondant le plus à d'autres critères féconderont plus de partenaires et auront moins de chance d'être cocufiés s'ils s'engagent dans une liaison à long terme ; il existe bien une échelle hiérarchique sur laquelle chacun est situé. Il reste à définir quels sont ces critères qui définissent la qualité d'un individu. Dépendent-ils tous des circonstances, de l'environnement, ou en existe-t-il des absolus ? En fait, la sociobiologie et l'évopsy ont montré qu'il existe bien des critères de qualité qui sont indépendants des circonstances, qui existent partout et sont partout les mêmes. Ce sont ces critères absolus que nous allons maintenant étudier.

Comme nous l'avons vu dans le premier chapitre, pour la femme il s'agit principalement de la fécondité, que l'on retrouve dans sa beauté, signe de jeunesse et de santé. Les critères distinctifs chez l'homme sont plus complexes, moins absolus (ils dépendent plus de l'environnement) : nous retrouvons ici encore la plus grande liberté stratégique laissée à l'homme par ses gènes. Car l'homme est bien terne comparé aux mâles des autres espèces : pas beaucoup plus grand que la femme, ne se montrant pas tellement, il a le privilège rare chez les animaux de laisser le poids de la séduction physique aux femmes. Cela ne signifie hélas pas qu'il puisse agir comme il veut : pour obtenir quelque succès, il sera obligé de correspondre à quelques règles. Nous avons déjà vu que l'homme ne doit pas être considéré indépendamment de son environnement, nu devant sa glace. La femme le considérera comme un tout, avec son physique, bien sûr mais aussi ses capacités d'engagement, son potentiel et surtout ses ressources.

Il est important de remarquer que tous les sens sont utilisés dans cette sélection de l'autre : la vue pourra sembler le principal mais tous les autres seront aussi utilisés. Tout ce qui peut fournir de l'information sur la qualité de l'autre sera exploité. Mais tout ce qui passe par un sens peut être trompé : par exemple, si la vue donne des informations sur l'âge de l'autre, nous savons que de nombreuses techniques permettent de paraître plus jeune. Nous vivons dans un conflit permanent, une guerre de l'information, où chacun aura intérêt à tromper et à démasquer les tromperies de l'autre. Bien sûr, certains signes (comme ceux du handicap) offrent l'avantage d'être plus fiables que d'autres. Mais dans cette course aux armements il est essentiel de rester au plus haut niveau, de suivre, voire d'anticiper les avantages de l'autre : nous retrouvons notre Reine rouge.

LA BEAUTÉ

La beauté est le signe le plus visuel de cette hiérarchie. Il y a les gens beaux, qui connaîtront une vie plus facile, plus agréable et auront plus de succès que les autres, laids, qui souffriront de tout l'inverse. La beauté n'est pas la seule caractéristique importante d'une personne mais c'est celle que l'on remarque en premier. Une femme très belle pourra faire un bond social extraordinaire et épouser un homme riche, et même sans aller jusqu'à un tel succès, elle sera plus aidée dans sa vie quotidienne que les autres. Même chez les hommes, l'apparence physique a une influence déterminante sur la carrière. Bien sûr, la beauté de l'homme a beaucoup moins d'importance que celle de la femme : dans tous les cas, ses ressources et son engagement à en faire profiter sa compagne (ce qu'on appelle « gentillesse ») apparaîtront plus importants aux yeux d'une femme que son apparence physique. Pourtant, le physique de l'homme reste un bon indicateur de son statut futur et les femmes savent en tenir compte. Les canons de la beauté féminine sont très précis : ils correspondent aux caractéristiques des femmes occidentales, lesquelles ont subi plus de pression sélective que leurs compagnes des climats plus faciles. Le résultat en est que les mannequins et actrices les plus cotées, d'où qu'elles soient, correspondent aux critères européens.

La beauté peut même être considérée comme une drogue pour les hommes. En novembre 2001, une étude américaine (Aharon, I., *et al.*, 2001) a montré que le fait de regarder une photo de belle femme active les zones du plaisir dans le cerveau des hommes jeunes, indépendamment de leur état d'esprit, et que cela a un effet sur leur comportement. Cette étude va dans le sens d'une programmation profonde de la beauté dans le cerveau, en confirmant chez les adultes ce qui avait déjà été trouvé chez les bébés (qui restent plus longtemps à regarder la photo d'une femme belle que celle d'une personne moins gâtée). Et l'on constate qu'il faut vraiment des contraintes extérieures importantes pour qu'une femme trouvée belle par un homme d'une culture ne le soit pas aussi par les hommes des autres cultures, et cela indépendamment du degré de ressemblance qu'elle aura avec eux.

Il faut donc bien retenir que la beauté n'est pas une notion culturelle, dépendante des circonstances mais une constante, un idéal commun, qui se définit précisément. Par contre, l'importance de la beauté dans le choix du partenaire ne sera pas la même dans toutes les régions du globe. Nous retrouvons ici l'importance de la lutte contre les parasites : le caractère critère de santé de la beauté fait que la recherche de celle-ci sera plus forte dans les environnements où le risque de maladie est le plus grand, c'est-à-dire là où il y a le plus de parasites. C'est ce qu'ont trouvé S. W. Gangestad et Buss en 1993 : chez les hommes comme chez les femmes, l'importance de la beauté dans la sélection sexuelle croît avec le nombre de parasites.

Les caractères sexuels

Érotisme : « C'est le nom que l'on donne à ce besoin malsain d'abîmer les belles choses de l'amour. »
Paulette Étavard (1967, p. 118)

Les critères de beauté les plus importants sont ceux qui marquent la différence entre les sexes. Les expériences montrent en effet que le type androgyne, s'il est souvent accepté, ne correspond aux goûts dominants des hommes ou des femmes que dans des environnements très spécifiques : il suffit de penser à la « femme à barbe » pour s'en douter. Le terme spécialisé qui désigne les différences physiques entre les membres des deux sexes est *dimorphisme sexuel*. Les études des fossiles ont trouvé que jusqu'à l'apparition de *Homo erectus*, il y a 1,6 millions d'années, ce dimorphisme était très marqué : l'homme faisait quasiment deux fois la taille de la femme. Depuis, ces différences se sont fortement réduites, il n'en reste pas moins qu'elles sont importantes. Les caractères sexuels secondaires qui extériorisent les différences entre les sexes sont liés aux taux d'œstrogènes chez les femmes et de testostérone chez les hommes. Ils marquent la fécondité et la jeunesse chez la femme, la dominance et la qualité du système immunitaire chez l'homme. On peut citer entre autres comme critères féminins : le ratio taille/hanche, la grosseur des lèvres, les seins, la forme des jambes, les proportions enfantines du visage (bas du visage moins large chez les femmes), ainsi que la couleur de la peau (plus foncée chez les hommes). Les études faites sur photos ont démontré que les hommes préfèrent les femmes montrant un haut niveau d'œstrogènes, tandis que les femmes ne montraient pas de préférence pour les caractères exagérément masculins, sauf pendant leur période de fécondité (Penton-Voak, I.S. & Perrett, D.I., 1999).

Le plus surprenant est que certains des caractères qui fondent la différence entre les sexes ne dépendent pas entièrement du sexe. Dans ce cas, l'évolution globale de la population ira dans le sens du sexe qui aura subi la pression sélective la plus importante. Par exemple, les femmes aiment les hommes grands : ils le seront donc de plus en plus là où la pression sélective sera plus forte sur eux. Pourtant, la taille n'est pas totalement liée au sexe : les filles qu'une femme aura d'un homme grand auront des chances d'être grandes elles aussi, un petit peu moins que leurs frères mais souvent plus grandes que leur mère. Ainsi, la taille moyenne de la population, tout en conservant ses différences entre les sexes, va s'accroître pour tous. Il en est de même de la couleur de la peau : la femme a une peau plus claire (encore un signe de jeunesse persistant) que l'homme. Si la pression sélective provoquée par la différence de mortalité entre les sexes est telle que seules certaines femmes arriveront à procréer, la tendance des hommes à chercher les femmes aux peaux les plus claires provoquera un éclaircissement progressif de toute la population. Et c'est une partie de ce qui s'est passé en Europe : Peter Frost considère que « si les peaux y sont plus blanches que chez les peuples indigènes de la même latitude ailleurs, c'est peut-être parce que l'Europe paléolithique a connu une surabondance de femmes non accouplées, en raison d'une forte mortalité masculine et de la difficulté, chez les hommes, de faire vivre une deuxième épouse. En effet, si le milieu écologique (une toundra méridionale) a offert beaucoup de possibilités pour la chasse, il en a fourni considérablement moins pour la cueillette, ce qui aurait diminué la contribution alimentaire de la femme et, de ce fait, augmenté les coûts de la polygamie» (communication personnelle). Bien évidemment, si la pression sélective avait été plus forte à l'encontre des hommes, la tendance générale de la population aurait été d'avoir une peau plus foncée. La couleur de la peau semble le critère le moins important actuellement : les mannequins les plus cotés correspondent à tous les critères de la femme européenne, quelle que soit leur origine, sauf au critère de blancheur de peau.

Différences sexuelles moyennes

L'homme moyen est 10 % plus grand, 20 % plus lourd, 50 % plus fort musculairement au haut du corps et a 100 % de plus de force de serrage de la main que la femme moyenne. La différence de volume du cerveau, à taille identique, est de 8 % en faveur des hommes. (Miller, G., 2000a, p. 75 et p. 81)

Différences États-Unis*		Hommes	Femmes	Différences
Taille	cm	177	165	7%
Poids	kg	78	65	17%
Tour de poitrine	cm	100	91,2	9%
Tour de taille	cm	83,5	72	14%
Tour de hanche	cm	92	100	9%
WHR**		0,91	0,72	21%

* <http://www.sexualrecords.com/WSRaverages.html>
** Ratio Taille / Hanche

Pour finir de rassurer celles qui n'arrivent pas toujours à ressembler aux mannequins des magazines, il reste un élément essentiel qui est prouvé par toutes les études : la très grande majorité des hommes n'aime pas tant que cela les femmes maigres. Certes, ils regardent ces filles en photo, se retournent sur elles dans la rue, fantasment souvent mais n'imaginent pas une relation avec elles. Et cela ne signifie pas seulement qu'ils les trouvent « trop chères » pour eux mais bien qu'ils ne les ressentent pas comme aptes à enfanter en toute sécurité (voir Geary, 1998, chapitre 9) parce qu'elles ressemblent trop à des garçons adolescents.

Et pour David Buss : « Les hommes ne semblent pas avoir développé de préférence pour une quantité de graisse donnée mais plutôt pour les traits liés aux statuts, qui varient évidemment d'une culture à une autre. » (Buss, 1994, p. 65)

Les femmes les plus belles

Jeunesse

Le plus important des critères féminins est la jeunesse. Cela se comprend facilement : la période de fécondité de la femme est très limitée dans le temps : de la fin de l'adolescence (le pelvis n'atteint sa taille adulte que 3 à 4 ans après la puberté) à la ménopause, soit moins d'une trentaine d'années au total. Daly et Wilson, en 1988, ont dessiné la courbe de fécondité d'une femme des temps préhistoriques en fonction de son âge : combien d'enfants aura-t-elle au cours de sa vie ? Il s'agit en fait d'une courbe assez régulière qui ressemble à une colline : elle part de 2 à la naissance, passe par un maximum d'un peu plus de 4 vers 16 ans et revient progressivement à 2 vers 34 ans, la baisse se poursuivant un peu plus doucement par la suite pour atteindre 0 à 50 ans. Le calcul a été fait en prenant en compte ses chances de survie : c'est la raison pour laquelle le maximum n'est atteint que quelques années après la puberté. Bien sûr, les progrès de la médecine ont modifié cette courbe moyenne mais très faiblement, comme le montrent les statistiques : la fécondité d'une femme baisse toujours de moitié entre 25 et 35 ans et seulement entre 3 % et 5 % des femmes de plus de 40 ans qui ont essayé ont réussi à avoir un enfant grâce aux techniques de fécondation assistée, quels qu'aient été leurs efforts (Hewlett, S.A., 2002) !

Pour avoir une chance de transmettre ses gènes aux générations futures, l'homme doit savoir choisir une femme qui est bien positionnée dans cette courbe. C'est facile : nos ancêtres sont ceux qui ont su le faire et ils nous ont transmis leur comportement. Nous aurons naturellement tendance à chercher les femmes les plus fécondes.

Féminité

La femme montre beaucoup de signes extérieurs de jeunesse : elle est plus petite que l'homme, plus claire de peau, paraît plus fragile et garde sa voix d'enfant au lieu de muer. On peut parler de caractères enfantins dans le physique de la femme. La différence de taille de 10 %, par exemple, la met au niveau d'un jeune adolescent et on peut remarquer que les mannequins qui dépassent 1,75 m montrent par leur extrême minceur des signes évidents de fragilité. C'est comme si la femme cherchait à tromper l'homme sur son âge réel, sur sa position dans la courbe de fécondité, à lui faire croire qu'elle est plus jeune. Bien sûr dans cette course aux armements l'homme a coévolué pour savoir distinguer les signes de vraie jeunesse de ceux qui ne le sont pas : il s'intéressera principalement aux critères qui dépendent de l'âge, qui sont tous considérés universellement comme des critères directs de beauté. On peut citer notamment les grands yeux, la peau douce et claire et le nez fin. L'importance des seins se situe aussi à ce niveau : leur existence montre qu'il s'agit d'une femme (différenciation sexuelle), pubère, et leur fermeté montre sa jeunesse, alors que leur volume n'a que peu d'influence à partir d'un certain niveau (les goûts des hommes sont assez variables sur ce sujet).

Santé

Il ne suffit pas d'être jeune et féminine pour être féconde : encore faut-il avoir la santé. Et c'est le troisième critère essentiel : tout ce qui pourra constituer un signe extérieur de santé sera considéré comme beau. Cela peut surprendre quand on regarde les top models actuels : les magazines semblent avoir imposé l'image de femmes anorexiques, trop maigres pour supporter une grossesse. L'orientation marquée vers la minceur, apparue dans les années 20 (la mode « garçonne »), s'est accrue depuis le début des années 60 en Occident et se répand à travers le monde. L'explication la plus fréquemment entendue est liée à la suralimentation du monde occidental actuel : depuis la disparition de la famine, les réserves graisseuses ne constituent plus un avantage et deviendraient donc inutiles, nuisibles. Le ventre rebondi, graisseux, épanoui, libéré, qui pouvait auparavant passer pour une assurance de solidité pour enfanter, risque plus souvent maintenant de faire croire que la femme est déjà enceinte, ce qui repoussera plus d'un homme. Le problème principal de cette approche est que la minceur devient une mode universelle, que l'on retrouve même dans les pays où on ne mange pas à sa faim ! Aussi on considère maintenant le plus souvent que l'orientation vers l'androgynie est liée à la hausse du taux d'œstrogènes (hormones féminines) et de substances œstrogéniques dans l'environnement, conséquence directe de la pollution chimique notamment des phtalates qui ont été démontré féminiser les garçons.

Un autre problème, assez important pour le moins, est que le taux d'ovulation de la femme dépend de sa masse graisseuse : si elle n'en a plus assez, elle n'ovule plus et n'est plus du tout féconde... La répartition des masses graisseuses est en effet gérée par les hormones sexuelles : de la puberté jusqu'à la ménopause, la femme tendra à prendre de la cellulite, alors que l'homme accumulera les « bouées » autour de la taille. Cette répartition se mesure par un ratio, le WHR (*Waist to Hip Ratio*) : Tour de taille/Tour de hanche. Son optimum indiquant la meilleure santé a été calculé : le ratio doit correspondre à 0,71 chez la femme et 0,90 chez l'homme. Le professeur Devendra Singh (1993), de l'Université du Texas, a retrouvé ce ratio chez les pinup des magazines et démontré qu'il a constitué un critère de beauté invariable au cours des années. Malgré l'amincissement général de ces derniers temps (-20 % en 25 ans), on retrouve toujours ce rapport de 0,71 : 62/ 88 cm ou 71/100 par exemple. En d'autres termes, une femme affichant des mensurations de 90-60-90 (seins-taille-hanche, en cm) sera non seulement perçue par les hommes comme belle mais sera aussi dans l'état de santé optimal pour enfanter.

La beauté des hommes

La beauté influe beaucoup moins sur le succès d'un homme que sa fortune, ses ressources et d'autres critères culturels. Les femmes ne s'accordent d'ailleurs sur aucun critère objectif de beauté excepté la taille et la symétrie. Bien sûr, elles jugeront et commenteront la beauté d'un homme, affirmeront même en tenir compte dans leurs choix mais les statistiques prouvent que ce n'est pas aussi important qu'elles l'affirment (sauf dans les pays à fort taux parasitaire). De plus, les goûts des femmes évoluent en fonction de leur cycle menstruel : plus la femme est proche de l'ovulation, plus elle préfère les hommes montrant tous les signes de la virilité.

Il existe pourtant un autre critère physique, pas complètement corrélé à la beauté, qui est un indicateur fiable, honnête, des succès futurs de l'homme : il s'agit de la dominance qu'il montre à travers la forme de son visage.

Dominance faciale

Allan Mazur et Ulrich Mueller (1996) ont défini la dominance faciale comme « le degré auquel une personne est jugée en fonction de son apparence faciale en tant que dominant, autoritaire et leader, comme opposé à quelqu'un qui est subordonné, obéissant et suiveur ». Ils ont ensuite fait juger selon ce critère les photos d'entrée des cadets de la promotion 1950 de l'école militaire de West Point (États-Unis). L'avantage est que l'armée se construit sur une hiérarchie simple : il est facile de suivre la progression de chacun et de savoir qui réussit le mieux. L'étude a montré que ce critère de domination faciale était un indicateur fiable de la carrière future de chacun des cadets, c'est-à-dire que ceux dont les photos avaient été classées en haut de la pile sont en effet ceux qui ont ensuite le mieux réussi leur carrière, qui ont atteint les grades les plus hauts. La relation entre la beauté et la dominance faciale a été détaillée au cours de l'enquête et une liaison forte (malgré quelques « exceptions frappantes ») entre les deux critères a été trouvée chez les cadets. Les chercheurs ont repris cette étude sur les photos de la même promotion, 20 ans après. Là encore, la dominance faciale a été démontrée comme étant un bon indicateur de réussite mais ils n'ont pas retrouvé la corrélation avec la beauté.

C'est donc prouvé : pour séduire il vaut mieux avoir l'air dominant qu'être beau, même si quand on est jeune les deux critères sont assez proches. Comment faire ? Mazur et Mueller remarquent (id.) : « les visages identifiés comme dominants ont plus de chance d'être beaux (avec des exceptions frappantes), d'être musclés, d'avoir des mentons proéminents et d'avoir des arcades sourcilières lourdes avec les yeux enfoncés. Les visages soumis sont souvent ronds ou étroits, avec des oreilles décollées, quand les visages dominants sont ovales ou rectangulaires avec des oreilles rapprochées ». Et ils remarquent aussi que sourire fait baisser cette dominance faciale. On peut en trouver de nombreux exemples dans le cinéma : il suffit de penser à l'acteur Lino Ventura que beaucoup de femmes ont trouvé à la fois beau et laid.

En 1998, deux ans après cette première étude, Mueller et Mazur (1998) ont publié un nouvel article, au titre beaucoup plus direct : « La dominance faciale chez l'homo sapiens en tant que signe fiable de qualité du mâle ». Ils y considèrent que la dominance faciale est l'un des premiers exemples reportés de communication honnête et fiable chez les humains et qu'il est valide non seulement chez les militaires mais aussi dans la société civile.

Le critère universel : la symétrie

Randy Thornhill a étudié un autre critère de beauté universel : la symétrie droite-gauche du corps et du visage. Pour cela, il a mesuré sept endroits du corps humain, chez des hommes et des femmes et a demandé à des personnes du sexe opposé de noter la beauté de ces cobayes. Les résultats ont été probants. Ces mesures ont depuis été confirmées par des travaux sur photos : en partant d'une image originale, on augmente artificiellement la symétrie de la personne photographiée en utilisant 2, 4, 16 et 32 retournements : plus la photo était retouchée (et donc plus la personne photographiée présentait de symétrie), mieux elle était notée. L'importance de la symétrie se retrouve dans les goûts des femmes, comme dans ceux des hommes et est indépendante de l'âge : le test a même été concluant sur des bébés ! Elle s'explique facilement : toute marque d'asymétrie est un signe d'une croissance difficile, c'est-à-dire que le niveau de symétrie mesure précisément la qualité des gènes et de l'environnement qui ont contrôlé la croissance. Et Thornhill a d'ailleurs trouvé une relation positive entre la symétrie du visage et le QI : les deux seraient liés. Au final, il constate que les hommes présentant la plus grande symétrie connaissent plus de partenaires sexuels, ont plus de maîtresses, sont plus souvent des amants de femmes mariées, et que les femmes ont plus d'orgasmes avec eux. De ces résultats, certains ont pensé qu'on devrait trouver une relation entre l'importance de la symétrie des hommes parmi les critères de choix des femmes et leur position dans le cycle menstruel. Une étude construite pour tester cette hypothèse (Koelher, N. *et al.*, 2002) n'a pas trouvé cette relation. Elle a testé à deux moments du cycle menstruel 29 femmes ne prenant pas de contraceptif oral et 27 sous pilule : l'attirance pour la symétrie était confirmée mais ne variait pas en fonction du cycle.

Jürgen Schmidhber, chercheur suisse en intelligence artificielle, a développé cette recherche sur la symétrie en étudiant le visage féminin : en faisant des tests à partir de dessins, il a d'abord confirmé que les critères de beauté suivent des règles simples, qui sont celles que les artistes ont utilisées au cours des siècles. En poursuivant ses recherches, il a aussi découvert de nombreuses autres règles de symétrie qu'il a pu modéliser mathématiquement : « L'image d'une femme bien notée est composée d'une géométrie fractale basée sur des rotations de carrés et des puissances de 2. » (Schmidhber, 1998) C'est-à-dire qu'à partir de quelques carrés que l'on divise progressivement, on peut retrouver la position de toutes les composantes d'une femme belle : ses yeux, la pointe de son nez, sa bouche et même son menton s'inscriront dans des carrés posés sur un angle reliés entre eux par des symétries.

À notre connaissance, le même genre d'enquête n'a pas encore été effectué pour les visages masculins mais le fait que la symétrie soit importante pour les deux sexes laisse fortement présupposer qu'on y obtiendra des résultats similaires. Schmidhber imagine que l'explication de ce fait doit se situer au niveau du traitement d'image qu'opère le cerveau, de l'algorithme qu'il utilise et il poursuit ses recherches pour valider (ou infirmer) cette hypothèse. Il constate notamment que cette caractéristique est celle qui permet la plus grande économie d'informations en géométrie fractale, c'est-à-dire que la photo de la femme la plus belle sera celle qui sera la plus compressible par un logiciel d'images, celle qui prendra le moins de place en mémoire. Cette découverte semble correspondre à l'importance des cellules du cortex visuel primaire humain (les V1) dont l'action principale est de découvrir les bords, les contours, des objets (Miller, G., 2000a, p. 144). Or les systèmes de vision artificielle se fondent beaucoup sur cette détection. Peut-on en déduire que bientôt un ordinateur sera capable de noter seul en toute fiabilité la beauté d'une femme ?

LE STATUT SOCIAL

En fait, le statut professionnel d'un homme semble être le meilleur indicateur de la beauté de la femme qu'il épousera.
David Buss (1994, p. 74)

Pour les hommes, la situation est différente. Les ressources constituent le critère de dominance le plus unanimement recherché par les femmes : d'une certaine façon, elles sont l'équivalent chez l'homme de la fécondité chez la femme. Pendant la plus grande partie de l'histoire des humains, la femme capable de conquérir le meilleur chasseur avait le plus de chances de voir ses enfants survivre, prospérer, et finalement transmettre leurs gènes. De nos jours, l'importance de ces ressources semble avoir baissé dans les sociétés occidentales (mais pas dans beaucoup d'autres sociétés), mais le programme est resté. Ainsi, des études récentes ont montré que des collégiennes américaines annoncent ne vouloir s'intéresser qu'aux 30 % d'hommes les plus riches et que tous les autres sont rejetés sur ce simple critère (Kenrick, D.T. *et al.*, 1990). David Buss ajoute : « Chaque année, les hommes que les femmes choisissent d'épouser gagnent 50 % de plus que les hommes de même âge que les femmes n'épousent pas. » (Buss, 1994) Et Robin Baker constate : « Les hommes nantis, dont la situation matérielle est excellente, trouvent des partenaires plus tôt, commencent à se reproduire plus jeunes, ont moins de risques de voir leur partenaire inséminée par d'autres mâles, et plus de chances de féconder celle d'un autre. » (Baker, 1996, p. 172)

Tout cela paraîtra un peu déprimant pour la majorité des hommes, mais, heureusement, les ressources ne sont pas uniquement composées du compte en banque. La sélection naturelle s'est principalement opérée à une époque où l'idée même d'accumulation sur le long terme ne s'était pas développée, et il ne servait certainement à rien à un chasseur d'amasser les carcasses des animaux qu'il avait tués, il avait tout intérêt à les manger rapidement avant qu'elles ne pourrissent ! C'est pourquoi la notion de ressources doit souvent être ramenée à son sens le plus profond : celui de statut social, c'est-à-dire selon la définition de S.T. Fiske « la capacité à contrôler les autres » (Fiske, 1993). David Buss écrit : « On peut donc penser que le statut social des premiers hommes était un indicateur fiable de leurs ressources. » (Buss 1994, p. 30) Plus précisément, Dave Geary distingue : « Dans les sociétés où l'accumulation des ressources matérielles est difficile, le statut social est souvent déterminé par la formation de coalitions et d'autres activités sociopolitiques. Dans les autres sociétés, le statut social est déterminé par l'accumulation et le contrôle des ressources matérielles, en plus des activités sociopolitiques (qui sont typiquement centrées sur la distribution de ces ressources). » (Geary, 1998, p. 124)

Un homme haut placé hiérarchiquement offre trois avantages principaux : il a prouvé la qualité de ses gènes par sa réussite, il est plus à même de disposer des ressources pour l'éducation des enfants et il pourra les protéger plus efficacement contre l'infanticide. Et c'est encore mieux s'il y a possibilité d'héritage : les enfants aussi bénéficieront des mêmes avantages. Le classement de ces trois avantages en fonction de leur importance diffère cependant selon les chercheurs. Nous avons privilégié ici l'avis de la majorité : les ressources et les avantages liés viennent *avant* la qualité génétique (qui peut être obtenue par d'autres moyens). Geoffrey Miller défend une approche opposée et il écrit : « En d'autres mots, je pense que la psychologie évolutionniste a trop mis l'accent sur les ressources de l'homme plutôt que sur son fitness pour expliquer les préférences sexuelles des femmes. » (2000a, p. 211) Le problème de l'approche de Miller est qu'elle n'explique pas les comportements de recherches de ressources des jeunes hommes (*Young Male Syndrom**, etc.).

Enfin, il faut considérer que le statut ne joue pas uniquement du côté des femmes, en influençant leurs choix mais aussi chez les hommes, en ayant un impact sur leur vie sexuelle. Des études sur les singes ont montré qu'un mâle dominant peut être castré sans perdre son intérêt sexuel pour les femelles, alors qu'un dominé n'en aura pas, quel que soit son niveau de testostérone (Keverne, B., 1992). C'est-à-dire que c'est toujours le mâle dominant qui montera les femelles, qu'il soit ou non fécond et que les dominés le soient ou non : le statut hiérarchique a plus d'importance que le taux d'hormones. On retrouve des faits analogues chez les humains : les hommes en manque de dominance voient leur désir baisser et peuvent se contenter pendant une longue période d'une vie sexuelle quasi inexistante, laquelle pourra reprendre dès leur changement de situation. Cette éclipse peut être considéré comme offrant un avantage sélectif : l'homme qui n'a pas la possibilité d'apporter suffisamment de ressources pour l'éducation d'un enfant a probablement intérêt à se concentrer sur sa réussite avant de séduire et de procréer, augmenter sa propre valeur lui permettra de trouver une femme meilleure (ou même plusieurs) et les enfants qu'il aura alors auront plus de chances de survie et de réussite.

MULTIPLICATION DES HIÉRARCHIES

Philippe Sollers semblait être un écrivain connu ; pourtant, la lecture de « Femmes » le montrait avec évidence, il ne réussissait à tringler que de vieilles putes appartenant aux milieux culturels ; les minettes, visiblement, préféraient les chanteurs. Dans ces conditions, à quoi bon publier des poèmes à la con dans une revue merdique ?
Michel Houellebecq, *Les particules élémentaires*

Fort heureusement, la complexification de la société a multiplié les hiérarchies : un footballeur célèbre et un intellectuel reconnu possèdent tous deux un statut social important et tous deux auront accès aux femmes les plus belles, alors même qu'ils ne se situeront pas dans les mêmes hiérarchies. Nous insisterons sur ce point dans un chapitre prochain. Tout aussi heureusement, il n'est pas forcément nécessaire d'être haut placé pour séduire : l'ambition peut suffire. En effet, sauf dans quelques cas particuliers (héritier, sportif, etc.), un jeune homme ne dispose pas d'une fortune importante à l'époque de l'accouplement, qui correspond aux débuts de sa carrière. Comment peut-il alors séduire la femme de ses rêves ? Il sera aidé bien sûr par sa « dominance faciale » : elle ne dépend pas de sa fortune actuelle mais nous avons vu qu'elle est un bon indicateur de la réussite future. Il pourra aussi essayer de démontrer que plus tard il aura du succès, qu'il montera dans la hiérarchie. Les femmes seront particulièrement sensibles à l'ambition que montre un homme. Si elles peuvent valider qu'il a des capacités et qu'il a la volonté de les utiliser dans un sens de réussite sociale, elles pourront considérer comme un investissement intéressant de parier sur son avenir, quelle que soit sa situation au présent. Dans certains cas, la femme pourra même apporter ses ressources à l'homme pour l'aider à monter dans la hiérarchie : c'est ce qui s'est passé pour plusieurs hommes politiques qui ont financé leur carrière par leur mariage. L'homme en phase de séduction devra en tenir compte : parler de ses réussites futures et des moyens qu'il a prévu de mettre en place pour y parvenir pourra même souvent compenser une situation actuelle difficile.

LES HÉROS

Il ne suffit pas d'avoir des ressources ou de dire qu'un jour on réussira pour séduire, il faut aussi savoir prouver au présent ses atouts. Le comportement de l'homme a une importance très forte pour montrer la qualité de ses gènes : il lui faut savoir parader, se montrer sous son meilleur jour et démontrer réellement qu'il est le meilleur. Un des moyens les plus efficaces pour cela est la prise de risques. Le problème est évidemment qu'une telle attitude peut mal finir : montrer ses capacités à la conduite sportive peut toujours finir par un accident et les sports dangereux en vogue chez les jeunes hommes portent bien leur nom.

Certaines de ses attitudes répondent directement aux besoins primaires du chasseur-cueilleur des temps anciens : l'homme qui saura protéger sa femme d'une agression dans la rue par sa force physique ou son art du combat répondra aux contraintes d'un monde qui n'existe plus. D'autres sont plus modernes mais répondent aux mêmes schémas : le pirate informatique qui attaque le site Internet d'une organisation militaire prend encore un risque important, qui peut le mettre hors course pendant le temps assez long qu'il passera en prison. Les origines biologiques d'un tel comportement sont bien connues : la montée d'adrénaline ou de toute endorphine dans le cerveau est la justification que beaucoup se donnent. On constate aussi que le goût pour les activités dangereuses baisse avec l'âge et qu'il correspond bien à la période de recherche d'un partenaire, plutôt qu'à celle de l'éducation des enfants. Il a cependant été difficile de comprendre comment une telle attitude, qui risque souvent de remettre en cause la vie même de celui qui la pratique, a pu être sélectionnée. Son développement signifie que ceux qui y correspondent ont gagné un avantage sélectif et celui-ci ne peut être que sexuel : il est certain que ceux qui ont su jouer aux héros et y survivre ont connu des succès reproductifs plus importants.

Handicap

Amotz Zahavi a proposé en 1975 une théorie importante : elle consiste à remarquer que survivre à un handicap est un signe réel, non falsifiable, de bonne santé. Montrer des faux muscles ou des faux seins est certes intéressant mais présente le risque que l'autre s'en aperçoive : rien ne vaut une preuve. Zahavi affirme que la gazelle qui attire l'attention du lion en faisant des bonds lors de sa course de fuite ne se sacrifie pas pour les autres mais au contraire leur montre sa vigueur : elle prouve qu'elle a les moyens de prendre un tel risque (Zahavi, 1975 ; voir aussi Conniff, R., 2001). La *Théorie du Handicap* a été confirmée par de nombreuses études : par exemple, Lee Dugatkin et Jean-Guy Godin (1998) ont découvert que les guppies mâles, quand ils sont en présence de femelles, mettent leur vie en danger en se rapprochant des prédateurs qui apparaissent, comme pour aller les affronter, comportement qu'ils n'auront jamais en l'absence des femelles. Le problème de ce genre d'attitude est qu'il est conseillé d'être déjà dominant avant de se montrer : se signaler entraîne forcément des coûts et ceux-ci sont plus élevés pour les individus de faible qualité. En d'autres termes, il est souvent prudent de conserver un profil bas.

La famille

Un autre type de preuve de la qualité des gènes est constitué par les antécédents, la famille. C'est ce que font les centres de fécondation assistée : ils administrent un long questionnaire au porteur qui va détailler toutes les caractéristiques des membres de sa famille : cela augmente les chances de détecter des maladies récessives et permet d'évaluer le niveau génétique moyen de la famille.

Un autre moyen est encore plus simple : si un homme ou une femme a déjà des enfants, il suffit de les regarder pour à la fois déterminer la valeur des gènes et la qualité de l'éducation qui a été donnée. C'est la raison pour laquelle une femme qui a de très beaux enfants peut être très attirante, alors même que son potentiel reproductif a baissé. C'est aussi très probablement une des raisons qui expliquent l'importance de la présentation à la famille pendant la phase de séduction, avant l'engagement.

DE L'INTELLIGENCE ET AUTRES PROBLÈMES

La parole a été donnée à l'homme pour cacher sa pensée.
Révérend Père Malagrida, cité par Stendhal dans *Le rouge et le noir*

Parmi les nombreux autres critères importants, l'intelligence apparaît primordiale : quand on demande à des hommes et des femmes de juger selon ce critère leur partenaire idéal pour une liaison durable, tous répondent préférer une personne à l'intelligence moyenne ; mais pour une aventure sans lendemain, les hommes préféreront une femme beaucoup moins intelligente que la moyenne et les femmes demanderont un homme très au-dessus de la moyenne. Et au final, la plus forte corrélation entre les époux des couples mariés en Occident se situe au niveau du QI : entre 0,33 (Bouchard, T. & McGue, M., 1981) et 0,45 (Jensen, 1978 ; voir aussi Jensen, 1998, p. 183 et pour une synthèse des statistiques disponibles : Gouillou, 1997-2003).

David Buss écrit : « Personne ne sait vraiment ce que les tests d'intelligence mesurent mais on voit clairement ce que peuvent réaliser ceux qui ont des scores élevés. L'intelligence est un bon facteur permettant de prédire qui détiendra les ressources économiques. » (Buss, 1994, p. 40) Si le début de la première phrase est maintenant réfuté (voir par exemple : Brand, 1996 ; Gouillou, 2002 ; Jensen, 1998 ; Miller, E., 1994), la deuxième phrase est complètement démontrée. L'étude la plus célèbre de ce lien intelligence – ressources est celle menée par Richard Herrnstein et Charles Murray et publiée aux États-Unis.

The Geek Syndrome

En décembre 2001 un article signé Steve Silberman dans le journal Internet *Wired* (Silberman, 2001) a provoqué un grand émoi dans les milieux informatiques. On y apprend que le taux d'autisme de haut niveau (et de Syndrome d'Asperger) chez les enfants d'informaticiens de la Silicon Valley est tel que des sociétés comme Microsoft ont dû mettre en place des programmes sociaux spécifiques pour leurs employés. Personne n'explique encore cette « épidémie » mais l'hypothèse privilégiée se fonde sur l'origine génétique de l'*Asperger* et met en cause *l'assortative mating*, c'est-à-dire le fait de se marier avec quelqu'un qui vous ressemble.

Un *Geek* est une personne dont la vie sociale se passe majoritairement via les réseaux informatiques. À l'origine, le terme était évidemment péjoratif : *geek* signifie *crétin*. On trouve aussi en informatique des *nerds* (traduction originale : *pauvre mec*) qui sont des personnes ayant un très haut niveau de compétences techniques et/ou intellectuelles. Bien sûr on peut être à la fois *geek* et *nerd* et parfois, par abus de langage, les deux mots sont utilisés en tant que synonymes. Même s'ils ne s'adressent pas qu'à eux, les deux termes décrivent précisément les ingénieurs informatiques de très haut niveau qui font la réputation de la Silicon Valley.

Le lien entre autisme et informatique est très bien expliqué : un ordinateur n'a pas de sentiments et est plus facile à comprendre. Le lien entre autisme de haut niveau (*Asperger*) et très forte intelligence est lui soupçonné depuis longtemps mais pas expliqué : John Von Neumann (à l'origine de la psychologie cognitive et de l'informatique) en aurait souffert et certains affirment que Bill Gates (créateur de Microsoft) aussi.

Deux hypothèses sont donc à envisager : soit c'est l'informatique qui attire les personnes portant un risque autistique qui sera transmis si elles se marient entre elles via des gènes récessifs*, soit c'est directement l'intelligence de très haut niveau qui est en cause.

sous le titre *The Bell Curve* (Herrnstein & Murray, 1994). Ils y démontrent l'importance aux États-Unis du lien entre QI et réussite sociale, celle-ci étant mesurée en termes de taux de chômage, de nombres d'enfants hors mariage, de taux de divorce et même de taux d'emprisonnement. Une autre étude récente de Richard Lynn et Tatu Vanhanen (2002) retrouve ces mêmes résultats au niveau des pays. La double constatation que l'intelligence humaine est très supérieure à celle de toutes les autres espèces animales, et qu'au sein de l'espèce humaine, elle est très variable entre les individus, montre qu'elle a été sélectionnée. Et il est donc logique qu'on la retrouve en phase de séduction, à travers notamment le bluff et l'humour.

Bluff

Le problème avec les femmes, c'est qu'il faut parler avant.
(Anonyme)

L'intelligence permet tout d'abord le bluff et limite les risques qu'il soit découvert. L'humain dispose de la parole et peut s'en servir pour se faire valoir, que ce qu'il raconte soit vrai ou faux. Une femme apprécie toujours de parler avec un homme, de le découvrir avant de lui offrir sa fécondité, et l'homme en profite généralement pour se positionner un petit peu mieux qu'il ne pourrait le faire sans ce préliminaire. Bien sûr, la femme n'est généralement pas dupe : elle ne va pas tout croire. Mais la simple manière dont l'homme lui parle, le vocabulaire qu'il emploie, ses centres d'intérêts, lui apporteront beaucoup d'informations sur son niveau culturel et donc sur sa capacité à engranger des ressources. Elle n'a même pas toujours besoin de se demander s'il ment ou pas. Bien sûr, la femme trop crédule n'ira pas bien loin : mais en conservant une attitude neutre elle pourra deviner la valeur intellectuelle de l'homme et donc son avenir. Elle pourra aussi comparer les valeurs qu'il met en avant et voir si elles correspondent à celles qu'elle recherche. Cette période de discussion permettra aux deux corps d'être proches et donc laissera le temps aux phéromones de faire leur sélection. Certains chercheurs imaginent que les principaux avantages du développement du langage chez l'humain se situent à ces niveaux. Les beaux parleurs connaissent en effet des succès impressionnants et cela indépendamment des autres avantages qu'ils peuvent mettre en avant. Savoir bien « baratiner » est en soi un critère de dominance recherché par la femme qu'elle appréciera même si elle sait que l'homme lui ment (en fait, la femme est en moyenne beaucoup plus douée pour le mensonge, et la détection du mensonge, que l'homme, voir Geary, 1998, chapitre 8). Nous avons vu dans un bar un serveur dire à une femme à propos de l'homme la draguant : « Vous avez de la chance : qu'est-ce qu'il baratine bien ! », sans que cela ne limite, bien au contraire, les chances de l'homme.

Il est possible que l'intelligence humaine se soit développée dans cette guerre : l'homme a conçu le mensonge comme une arme qu'il a perfectionné au fil du temps et la femme a appris à s'en défendre. C'est la loi de la flèche et du bouclier qui coévoluent, la course aux armements : au final, l'intelligence de tous a augmenté.

Humour

L'intelligence permet aussi l'humour : le goût pour la moquerie, les jeux de mots, les calembours, l'absurde et tout ce qui permet le rire augmentent avec le niveau intellectuel. Geoffrey Miller considère que c'est ce plaisir de la conversation qui est peut-être à l'origine du développement de l'intelligence humaine.

Le rire en lui-même constitue un critère de dominance universel, reconnu par tous. Il est toujours la marque d'une agression. Si dans un groupe professionnel, le chef hiérarchique rit, tous les subordonnés l'accompagneront, plus ou moins spontanément. Il n'en est pas de même si le moqueur est un subordonné : son humour pourra même être considéré comme une atteinte à l'ordre établi et le risque est grand que son chef lui en tienne rigueur. Cette loi se retrouve également dans les environnements tribaux qui survivent de nos jours et il en était très probablement de même au sein des sociétés de chasseurs-cueilleurs d'avant l'agriculture. L'observation d'un groupe selon ce critère unique de qui rit et quand suffit pour en deviner la hiérarchie. Charles Grunner (1997) affirme : « Rire égale vaincre ». Le rire serait même selon lui une évolution du cri de triomphe du vainqueur dans un conflit : il explique que le bébé ne rit pas pour faire plaisir à ses parents mais parce qu'ils lui ont fourni ce qu'il voulait, c'est-à-dire parce qu'il a su les manipuler.

On dit qu'il faut faire rire une femme pour la séduire et cela se vérifie souvent. L'homme qui utilise l'humour impose à la femme son pouvoir de la faire rire : qu'elle le suive montrera qu'elle accepte cette dominance. Les expériences prouvent que la femme n'appréciera pas l'humour d'un homme en fonction de sa qualité intrinsèque, de sa finesse mais bien en fonction de l'image qu'elle a de lui : s'il est déjà reconnu comme dominant, il ne sera jamais accusé d'être lourd et pourra se permettre les saillies les plus directes sans crainte. Qu'il soit au contraire mal vu et tout ce qu'il pourra dire tombera à plat, et il sera ridicule.

Il reste le bouffon, le comique que l'on retrouve au sein de presque chaque groupe. Il n'est pas le dominant mais semble bénéficier du droit exclusif parmi les dominés de faire rire : c'est un avantage important. Y aurait-il encore agression dans ce cas ? Oui mais elle est bien canalisée : le comique est enfermé dans son rôle et ce positionnement jouera généralement contre lui pour obtenir une promotion, sous le prétexte qu'il faut être sérieux ! L'homme en phase de séduction devra savoir en tenir compte : il lui faudra montrer sa dominance en faisant rire sa cible mais il devra aussi savoir se restreindre pour ne pas gagner une image de comique, c'est-à-dire de dominé bloqué dans sa carrière.

LES PHÉROMONES

Il existe un autre canal d'accès direct aux gènes de l'autre, indépendant de la vue : le canal phéromonal. Les phéromones sont des substances volatiles (comme les odeurs) qui se concentrent dans les sécrétions (glandes apocrines) et exhalations corporelles (y compris notre souffle). Chez les autres animaux, les phéromones sont détectées par un organe à la base des narines (*l'organe voméronasal* (*VNO*), appelé aussi *organe de Jacobson*). Il est présent chez les humains mais il y a toujours débat pour savoir s'il y est ou non fonctionnel (ex. : Berliner, D.L. *et al.*, 1996 ; Monti-Bloch, L. *et al.*, 1998). Il n'y a par contre plus de doute que les humains répondent aux phéromones des autres humains avec le même pattern* de changements hormonaux que celui trouvé chez les autres mammifères. Phéromone vient du grec *pherein* (transporter) et *hormon* (exciter) : l'étymologie est pour une fois précise. Les phéromones ont été découvertes dans les années 1870 par un entomologiste français, Jean-Henri Fabre (1823-1915) mais n'ont été étudiées scientifiquement qu'à partir de 1959, par quelques chercheurs dont Terence Monmaney, qui les a définies comme « les substances produites par un organisme qui provoquent une réponse non apprise chez d'autres membres de la même espèce ». Selon cette définition, c'est leur influence automatique, « non apprise », qui les distingue des odeurs : la madeleine de Proust renvoie à des souvenirs, tandis que les phéromones agissent directement. Depuis, les choses se sont un peu compliquées (par exemple, les phéromones peuvent avoir une action sur des membres d'autres espèces) et tout le monde n'est plus certain que l'action des phéromones soit indépendante de l'environnement et de la psychologie. Dans son article introductif à un dossier sur les phéromones du *Monitor on psychology*, magazine interne de l'American Psychological Association, Etienne Benson remarque que tout ce qui définissait à l'origine les phéromones a été remis en question et notamment l'automaticité de leur action, que certains distinguent quatre types de phéromones (les primaires, les libératrices, les modulatrices et les signaleurs)... et que l'on parle toujours de phéromones. (Benson, 2002).

Leur effet le plus célèbre, celui qui a permis de découvrir leur importance chez les humains, est la synchronisation des cycles menstruels des femmes vivant ensemble quand elles n'ovulent pas. Cet effet est connu depuis des siècles dans les couvents mais n'a pu être formellement démontré qu'au début des années 1970 par Martha McClintock (1971). À cette époque cependant, la cause de cette synchronisation restait totalement inconnue et il a fallu plus de 30 ans pour prouver l'influence phéromonale : en 1998, Kathleen Stern et Martha McClintock (la même) ont pu démontrer que l'odeur de la sueur suffit à la provoquer (Stern & McClintock, 1998) et en 2000, Morofushi et ses collègues ont montré que, parmi les femmes vivant ensemble, celles qui sont synchronisées montrent une sensibilité différente à une phéromone (3-alpha-androsténol) mais pas à une autre (5alpha-androstérone) (Morofushi, M. *et al.*, 2000). Ces deux dernières études suffisent à confirmer l'influence phéromonale, même si elles ne la précisent pas. D'autres études ont maintenant montré que les hommes et les femmes répondent aux phéromones du sexe opposé avec des changements hormonaux.

Les phéromones sont une véritable porte ouverte sur les gènes. Claus Wedekind (1995) a testé les goûts des femmes en demandant à des hommes de porter le même T-shirt pendant 48 heures et ensuite à des femmes de noter les odeurs obtenues. Il a tout d'abord découvert de fortes préférences entre les odeurs, pour chaque femme, confirmant ainsi la différence de goûts. Mais il a surtout trouvé que les femmes, à partir de la puberté, étaient attirées par les odeurs des hommes les plus différents d'elles au niveau de leur système immunitaire, plus précisément la partie du système qui est gérée par des gènes bien déterminés (ceux du MHC*). Il a enfin constaté que le choix s'inversait quand les femmes étaient enceintes : elles revenaient vers une préférence pour des personnes leur ressemblant (id.). L'hypothèse de Wedekind est que les femmes qui veulent un enfant vont rechercher les gènes de ceux qui ont un système immunitaire différent du leur, donc des étrangers, probablement pour faire des enfants disposant de systèmes immunitaires plus complets (c'est aussi un système anti-inceste). Une fois enceintes, elles reviendront trouver protection et sécurité auprès de leurs proches, qu'elles reconnaissent à leurs phéromones. Cette hypothèse est confirmée par le comportement, bien sûr mais aussi par la constatation que les groupes isolés, chez qui les systèmes MHC sont plus semblables entre les membres, connaissent une fertilité moindre. Il semble de plus que cette sélection corresponde à un niveau très profond, très ancien, du cerveau humain puisqu'une étude de 2001 (Reush *et al.*, 2001) a montré que certaines femelles poissons fondent aussi leur choix de géniteur sur le MHC des mâles.

Les travaux de Wedekind ont aussi amené des chercheurs à s'interroger sur l'influence de la pilule contraceptive : en modifiant les taux hormonaux du corps de la femme, elle fait croire à celui-ci qu'il est déjà fécondé. Quel est l'impact sur la perception des phéromones ? En d'autres termes, les femmes sous pilule, se croyant inconsciemment déjà enceintes, vont-elles choisir des partenaires leur ressemblant en termes de MHC et mettre ainsi en risque leur fécondité ? Eh bien, pas tout à fait. Le professeur Karl Grammer a annoncé lors de la conférence annuelle de 1998 de la Société Britannique de Psychologie que la pilule altère la perception des phéromones chez la femme et en réduit sa propre production. La femme sous pilule ne se tromperait donc pas systématiquement dans son choix de partenaire mais aléatoirement, à l'aveugle ! Ce résultat a cependant été contredit en 2009 par Alexandra Alvergne et Virpi Lumaa qui ont trouvé que l'usage de la pilule incite plus les femmes à rechercher un homme plus féminin pour le long terme et plus masculin pour le court terme (Alvergne & Lumaa, 2009).

Les effets des phéromones ne s'arrêtent pas là : leur impact sur notre vie quotidienne est beaucoup plus important que ce que l'on pourrait croire et les exemples sont innombrables. Tout d'abord, les phéromones des hommes et des femmes ont une influence sur les taux hormonaux de l'autre sexe (Grammer, K. & Jutte, A., 1997) et les hommes mariés voient leur taux de testostérone baisser (Gray *et al.*, 2002). Elles apportent aussi énormément d'informations. Les hommes sont capables de déterminer à l'odeur la position d'une femme dans son cycle menstruel (Singh, D. & Brondstad, P.M., 2001, qui vont jusqu'à remettre en cause l'idée que l'ovulation est cachée) et modifient leur comportement en fonction : ils seront beaucoup plus attentionnés (et présents) pendant ses périodes de fécondité (Gangestad *et al.*, 2002). Thornhill et Gangestad (1999) ont trouvé que les femmes distinguent les hommes les plus symétriques simplement à l'odeur de leur sueur. Kerstin Ackerl et ses collègues ont annoncé en avril 2002 que cette même odeur permet à des femmes de détecter la peur chez d'autres femmes (Ackerl, *et al.* 2002).

Il y a tellement d'exemples d'influences phéromonales que James V. Kohl considère que les humains sont, comme les autres mammifères, « des créatures plus olfactives que visuelles dans leur sélection sexuelle ». Il affirme que les phéromones expliquent bien mieux que les stimuli visuels le succès des blondes (qui ont plus d'hormones féminines que les brunes), l'érotisme accru d'une peau bronzée (le bronzage provoquerait une plus forte émission de phéromones) et même l'orientation homosexuelle chez certains hommes qui serait due à l'influence phéromonale sur la croissance du cerveau avant et après la naissance (Kohl, 2002). Il va plus loin en affirmant que les critères visuels comme le ratio taille/hanche ne sont que des conséquences des critères phéromonaux : l'homme serait d'abord attiré par les phéromones et associerait ensuite ses préférences à des caractéristiques visuelles. Cet apprentissage se déroulerait dès la naissance et au cours de l'enfance et expliquerait pourquoi un homme peut très bien être attiré par l'image télévisée d'une femme, hors de tout contact phéromonal, ou même par une fausse blonde. Son argumentation est que les phéromones ont un effet direct sur les taux hormonaux (en particulier ceux qui différencient les sexes), lesquels influencent la croissance et l'activité profonde du cerveau pendant sa croissance, alors que les stimuli visuels ne sont que très indirectement liés aux changements hormonaux.

Peut-on déduire de toutes ces recherches que les phéromones synthétiques vendues dans le commerce augmentent véritablement les chances des hommes dans leurs tentatives de séduction ? James Kohl l'affirme. Interrogé sur le sujet, il répond que l'utilisation de phéromones basiques, c'est-à-dire celles qui ne font que distinguer la masculinité, suffit pour augmenter efficacement les chances de séduction des hommes, sans que le problème de la compatibilité du MHC ne soit une limite importante (communication personnelle, octobre 2002). Et, en effet, il a développé son propre parfum phéromoné, basé sur les différences sexuelles de taux d'androstérone et d'androsténol, qu'il a appelé du nom de son livre : *Le parfum d'Éros* (*The Scent of Eros*). De nouvelles recherches offrent d'ailleurs d'autres espoirs aux hommes en recherche d'aide chimique à la séduction. Julie Minella a annoncé le 24 avril 2002 que les odeurs de femmes allaitant augmentent les envies sexuelles de celles qui n'ont pas d'enfant (Minella, 2002). Si ces résultats sont confirmés, peut-être saura-t-on extraire de l'odeur des jeunes mères le composé actif.

On remarquera surtout l'influence phéromonale sur l'infidélité. Dans notre section sur les stratégies évolutionnairement stables, nous avions montré l'opposition entre les faucons (ici les infidèles) et les colombes (ici les femmes et hommes fidèles). Nous avions affirmé qu'il existe peut-être un équilibre entre les faucons et les colombes, comme c'est le cas chez les poissons Bluegills. L'étude des phéromones vient pondérer cette approche : si les femmes recherchent, pendant leur période de fécondité, les hommes montrant via leurs phéromones le plus de testostérone (lesquels réagissent à leur appel) et si les hommes mariés voient leur taux de testostérone baisser pendant le mariage, alors les rôles de faucons et de colombes ne sont pas figés. Ainsi, les femmes sont capables à la fois de transformer leurs maris de faucons en colombes et de chasser les autres faucons.

COPYCAT : LA LOI DE L'IMITATION

Le dernier moyen de valider la qualité des gènes d'un partenaire potentiel que nous allons présenter est certainement le plus simple : il suffit de suivre l'avis des autres. Il semble que ce soit surtout les femmes qui utilisent cette loi de l'imitation mais elles n'en ont pas l'exclusivité, les hommes aussi l'exploitent.

Se fonder sur l'avis des autres est une habitude assez répandue chez les animaux. Dugatkin et Godin, que nous avons déjà cités, ont démontré que les femelles guppies se laissent facilement influencer par les choix de leurs congénères. La tendance naturelle de la guppie est de choisir le mâle le plus coloré, comme montrant le plus de qualité. Mais quand les chercheurs ont réussi à leur faire croire que les autres femelles avaient préféré un mâle plus terne, elles suivaient l'avis du groupe (à la condition que la perte en couleurs ne dépasse pas 25 %). Lee Dugatkin a par la suite poursuivi ses recherches sur les humains et a publié en janvier 2001 ses résultats qui montrent que la loi de l'imitation est aussi influente chez les femmes (Dugatkin, 2001). On retrouve ici une règle bien connue : le meilleur moyen de séduire une femme est d'en avoir déjà une autre, le succès appelle le succès et l'homme seul pourra avoir du mal à sortir de son isolement. C'est sans doute pourquoi beaucoup de femmes tombent amoureuses d'hommes déjà mariés, alors même qu'elles avouent souvent souffrir de la situation. On peut aussi remarquer que cette loi augmente la pression sélective sur les hommes : ceux qui auront le plus de succès auront le plus de conquêtes et ce sont leurs gènes qui seront transmis aux générations suivantes.

LIMERENCE

Dans l'amour, le plus extraordinaire, c'est toujours le commencement.
Ce doit être pour cela que l'on recommence si souvent.
Prince de Ligne

Et puis, quand la rencontre s'est faite, l'évolution nous a dotés d'outils puissants pour nous inciter à procréer.

En 1977, le Dr Dorothy Tennov a créé le terme *limerence* pour désigner l'état que l'on appelle généralement *être amoureux*, *vivre une passion amoureuse* ou *l'amour romantique*, en quelque sorte le début d'une relation affective, le moment où elle est la plus forte, la plus cruelle, la plus gratifiante et la plus destructrice. En 1979, Dorothy Tennov a publié *Love and Limerence* (Tennov, 1979) et le terme s'est depuis peu à peu imposé dans les milieux scientifiques, notamment parce qu'il offre comme avantage de ne transporter aucune connotation (il a été créé *ex nihilo*, en dehors de toute étymologie).

Selon la définition de Tennov, la limerence se distingue de l'amour standard par un critère essentiel : celui du besoin de réciprocité. Quand vous êtes en limerence, la peur de perdre l'autre vous tenaille, vous lui demandez de vous aimer autant que vous l'aimez. Ce n'est pas forcément le cas dans un amour d'un autre type : nous pouvons aussi aimer très profondément sans souffrir de cette peur, sans souffrir du manque. Dans son livre de 1979, Tennov indiquait une date butoir de fin de limerence : environ 30 mois. Au-delà, la relation se poursuit par un amour plus proche de l'amitié ou prend fin. Depuis, elle a changé d'avis et affirme que la limerence peut durer toute une vie (communications personnelles).

Cette limite a pourtant été confirmée par plusieurs études. La plus célèbre est celle de Cindy Hazan (1999) qui a annoncé avoir découvert le cocktail chimique de la limerence (dopamine, phényléthylamine (PEA) et ocytocine) et constaté que sa concentration dans le cerveau tombe en chute libre au bout de 18 à 30 mois de liaison. La dopamine est souvent présentée comme le neurotransmetteur du plaisir, de la gratification : on s'en doute quand on sait que l'effet de la cocaïne est de multiplier sa présence dans le cerveau en en empêchant la recapture. L'effet principal de l'ocytocine est la création des liens affectifs. Mais elle a aussi chez l'humain des effets plus mystérieux : on la retrouve dans le lait maternel, elle intervient dans les contractions utérines lors de la naissance et est libérée lors de l'orgasme chez les deux sexes. Quant au PEA, il s'agit d'un composé proche… de l'aspartame (« faux sucre »), qui semble être véritablement la *drogue* de la limerence. On dit qu'on en trouve dans le chocolat et que la lecture de livres « à l'eau de rose » provoque l'augmentation de son taux dans les cerveaux féminins. Selon Hazan, de nombreuses personnes peuvent même devenir dépendantes de ce cocktail chimique et elle explique ainsi la frivolité de certains : elle rejoint l'explication du Prince de Ligne.

Trouver des avantages à la limerence n'est pas difficile : elle rend la vie de l'individu plus complète, plus intense, plus riche (tous ceux qui l'ont vécue ou qui la vivent le savent) et elle a un effet antibiotique. En termes évolutionnistes, elle provoque l'intérêt sexuel et incite à la procréation : il s'agit donc d'un moyen puissant à la portée de nos gènes pour nous inciter à les transmettre. Mais cette limitation temporelle, si elle est confirmée, s'expliquerait aussi très facilement : au bout de 18 à 30 mois, un temps suffisant a été laissé pour qu'un enfant puisse naître et il est maintenant temps pour chacun de rechercher ailleurs la variété génétique. D'autant plus que la limerence présente un coût important : vivre à temps complet pour une personne dont on est amoureux nous amène à négliger d'autres aspects de la vie qui pourtant auront une importance à terme dans l'éducation des enfants, comme le statut social par exemple. Il est également probable que sa production a un effet secondaire sur celle d'autres substances nécessaires à l'équilibre psychologique.

Nous disposons donc maintenant d'une explication complète de la limerence : on connaît ses caractéristiques externes, ses caractéristiques internes (biochimiques), ses causes, ses effets et sa durée. L'amour romantique, la passion, n'a donc plus grand-chose de commun avec ce que les poètes nous en avaient dit. Enfin, Hazan (id.) affirmait : « Grâce à l'intensité et à la vision tunnel de l'engouement amoureux, nous jouissons de l'illusion que nous choisissons notre partenaire. La réalité est connue des gardiens de zoo – le moyen le plus certain d'obtenir de membres de n'importe quelle espèce de s'accoupler est de les mettre dans la même cage. » Comme quoi, au-delà de toutes les optimisations étudiées dans ce chapitre, l'essentiel reste de procréer et si nécessaire avec n'importe qui : la proximité reste le meilleur déclencheur de l'amour.

LES 3 TYPES D'AMOUR

Helen Fisher (2004) va beaucoup plus loin en proposant « que l'évolution a doté les humains de trois différents réseaux neuronaux ou systèmes pour la séduction, l'accouplement, la reproduction et le parentage : la pulsion sexuelle, l'amour romantique et l'attachement ».

Ces trois systèmes sont normalement complémentaires (un couple peut connaître les trois phases, comme autant d'étapes) mais elle remarque qu'ils peuvent aussi être indépendants : quelqu'un peut très bien être très attaché à son partenaire officiel, vivre une passion à l'extérieur... et avoir des pulsions sexuelles pour d'autres personne encore.

Helen Fisher l'explique par le fait que chaque système est associé à des hormones différentes : la pulsion sexuelle est associée avec la testostérone, l'amour romantique avec la dopamine et l'attachement avec l'ocytocine et la vasopressine. Le modèle proposé par Helen Fisher est donc totalement redondant : nous sommes triplement programmés pour aimer.

LA SÉLECTION PAR L'ORGASME

Je suis heureuse maintenant que Charles vienne dans ma chambre moins souvent qu'auparavant. Actuellement, je n'endure pas plus de deux appels par semaine et quand j'entends ses pas approcher, je m'allonge sur mon lit, ferme les yeux, écarte les jambes et pense à l'Angleterre.

Lady Alice Hillingdon (1857-1940),
épouse du deuxième Baron Hillingdon, en 1912

La dernière sélection se fera au niveau des spermes : quel homme sera l'unique géniteur ? On a longtemps cru que la liberté de choix de la femme s'arrêtait à l'éjaculation de l'homme : elle mettrait toute sa volonté pour choisir au mieux l'homme avec qui elle aurait des relations sexuelles mais n'aurait aucune influence sur la suite des événements, sur la fécondation en elle-même. De nouvelles expériences ont montré que ce n'est pas vrai et que la femme a un rôle actif dans le choix du géniteur au moment de l'acte sexuel, par l'acceptation ou non de ses spermatozoïdes. Il s'agit bien sûr d'une action qui sera le plus souvent inconsciente, comme si le corps dictait ses choix tout seul et parfois ces choix vont à l'encontre de ce que la femme pourrait consciemment désirer : c'est ainsi qu'une femme a plus de chances d'être fécondée lors d'un viol que lors d'un rapport sexuel normal avec quelqu'un qu'elle aime (Baker, 1996 pp. 355s). Lors de la conférence annuelle de Londres en juin 2001 de la société scientifique Human Behavior and Evolution, Jon et Tiffany Gottschall (St Lawrence University, Canton, New York) ont rapporté avoir trouvé un taux de fécondation plus que doublé par le viol : dans leur étude, 8 % des femmes violées n'utilisant pas de moyen de contraception ont été fécondées, alors que le taux moyen pour un acte sexuel isolé avec consentement n'est que de 3,1 % (Gottshall, 2001). Les Gottschall avancent deux hypothèses pour expliquer cette énorme différence : ils supposent que la femme en période de fécondation pourrait apparaître, d'une façon ou d'une autre, plus attractive et donc plus susceptible d'être violée, ou que les violeurs ne choisissent pas leurs victimes au hasard mais bien parmi celles le plus à même d'être fécondables (belles et en bonne santé). Robin Baker propose lui une autre hypothèse : « L'explication la plus plausible est que le traumatisme du viol stimule effectivement l'ovulation, surtout si le corps féminin se trouve être "en veille", à l'affût. » (Baker, 1996, p. 355)

Cette dernière explication est extraite du livre controversé qu'a publié Robin Baker en 1996 pour vulgariser ses idées : *La Guerre du Sexe*. Beaucoup de ses théories, pour le moins fascinantes, ne sont pas encore validées par d'autres études, nous n'en parlerons donc pas ici. Mais nous allons retenir ce qui est maintenant généralement accepté et notamment le rôle essentiel de l'orgasme féminin dans la fécondation.

L'orgasme masculin s'explique très facilement évolutionnairement : il correspond à l'éjaculation (qui est plus que nécessaire pour la procréation !) et le plaisir qu'il procure vient renforcer la volonté d'avoir des rapports sexuels. L'orgasme féminin a posé plus de problèmes. Il est déjà nettement moins systématique (4 % des femmes n'en connaîtront jamais selon Baker) et se trouve psychologiquement associé à la performance de l'homme, remettant en cause la virilité de celui-ci lors des expériences négatives. Ensuite, il ne semblait correspondre à aucune action physique, liée à la procréation : ne pas connaître d'orgasme n'empêche absolument pas une femme d'avoir des enfants. Ressenti comme n'étant que du plaisir, il sentait le soufre du diable ! On a donc d'abord expliqué l'orgasme féminin par des raisons psychologiques : son seul objectif était de procurer du plaisir et d'inciter la femme aux rapports sexuels (compensation par rapport aux mois de grossesse). Il a même pu être justifié moralement par quelques religieux : son utilité était de « maintenir les liens du couple ». Cependant l'explication, en termes évolutionnistes était faible, l'avantage procréatif étant insuffisant : pourquoi les femmes ayant des orgasmes auraient-elles répandu leurs gènes dans la population ? Puisque l'orgasme n'est pas *nécessaire* à la procréation, quels avantages apporte-t-il ?

Les travaux de Baker et Bellis ont permis de confirmer une autre théorie : celle de l'*upsuck* (que nous traduirons par *aspiration* : les mouvements musculaires et les actions chimiques provoqués par l'orgasme aident la remontée du sperme émis par l'homme). Ils ont mesuré que le taux de rétention du sperme est supérieur à 70 % si la femme connaît un orgasme entre 1 minute avant et 45 minutes après l'éjaculation de l'homme, alors qu'il est très faible dans les autres cas (le reflux en emporte la plus grande partie). On peut se représenter grossièrement l'orgasme comme une pompe active à 3 temps : dégagement des voies de passage, aspiration du sperme présent et blocage des entrées. Pour les rouvrir rapidement, il faudra un nouvel orgasme. Bien sûr, cela ne signifie pas que la conception est impossible sans orgasme mais cela aide fortement : les dés sont pipés, en quelque sorte. La femme qui a des rapports sexuels avec plusieurs hommes dans un laps de temps court peut choisir auquel donner l'avantage : en ayant un orgasme pendant l'éjaculation, ou juste après, elle apporte à l'homme actuel un avantage sélectif important ; en ayant un orgasme plus d'une minute avant l'éjaculation, pendant les préliminaires par exemple, ou la veille, elle lui ôtera quasiment toute chance de fécondation (les portes seront déjà fermées), à moins qu'elle ne le compense par un autre orgasme après l'éjaculation (réouverture des portes). Cette limite d'une minute s'explique par le délai entre le pic de plaisir ressenti et les actions mécaniques de l'orgasme, qui se produisent après. Au final, l'orgasme est beaucoup plus égalitaire qu'on pouvait le croire : de même que l'homme peut retenir son éjaculation et avoir le pouvoir de choisir où transmettre ses gènes, la femme peut limiter les risques de rétention et donc de grossesse. De plus, si l'homme lui plaît, elle pourra renforcer la rétention du sperme en ayant plusieurs orgasmes successifs après l'éjaculation.

En se fondant sur ces résultats, Thornhill s'est interrogé sur l'existence d'un lien entre la qualité génétique de l'homme et l'orgasme de la femme. En d'autres termes, l'orgasme féminin serait-il un moyen fiable de sélectionner les meilleurs gènes ? Eh bien, oui : Thornhill a trouvé que les femmes ont le plus d'orgasme avec les hommes présentant la plus grande symétrie droite-gauche, ce même critère qui permet de déterminer si la croissance s'est bien passée. Peut être d'autres critères ont-ils aussi leur importance : Troisi et Carosi (1998) ont ainsi trouvé que chez les femelles macaques, la fréquence d'orgasme était corrélée d'abord avec l'intensité des stimulations (durée de l'acte et nombre de mouvements) et ensuite avec la situation sociale. Celles qui éprouvaient le plus d'orgasmes étaient les femelles de bas rang ayant des rapports avec un mâle de haut rang et celles qui en éprouvaient le moins étaient dans la situation exactement opposée. Là encore, le lien avec la sélection du sperme est évident.

Il reste une question essentielle : pourquoi les femmes sont-elles si différentes dans leur façon d'arriver à l'orgasme ? Baker propose trois explications. Premièrement, la femme peut tester si l'homme a connu ou non beaucoup d'expériences sexuelles et donc valider s'il a du succès auprès des autres femmes (loi de l'imitation). Ensuite, de par ses différences, elle complique le travail de l'homme qui devra plus s'investir pour la découvrir, ce qui lui permet de valider la qualité de son engagement (beaucoup de femmes affirment d'ailleurs ne jamais connaître d'orgasme lors des premiers rapports). Enfin, si la relation se prolonge, tout ce qu'elle pourra apprendre à l'homme sur comment elle arrive à l'orgasme ne lui sera pas forcément utile avec une autre femme : cela réduit le risque qu'il en féconde d'autres lors d'infidélités. Un autre avantage aussi est qu'elle ne donnera pas d'informations à l'homme sur ses chances d'être le géniteur : elle peut facilement simuler l'orgasme et l'homme, dans le brouillard, ne pourra que croire ce qu'elle lui racontera. Et l'on sait que la simulation de l'orgasme est très fréquente : beaucoup de femmes s'en plaignent mais c'est aussi une arme redoutable !

ET APRÈS ?

Bien choisir son partenaire ne suffit pas pour transmettre ses gènes : encore faut-il savoir comment le conquérir et puis quoi en faire. Le prochain chapitre détaillera ce qui constitue la base des relations homme-femme : l'échange sexe-ressources. La femme apporte à l'homme sa fécondité et lui son accès à tout ce dont elle et les enfants auront besoin. Mais, auparavant, quelques petites précisions.

Nous n'avons fait que survoler les différents critères qui influent sur le choix des partenaires. Un des livres que nous avons cité (*Hommes Femmes* de Dave Geary, 1998) en fait une revue approfondie et est donc à lire pour aller plus loin. Citons par exemple, l'importance de l'implication de la femme dans la division du travail pour la survie du couple (chacun doit remplir son rôle) ou l'influence de l'investissement paternel (IPM) sur l'âge des premiers rapports sexuels. À noter que l'influence des premières années de vie sur la biologie du cerveau est un domaine où les recherches avancent rapidement.

S'il est maintenant prouvé que les phéromones ont bien une influence sur le comportement humain, leur domaine d'action n'est pas encore totalement démontré. Ainsi certains considèrent que la détection du MHC lors du choix d'un partenaire pourrait être faite par le type de bactéries présentes sur la peau : ce seraient leurs odeurs particulières et non les phéromones qui seraient perçues et auraient donc une influence. L'explication que nous avons donnée correspond donc à celle ayant le plus de partisans mais n'est pas la seule étudiée.

Parmi les nombreux arguments en faveur de l'explication phéromonale, on peut citer leur début d'utilisation dans le traitement des problèmes hormonaux : la société Californienne Pherin Pharmaceuticals a ainsi développé un spray pour soulager immédiatement les femmes souffrant du syndrome post-menstruel (voir aussi Zandonella, 2001). Elle annonce poursuivre ses recherches et espère des résultats efficaces via le même transport phéromonal pour des maladies comme la dépression et les troubles de l'anxiété.

Les références à Baker et Bellis ci-dessus sont extraites de leur présentation d'une théorie beaucoup plus complexe, celle de *la guerre du sperme.* Ils affirment que les spermatozoïdes humains ne doivent pas simplement être classés en deux groupes en fonction de leur viabilité mais qu'il existe une sorte de division du travail en trois groupes : les *tueurs*, les *bloqueurs* et les *chasseurs d'œufs* : les premiers ont pour objectif de tuer les autres spermatozoïdes déjà présents, les seconds de bloquer les voies de passages et seule une infime minorité, les chasseurs d'œufs, seront vraiment fécondants. Dans ce cadre, la masturbation masculine aurait pour but de modifier les proportions de chacun de ces types (les bloqueurs étant les plus vieux et les tueurs les plus jeunes, toute éjaculation renforce la proportion de ces derniers) et la masturbation féminine servirait à éjecter les bloqueurs et à fermer les voies de passage.

Cette théorie est extrêmement contestée : beaucoup ont notamment reproché à Baker et Bellis la faiblesse statistique de leurs « preuves ». Cependant, de nombreux éléments indiquent que la guerre du sperme n'est pas seulement un *number game* mais que d'autres armes y sont également employées. On peut citer Tim Birkhead, pourtant opposant virulent aux thèses de Baker et Bellis, qui a découvert que les poules refoulent le sperme des coqs qu'elles n'apprécient pas, ce qui est l'équivalent de ce que Baker et Bellis disent avoir constaté chez la femme.

L'échange sexe-ressources

Nous avons appelé *stratégie reproductive* l'ensemble des actions et moyens utilisés par une personne pour atteindre ses objectifs reproductifs. Nous avons vu que certaines apparaissent a posteriori comme ayant été plus efficaces que d'autres et qu'il en est même qui sont totalement inopérantes. Ce sont les meilleures stratégies qui se sont transmises de génération en génération – par les gènes et par l'éducation – et nous en sommes tous dotés. Comment se fait-il alors qu'il y ait tellement de diversité de choix et que certains encore de nos jours choisissent des stratégies sans espoir ?

Nous pouvons répondre partiellement à cette question en insistant sur la segmentation de la population : une stratégie efficace dans un contexte ne le sera pas forcément dans d'autres. Par exemple, une stratégie polygyne ne fonctionnera pas dans un environnement trop difficile alors qu'elle sera adaptée là où les ressources sont abondantes. Nous pouvons aussi remarquer que dès qu'il y a compétition, il est normal que certains perdent. En fait, il s'agit là exactement de la variation qui est à la base de toute sélection darwinienne.

Ce chapitre va s'intéresser à ces deux points : tout d'abord définir les caractéristiques fondamentales des stratégies humaines, puis présenter les règles et les armes de la compétition sexuelle.

LA STRATÉGIE K

Au niveau le plus global, les biologistes du comportement distinguent deux grands types de stratégies chez les animaux : la stratégie « r » (avec un r minuscule) qui consiste à privilégier la quantité initiale de descendants, un grand nombre d'entre eux étant victimes des prédateurs ou des parasites (c'est la stratégie des fourmis par exemple), et la stratégie « K » (avec une majuscule) où chacun ne procréera que peu mais prendra grand soin de l'éducation, privilégiant la qualité. Comme on s'en doute, les animaux les plus gros sont généralement orientés K et les plus petits, r. Et les humains, comme tous les grands primates, sont très orientés K.

Bien sûr, ces deux stratégies ne sont que deux orientations, comme les deux extrémités d'une droite où chacun se situerait. Selon les circonstances, la stratégie la plus intéressante peut être plus ou moins r, ou plus ou moins K. C'est ce que l'on retrouve chez les humains où le nombre moyen d'enfants était de deux ou trois à l'origine (stratégie K), puis à sept ou huit peu après l'apparition de l'agriculture pour s'adapter à la hausse de la mortalité induite (stratégie « un petit peu moins K ») et n'est revenu à deux ou trois qu'au XVIIIe siècle en Angleterre, c'est-à-dire quand le développement du capitalisme a permis de mieux nourrir tout le monde (avec des variations, comme lors du baby boom). Il existe aussi une différence entre les sexes : l'homme est plus r et la femme plus orientée K, c'est lié directement à l'investissement de chacun dans la procréation. Mais malgré ces variations au fil du temps et la différence entre les sexes, on ne peut vraiment pas considérer l'humain comme orienté r : comparé à n'importe quel insecte, il n'aura en moyenne que très peu d'enfants, dont il s'occupera énormément tout au long de leur éducation.

La stratégie K impose beaucoup de contraintes : il faut bien choisir son partenaire sexuel, s'investir dans l'éducation, y mettre beaucoup de ressources, etc. D'un autre point de vue, elle laisse aussi une très grande liberté : il existe énormément de moyens d'y réussir. On retrouve cependant à ce niveau l'injustice fondamentale de la nature à l'encontre de la femme : son éventail de stratégies possibles est beaucoup moins étendu que celui de l'homme. Par exemple, elle ne peut pas décider d'attendre d'avoir 50 ans avant son premier enfant, elle ne peut pas non plus essayer d'avoir plusieurs enfants la même année de différents partenaires sexuels : toutes choses qu'un homme peut très bien faire. L'homme bénéficie de plus de souplesse dans ses choix et c'est ce que l'on retrouve au niveau des gènes : sur différents aspects, le comportement de l'homme est plus dépendant de l'environnement que celui de la femme, ce qui équivaut à dire que certains gènes de la femme sont moins « souples » que ceux de l'homme, ou tout simplement que la femme est plus programmée que l'homme.

Une bonne stratégie K, ce n'est pas seulement choisir les meilleurs gènes ou la meilleure éducation pour ses enfants, c'est aussi décider du nombre d'enfants qu'on aura et s'en occuper quotidiennement, c'est mettre en place l'ensemble des moyens dont ils auront besoin et beaucoup d'autres contraintes. Maintenant, dans notre civilisation occidentale, tout cela est facilité par la société qui a mis en place un grand nombre d'aides aux parents dans la réalisation de leurs objectifs : c'est ainsi qu'il existe des crèches, des écoles, des allocations financières, etc. Mais évidemment, comme nous l'avons vu au premier chapitre, tout cela est trop récent pour que la sélection naturelle ait pu modifier notre cerveau. Et notre programmation reste ce qu'elle a été au cours des millénaires, c'est-à-dire un partage des tâches entre chacun des sexes. Cela signifie que maintenant encore, dans notre monde transformé, nous sommes toujours optimisés pour les stratégies qui ont réussi chez nos ancêtres.

Cette stratégie K est augmentée par l'importance de l'homme dans l'éducation des enfants : ce que nous avons appelé l'IPM (Investissement Parental Mâle). Nous avons vu que l'homme peut facilement féconder d'autres femmes, sans en subir aucune conséquence. Par contre, il n'y a qu'avec celle(s) qui restera(ont) avec lui qu'il pourra agir sur l'éducation des enfants. C'est la différence la plus nette entre la situation de l'homme et de la femme au moment du choix : elle peut distinguer le géniteur de l'éducateur (elle conservera l'enfant), lui doit s'engager pour avoir accès à ses enfants. L'IPM bloque l'homme et le contraint à la plus grande attention dans la sélection de son épouse. Mais cet IPM a surtout des effets redoutables pour les femmes : contrairement à ce qui se passe chez la plupart des animaux, la femelle humaine est en compétition féroce avec les autres et devra savoir se battre pour obtenir et garder l'homme de son choix.

Nous savons donc que les humains sont très orientés K, comme beaucoup d'animaux, avec en plus une forte importance du mâle dans l'éducation. Comment réussir dans de telles conditions ? Quelles sont les orientations stratégiques les meilleures pour transmettre ses gènes ? Eh bien, nous allons voir que les femmes vont chercher à contrôler l'environnement de leurs enfants et que les hommes vont eux chercher à apporter aux femmes ce dont elles ont besoin pour ces derniers. Dave Geary (1998) résume ces stratégies : pour les hommes, l'essentiel sera de contrôler les ressources, tandis que les femmes chercheront à créer un environnement stable pour leurs enfants.

CRÉER UN ENVIRONNEMENT STABLE

Ma femme et moi avons clairement défini qui est le chef.
Je prends toutes les décisions importantes.
Je décide quelle est la position de la famille sur la reconnaissance de la Chine Communiste, combien de B-52 il faut pour l'armée et quoi faire à propos de la dette fédérale. Je lui laisse les petites décisions quotidiennes, comme savoir où nous allons vivre, à quelle école vont les enfants et qui nous invitons à dîner.
Auteur inconnu, États-Unis, années 1950

Les femmes

La femme ne peut augmenter ses chances d'être une ancêtre que par la survie et la réussite des rares enfants qu'elle aura : elle a donc tout intérêt à concentrer ses efforts sur eux, c'est-à-dire à choisir une stratégie K et de répondre aux besoins primordiaux des enfants. Pour les humains il s'agit principalement de nourriture, de soins affectifs et de stabilité*.

La nourriture constitue la ressource de base : un enfant souffrant de malnutrition connaîtra des problèmes de développement qui pourront aller jusqu'à des déficiences neurologiques et intellectuelles. Nous avons vu que l'accès des femelles à la nourriture est le critère essentiel qui décide du type de société (polygynie, monogamie, promiscuité, etc.) chez les primates. Chez les humains modernes, dans de grandes parties du monde (pas toutes), la nourriture n'est plus difficile à trouver et d'autres éléments matériels seront pris en compte. Mais dans tous les cas, il s'agit d'assurer aux enfants l'accès à ce dont ils auront besoin pour mieux se développer. Rappelons que l'enfant humain naît prématuré comparativement aux autres primates : certains des besoins doivent donc être couverts après la naissance. Il en est ainsi de l'importance des soins affectifs après la naissance. Les orphelinats roumains, où le personnel insuffisant parvenait juste à assurer la nourriture des bébés mais ne pouvait s'en occuper davantage, ont démontré récemment qu'un enfant n'a pas seulement besoin de nourriture pour se développer harmonieusement. Enfin, de nombreuses études ont montré que les enfants qui n'ont pas bénéficié de stabilité des relations sociales autour d'eux sont plus maigres, connaissent plus de risques de maladies et présentent même parfois un taux de mortalité plus élevé que les autres mieux lotis (Geary, 1998, Chapitre 6). L'importance de la stabilité est telle que les femmes ne bénéficiant pas de relations sociales suffisantes connaissent des problèmes de fécondité (Wasser, S.K. *et al.*, 1993). Scheib et ses collègues (Scheib, J.E. *et al.*, 1998) de l'Université de Californie, ont étendu ces recherches en travaillant en liaison avec une banque du sperme et démontré qu'une action de support social suffit souvent à aider les femmes utilisant l'insémination artificielle.

L'importance de ces trois critères se retrouve dans les comportements des femmes : elles vont, largement plus que les hommes, consacrer des ressources et du temps pour entretenir des relations stables avec leur voisinage (à travers le commérage, les assemblées religieuses, etc.), s'intéresser à l'environnement immédiat des enfants et s'occuper de leur alimentation et de leurs besoins primaires. Nous voyons ainsi que le slogan *les femmes à la maison* correspond profondément à une partie de la réalité mais qu'il est beaucoup trop caricatural et simpliste pour décrire l'ensemble des stratégies féminines.

Il est amusant de remarquer que cette orientation féminine se retrouve au niveau des choix politiques : les études dans différents pays ont permis de montrer que les femmes privilégient les politiques de réduction des conflits, de partage des ressources et un plus grand investissement sur l'éducation des enfants (Geary, 1998, Chap. 6), tandis que les hommes préfèrent les actions orientées vers la domination (dépenses militaires notamment). On constate aussi qu'elles sont moins intéressées par une carrière politique que les hommes : réussir dans ce domaine nécessite une orientation dominatrice qui correspond plus à la programmation masculine, ce qui posera des problèmes pour parvenir à la parité !

Les hommes

Il me semble, disait M. de… à propos des faveurs des femmes,
qu'à la vérité, cela se dispute au concours
mais que cela ne se donne ni au sentiment, ni au mérite.
Sébastien Roch, dit Chamfort

Face aux besoins des femmes, les hommes doivent tout simplement s'adapter, c'est-à-dire leur fournir un accès stable aux ressources. Il s'agit en fait de deux contraintes (les ressources et la stabilité) qui peuvent être contradictoires : l'homme le plus dominant sera peut-être trop violent et aura trop d'ennemis pour apporter la stabilité que demande une femme (il suffirait d'une alliance pour le renverser). C'est ainsi que ce n'est généralement pas le meilleur guerrier qui est choisi comme chef d'une tribu mais celui qui sera le plus capable de résoudre les conflits, c'est-à-dire de répondre aux objectifs féminins de stabilité – à noter que la séparation de l'armée et du gouvernement dans les sociétés dites démocratiques s'inscrit dans ce cadre.

La recherche du contrôle des ressources fait que l'homme est plus attiré par les activités (ou les politiques) orientées vers la dominance que les femmes. Tout signe extérieur qui pourra montrer ce contrôle sera recherché, voire mis en avant : on peut citer pour notre civilisation les voitures, vêtements, accessoires, etc. L'homme dépensera une énergie importante pour se positionner au mieux dans cette dominance vis-à-vis des autres hommes de son entourage : selon le cadre, cela pourra aller de la bagarre physique aux petites phrases ou à l'expression d'attitudes. Dans certaines situations, ces conflits peuvent entraîner des meurtres, voire des guerres. Il est considéré que la constitution d'un groupe d'hommes passe toujours par une phase de positionnement où les dominances se fixent : ce n'est qu'après cette étape que la collaboration peut véritablement commencer.

Nous avons vu que cette recherche de la domination de l'homme est limitée par la recherche de stabilité des femmes. Cette opposition entraîne deux conséquences : tout d'abord, l'homme aura parfois plus intérêt à accepter une position de dominé plutôt que de lancer un conflit sans fin, et ensuite, il devra savoir montrer à la femme son engagement dans la création d'un environnement stable. Le bricolage en constitue un bon exemple : on pourrait croire que la femme, plus intéressée par l'environnement de ses enfants, devrait être celle qui s'occupe de la maison ; or, le bricolage est une activité très fortement masculine. Pourquoi ? Eh bien, l'homme, en s'occupant de la maison, montre son investissement dans la réponse aux besoins de la femme : ses actions à lui vont dans son sens à elle, celui de la création d'un cadre positif pour les enfants. C'est exactement la reproduction du comportement de l'oiseau mâle qui construit le nid ; et l'intellectuel maladroit incapable de planter un clou devra trouver d'autres moyens pour prouver son engagement...

Les relations entre les sexes correspondent donc à un marché où s'échangent les faveurs sexuelles des femmes contre les ressources des hommes. Dans de nombreux cas, la femme peut avoir intérêt à se faire des alliés selon ce principe et avoir plusieurs hommes à s'occuper d'elle. L'exemple le plus caractéristique en est sans doute celui de la tribu des Aches (Paraguay) où tous les hommes ayant eu des relations sexuelles avec la mère d'un enfant seront considérés comme des « pères secondaires » de ce dernier et auront une influence sur son éducation. Dave Geary (1998, Chap 5, p. 136) cite l'étude de K. Hill. et A.M. Hurtado (1996) qui a observé qu'avoir un père secondaire divisait par deux le taux de mortalité infantile. Ils remarquent également que dans cette culture, la mort du père entraîne généralement la suppression par le groupe de ses enfants, sauf s'ils bénéficient d'un père secondaire pour s'occuper d'eux.

Dans notre société occidentale, on retrouve cet échange sexe-ressources à tous les niveaux de la vie sociale : l'homme en phase de séduction doit inviter la femme à manger (il lui montre symboliquement qu'il accepte ce marché) et tout au long de sa vie de couple, il devra penser à avoir des « attentions » (cadeaux). Cette répartition des rôles explique également les différences des deux sexes quant à la jalousie (l'homme ne supporte pas que sa femme ait des rapports sexuels avec d'autres, tandis que la femme craint surtout une perte de l'engagement de l'homme (Buss, 1994)). Il faut bien sûr distinguer l'échange sur le long terme (dont le maximum est le mariage), de celui du court terme.

La perte de contrôle

L'importance du contrôle de l'environnement pour assurer un accès aux ressources se remarque particulièrement chez ceux qui n'y parviennent plus. L'angoisse provoquée par cette perte de contrôle peut provoquer des accès de violence et même de graves troubles du comportement, comme on peut le constater chez certains sans-abri, certaines personnes âgées (qui par exemple, essaient en menaçant de leur canne d'arrêter les flots de voiture sur les grands boulevards) et même chez des personnes tout à fait banales qui peuvent commettre des actes irréparables lors d'un « coup de folie ».

Bien évidemment, chaque augmentation du nombre des règles et des interdits qui accompagne chaque complexification de la société (pour répondre à l'accroissement du besoin de coopération interne) provoque une baisse des possibilités de contrôle de l'environnement chez chacun de ses membres, ce qui explique en partie l'augmentation des problèmes psychiatriques et peut-être aussi le succès croissant des « théories de la conspiration » (qui rassurent en postulant qu'un groupe a le contrôle).

LA COMPÉTITION SEXUELLE

> *Que l'on puisse évaluer à l'avance le montant des dégâts produits chaque été par les orages me semblait un fait digne de considération, mais qu'il soit possible de déterminer à peu près exactement le nombre des cambriolages ou des suicides qui se commettent d'une année à l'autre, voilà qui m'inspire encore aujourd'hui de troublantes réflexions sur la société humaine et la liberté d'action accordée à chacun de ses membres.*
>
> René Clair (1951, p. 107)

Comme certainement presque tout le monde en a fait l'expérience, il ne suffit pas de bien sélectionner son partenaire sexuel, il faut aussi réussir à le conquérir et là, tous les coups sont permis. La compétition intra-sexe est très certainement le fondement de notre psychologie : elle existe depuis la plus tendre enfance, se retrouve dans les cours de récréation et même la vieillesse ne semble pas épargnée. La compétition est pour chacun des sexes une nécessité absolue, qui n'autorise pas de laisser-aller : Kenrick et ses collègues ont ainsi découvert qu'il suffit de montrer aux hommes comme aux femmes des photos de nus attractifs pour que, tout de suite, leur appréciation de leur partenaire subisse une chute (Kenrick *et al.*, 1989).

En fait, l'objectif est double : il faut à la fois assurer son propre succès et interdire celui des autres. C'est ce deuxième but qui explique pourquoi certains princes avaient plus de femmes dans leur Harem qu'ils ne pouvaient en féconder (plus de 10.000) alors que le plus grand nombre d'enfants qu'un homme ait eu au cours de l'histoire est de 888 (Moulaï Ismaïl le Sanguinaire, empereur marocain ; Buss, 1994, p. 74) : ces femmes étaient interdites aux autres hommes. Il explique aussi pourquoi beaucoup consacrent une grande énergie à essayer d'imposer aux autres une morale sexuelle extrêmement stricte.

Ce chapitre est consacré à l'étude des armes et des conséquences de cette guerre, pour chacun des sexes. On remarque tout d'abord que, dans notre société occidentale, ce sont les femmes qui sont le plus en compétition : nous avons vu que l'impossibilité de la polygynie dans l'Europe glaciaire avait mis la pression sélective sur elles, plus que sur les hommes. De nos jours, l'avantage des hommes semble certes s'être plus qu'émoussé (voir le chapitre sur les sociétés) mais pas assez pour que les femmes puissent être tranquilles.

Comme dans toute guerre, l'essentiel est d'abord de bien se positionner ; c'est ce point particulier que nous allons étudier en premier. Nous distinguerons ensuite successivement la compétition entre les femmes et celle entre les hommes : si les objectifs sont les mêmes, les méthodes diffèrent le plus souvent. Enfin, il restera à essayer d'estimer quelle est l'évolution de ces compétitions au cours du temps.

Les positionnements possibles

La dichotomie madone – putain

> *Quand on y réfléchit bien, il existe deux grandes espèces de petites amies, celles qui ont « les idées larges » et celles qui ont reçu « une bonne éducation catholique ».*
>
> Louis-Ferdinand Céline (1932)

La remarque de Céline, quoique cynique, est toujours vraie : les hommes distinguent les femmes avec lesquelles ils souhaiteront une aventure de celles avec qui ils voudraient rester. Selon l'usage, les femmes qu'épousent les hommes sont les *madones* et les autres les *putains*. Ces termes sont évidemment pris dans un sens caricatural, un petit peu différent de celui usuel : il est d'ailleurs facile de démontrer que ce sont les madones qui demandent généralement le plus d'argent, alors même qu'elles apportent souvent le moins d'attraits ! La femme qui veut obtenir le plus grand succès dans sa séduction devra choisir avec soin son positionnement entre ces deux extrêmes. Il n'y a pas un positionnement qui soit meilleur que l'autre par lui-même : tout dépend des circonstances, de ce que la femme et l'homme recherchent et aussi de l'apparence de la femme. Une femme ne naît ni madone ni putain. Il n'est même pas certain que tous les hommes la classent dans la même catégorie. Il lui faudra donc savoir choisir son positionnement en fonction des circonstances, et de la pertinence de son choix dépendra son succès. David Buss considère cependant une orientation obligée par la société : plus les femmes seront en concurrence, c'est-à-dire plus elles seront nombreuses face à une pénurie d'hommes, plus le positionnement madone sera difficile à tenir. C'est ainsi qu'il explique la libération sexuelle dans les années qui ont suivi les deux guerres mondiales : à cause du manque d'hommes plus âgés, elles ont dû se plier aux désirs masculins.

Le positionnement madone est celui qui exige l'engagement de l'homme. Dans l'idéal, il pourrait être celui préféré par la femme : il consiste à demander beaucoup pour donner peu, en faisant croire à sa propre pureté, à la fidélité de son engagement, c'est-à-dire à augmenter la valeur ressentie de ce que l'on est. La putain au contraire ne demandera pas d'engagement, mais en offrant beaucoup elle fera que l'homme s'engagera de lui-même, s'accrochera, et elle pourra souvent gagner plus. La madone met en avant la fidélité, l'engagement dans la famille. Elle affirme sa sécurité : elle demande beaucoup à l'homme mais promet de ne pas le trahir. La putain met en avant son charme, son insolence, sa légèreté, toutes choses que l'homme recherche. Elle peut rendre l'homme follement heureux mais ne lui garantit aucun avenir… et surtout pas la paternité des éventuels enfants.

Si les hommes préfèrent souvent les putains dans leur jeunesse, ils n'épouseront généralement que des madones : la femme qui recherche de la stabilité doit en tenir compte. Un livre américain a connu un immense succès en ne faisant que marteler ces conseils : *The Rules*, de Ellen Fein et Sherrie Schneider, sorti en 1996 et suivi de nombreux autres. Le livre donne 35 règles qui doivent être suivies sans exception par toutes les femmes en recherche d'un mari et toutes correspondent à cette dichotomie madone/putain. Ce sera par exemple : « ne jamais coucher le premier soir », « attendre que ce soit l'homme qui rappelle » et « ne jamais accepter deux soirées de suite avec lui », etc. Les auteurs affirment que leur technique est éprouvée et on veut bien les croire : à vrai dire, le simple succès commercial du livre suffit à démontrer l'importance de cette dichotomie. Le signe le plus extrême que puisse donner une femme de son engagement du « bon côté » est sa virginité, critère que l'on a retrouvé au moins à une époque dans presque toutes les cultures. De nombreux mythes ont couru pour la justifier, par exemple que seule une femme dont le mari était le premier à l'avoir déflorée pourrait lui rester fidèle, les autres étant « naturellement » poussées à la trahison. Le problème de la virginité est qu'elle vient à l'encontre d'une tendance forte de l'homme occidental moderne : sa volonté de tester avant d'acheter, de bénéficier d'un échantillon gratuit avant engagement. Si la concurrence est trop forte, la femme sera obligée de composer, de peur de finir seule. *The Rules* tient d'ailleurs compte du risque posé par cette concurrence : le site Internet donne comme premier conseil à la femme d'être « unique, brillante et incomparable », seul moyen de pouvoir imposer tout cela à l'homme. Il semble cependant qu'une femme aussi extraordinaire n'aurait aucun besoin de conseils !

La virginité a perdu beaucoup de son importance dans l'Occident actuel et il n'y a plus que dans certains milieux (les plus traditionalistes) qu'elle est encore prônée. À noter que cette évolution s'est faite par le Nord : d'abord au Danemark et en Norvège, longtemps avant l'Italie du Sud : c'est dans ces environnements où la femme coûte le plus cher, où elle a subi la pression sélective la plus intense, qu'elle a eu le plus à accepter les aventures sans lendemain pour se trouver un mari. Et une réponse parodique au livre *The Rules* est parue en fin 1996 : *Le Code : des secrets éprouvés pour obtenir ce que vous voulez des femmes sans jamais avoir à les épouser* ! (Penn, N. & Larose, L. 1996).

La dichotomie madone/putain peut bien sûr s'analyser selon le modèle des faucons et des colombes. C'est ce qu'ont fait deux biologistes mathématiciens autrichiens, P. Schuster et K. Sigmund, cités par Dawkins (1989, pp. 399-400) : existe-t-il un pourcentage de chacune qui se dessine naturellement et qui restera stable, tout écart étant rapidement compensé ? En d'autres termes : peut-on prévoir, comme on peut le faire pour le nombre d'hommes et de femmes, le nombre de madones et de putains au sein d'une population ? Eh bien, non, cela change tout le temps : « Le comportement des amants oscille comme la lune et est imprévisible comme le temps. » (id.) Mais une règle a émergé néanmoins, une règle personnelle : A. Westmann a annoncé lors du congrès HBES 1999 avoir prouvé que les hommes et femmes ayant la plus grande confiance en eux s'orientent vers des stratégies plus frivoles que les autres qui recherchent l'engagement à long terme : les femmes les plus belles seraient donc les plus faciles !

La prostitution

L'échange sexe-ressources le plus extrême se situe dans la prostitution : l'engagement de l'homme y est quasiment nul (contrairement au mariage, il a fini de payer *avant* le rapport sexuel). D'une certaine manière, la prostituée correspond à la maîtresse idéale telle que nous l'avons définie : elle coûte moins cher à conquérir qu'une autre femme et la liberté est entièrement garantie. L'inconvénient en termes de transmission des gènes est que l'homme se lance dans une guerre du sperme (ses chances d'être le géniteur décroissent avec le nombre de clients de la prostituée) et surtout qu'il y court un risque important de contracter des maladies.

Parmi nos parents, c'est chez les bonobos que nous retrouvons l'image la plus proche de la prostitution : il est fréquent de voir la femelle quémander de la nourriture au mâle en lui offrant comme unique paiement son corps. Cette stratégie leur permet de désamorcer les conflits et, probablement, d'augmenter le pouvoir des femelles. Qu'en est-il chez les humains ? Quels sont les risques et les avantages de se prostituer ? Les risques sont bien connus et souvent présentés par les médias : il y a le risque de maladies, d'agression, la perte de considération et l'interdiction de se repositionner en tant que madone. La stratégie « prostitution » n'est probablement que très rarement celle que choisira une femme si elle peut trouver mieux, mais beaucoup d'entre elles affirment qu'elles préfèrent cette vie à celle d'une ouvrière à l'usine. Et cette stratégie est efficace au niveau de la transmission des gènes : Robin Baker a calculé qu'il suffit à chacun de nous de remonter de 7 générations (en moyenne) pour se trouver un ancêtre né d'une prostituée (Baker, 1996, p. 343).

La prostitution est devenue un sujet à la mode : les reportages télévisés se succèdent et tous les grands journalistes semblent chercher l'occasion de s'exprimer contre elle. On parle d'esclavage, de non-respect du corps de la femme, de rabaissement de celle-ci : il faut bien que le sujet fascine pour qu'on ait droit à un tel étalage. Le discours usuel d'affirmer que toutes les prostituées ne sont que des esclaves sexuelles, soumises par des hommes à ce « métier dégradant », qu'elles ne pratiqueraient pas si elles n'y étaient pas forcées n'est pas totalement vrai. Il correspond en effet à un grand nombre de cas : l'influence des mafias derrière les femmes de l'Est sur la Côte d'Azur le montre assez. Mais la prostitution existait bien avant que les moindres mafias puissent avoir le moindre pouvoir : les archéologues ont ainsi trouvé à Pompéi 35 lupanars pour seulement 34 boulangeries ! Et, paradoxalement, ce sont les Musulmans intégristes iraniens qui ont le mieux défini la prostitution avec leur utilisation particulière du *mariage horaire** comme justification : il s'agit bien d'un échange au présent, sur le court terme, des faveurs sexuelles contre des ressources, c'est-à-dire exactement le même échange que celui institué par le mariage mais limité dans le temps.

On peut d'ailleurs remarquer que, dans les enquêtes qui sont réalisées sur l'image de la prostitution, les hommes y sont nettement moins opposés que les femmes, qui souvent chercheront à l'interdire. Cela signifie-t-il que les femmes sont plus « humanitaires » que les hommes ou qu'elles cherchent à lutter contre la concurrence déloyale des prostituées ?

DAD / CAD

Le positionnement des hommes n'est pas aussi tranché que celui des femmes et la dichotomie *Dad/Cad* (père/mufle) est nettement moins utilisée que celle madone/putain. L'homme bénéficie en effet de beaucoup plus de stratégies que la femme, il peut faire des erreurs et changer de positionnement au cours de sa vie, ce qui est moins facile pour elle. Mais l'homme doit quand même choisir s'il veut s'impliquer ou non dans l'éducation de ses enfants, c'est-à-dire s'il se positionne sur le long terme ou sur une brève relation fécondante, et de la pertinence de son choix dépendra son succès reproductif.

On pourrait croire que le beau rôle est d'être l'amant : l'implication est nulle et avoir un enfant dans ces conditions ne grève en rien les ressources. C'est ce qui correspond à l'idée générale : il est glorieux d'être un amant, l'homme peut s'en vanter, alors qu'il est humiliant d'être trompé. C'est aussi l'approche que nous avons privilégiée dans le premier chapitre, pour montrer les principes du raisonnement. Mais dans la réalité ce n'est pas si simple : certains hommes auront intérêt à être des amants et d'autres des maris. On peut d'ailleurs constater que si 10 % seulement des enfants proviennent des amants, il vaut mieux être un mari : 9 fois plus de chances ! Le choix est très complexe : il dépend bien sûr des circonstances et de tout un ensemble d'éléments que nous ne pouvons dénombrer, mais certaines règles figées permettent de l'orienter. Il y a bien sûr l'importance de la confiance en soi qui permet la frivolité (telle que l'a montré l'étude de Wetsmann) et deux autres critères que nous allons étudier : l'anatomie des organes génitaux et la quantité de ressources disponibles.

L'étude de la taille des testicules chez les primates nous a montré le lien entre la taille des testicules du mâle et la fidélité de la femelle. Un mâle n'éjaculant que de faibles quantités n'a que peu de chances dans une guerre du sperme : c'est le *numbers game* que nous étudierons. L'humain se retrouve évidemment dans ce cas de figure : les variations individuelles entre les hommes dans la quantité de spermatozoïdes émis orienteront les choix pour chacun. En d'autres termes, un homme qui a de petits testicules a intérêt à éviter la compétition avec les autres hommes et à se trouver une femme fidèle, alors que celui qui est dans la situation opposée a plus de chances de gagner et peut choisir une femme frivole. La taille du pénis a aussi son importance. L'anatomie du sexe masculin est en effet très spéciale : il s'agit d'un véritable racloir qui a pour action de sortir du vagin tout ce qui se trouve à l'intérieur et notamment le sperme des hommes que la femme aura connu précédemment. L'efficacité de cette suppression de la concurrence dépendra de la pression exercée sur les parois (liée directement à la largeur du pénis) et de l'étendue du raclage (liée directement à sa longueur). L'homme ayant un sexe plus important que la moyenne perd moins à être celui qui arrive après, c'est-à-dire généralement à être l'amant. Pour que cette action puisse avoir une efficacité, il faut évidemment que les relations sexuelles de la femme se situent dans un temps rapproché : il ne sert à rien de chercher à supprimer le sperme s'il n'y en a déjà plus. De ce fait, certains affirment que la forme du pénis et son efficacité sur les parois du vagin doit avoir une autre utilité (servir à extraire d'autres choses). La question qui se pose est donc : est-il fréquent qu'un homme copule avec une femme ayant déjà du sperme présent dans son vagin ? Les études de Robin Baker le confirment : la fréquence est suffisante pour que cette action ait pu être sélectionnée. Et il remarque également qu'un homme est quasiment toujours excité immédiatement par la vue d'une femme en train de copuler avec un autre homme (c'est le fond de commerce du marché pornographique), ce qui indique précisément que le comportement de l'homme est de vouloir se lancer dans la compétition, dans ce que Baker appelle « les guerres du sperme ».

L'autre élément essentiel qui peut orienter le positionnement de l'homme vers mari ou amant est la quantité de ressources dont il dispose. Un homme pauvre qui n'aura pas la possibilité financière de donner une bonne éducation à ses enfants a intérêt à éviter d'en avoir à sa charge et à laisser cela aux autres : il lui faut donc être un amant. L'homme riche, lui, ne souffre pas de cette limitation, son choix est plus ouvert et il pourra choisir un engagement dans le long terme. Hélas, nous avons remarqué que la situation sociale de l'homme est importante pour la femme, qu'elle recherche un mari ou un amant : elle le prend comme un signe de qualité des gènes. Aussi les conseils donnés ci-dessus à l'homme pauvre pourront bien sûr sembler un peu trop optimistes. Il lui reste cependant une chance : son intelligence. Nous avons vu dans le paragraphe qui y est consacré qu'une femme recherche pour une aventure un homme beaucoup plus intelligent que ce qu'elle recherche comme mari. On peut donc espérer que, même si il est pauvre, un homme pourra profiter de son QI pour se positionner efficacement en tant qu'amant !

Les femmes entre elles

Lorsque deux femmes s'embrassent,
cela rappelle toujours la poignée de mains de deux boxeurs.
H. L. Mencken (in Buss, 1994, p. 111)

Une fois chacun positionné, les règles du combat sont différentes pour chacun des sexes. La première arme dont dispose la femme est évidemment de s'améliorer elle-même : faire du sport pour conserver un corps de jeune fille, se maquiller, choisir avec soin son habillement, se cultiver, avoir une vie sociale enrichissante, développer un réseau relationnel, bien s'occuper de son mari, savoir être mystérieuse, envoûtante, etc. On constate d'ailleurs que c'est généralement ce que fait une femme peu après avoir découvert l'infidélité de son mari : plutôt que de le quitter (solution plus fréquente chez les hommes dans la même situation : voir Buss, 1994), elle cherchera à le séduire de nouveau. Cela est efficace mais d'autres techniques le paraissent encore plus : nous allons maintenant les présenter.

Contrairement à ce qui se passe chez les hommes, le combat frontal est probablement la tactique la moins employée par les femmes entre elles. Jugé peu féminin (qu'il soit verbal ou physique) et caricaturé dans de nombreux films, il inquiète fortement les hommes, peut-être parce qu'ils ont peur d'en être les prochaines victimes. À vrai dire, le combat frontal remet trop en question le besoin de stabilité des femmes pour se développer. Les tactiques employées n'en sont pour autant pas moins efficaces et le mythe de la femme douce et aimante (« sauf peut-être Madame Thatcher » chantait Renaud Séchan en 1985 !) auquel certains semblent encore vouloir croire en prend un sérieux coup.

Dites du mal : il en restera quelque chose

Le dénigrement est une tactique systématique, beaucoup plus efficace que le combat frontal : avez-vous remarqué que le meilleur moyen de trouver un défaut chez une femme belle est de demander à une autre femme ce qu'elle en pense ?

L'avantage principal du dénigrement est qu'il peut être employé par toutes, à tous moments. C'est le principe universel du panier de crabe : quand on ne peut pas faire mieux que l'autre, on peut toujours le critiquer, au besoin, il suffit d'inventer. Le dénigrement permet aussi deux niveaux de réussite : le succès total est évidemment de « griller » l'autre et en plus de conquérir l'homme mais même si cette deuxième étape n'est pas atteinte, le plaisir d'avoir empêché l'autre de réussir pourra déjà être gratifiant (c'est le deuxième objectif décrit en tête de chapitre : contrôler la vie sexuelle des autres). Il faut bien sûr savoir adapter ses attaques aux circonstances. Dire d'une concurrente que sa frivolité est connue de tous les hommes dans toute la région peut suffire à limiter ses chances de se marier mais n'aura aucune efficacité auprès d'un homme qui ne recherche qu'une aventure. À l'inverse, l'accusation de frigidité est plus générale.

L'efficacité extrême du dénigrement a été démontrée par l'histoire : de nombreuses femmes sont mortes, d'une façon ou d'une autre, par la suite d'attaques de ce genre. Cela a été le cas en Occident de certaines des sorcières brûlées vives, qui n'étaient souvent pas les vieilles rabougries que l'on nous fait croire mais plutôt des jeunes femmes à qui l'on ne reprochait que leur positionnement de femmes libres (Markale, J. 1971). Au milieu des années 1990, aux États-Unis (Université de Pennsylvanie), une femme a vu sa réputation détruite par les féministes uniquement parce qu'elle fréquentait un de ses anciens professeurs (Dank, B., 1996) et encore de nos jours, dans les pays musulmans, toute femme ayant eu des rapports sexuels avant le mariage est condamnée et rejetée par sa mère, ses sœurs et ses amies (en Tunisie, pays « évolué », seulement 2 mois de prison pour chacun des partenaires sur dénonciation des voisins…). Les exemples sont infinis : ce sont des femmes qui ont manifesté en Iran fin des années 1970 pour le retour de l'Imam Khomeyni et pour le port du « tchador » (les plus laides pouvaient espérer qu'en se cachant en permanence, elles ne souffriraient pas de la concurrence) et ce sont toujours des femmes qui reprennent le même argument en 2001 sur les campus américains (Goodstein Ellesley, L., 2001). Le dénigrement des femmes entre elles pourrait aussi être à l'origine du racisme en Inde, comme le constate Bill McDonald : aux débuts de la colonisation, c'est-à-dire avant l'arrivée des femmes anglaises, les colons n'hésitaient pas à fréquenter les Indiens et plusieurs ont épousé des autochtones. Les « Memsahibs » (femmes britanniques victoriennes) ont rapidement changé les règles et défini deux classes, développant ainsi le racisme anti-Indiens… et rapidement les premières manifestations nationalistes… (McDonald, B., 1996)

Les hommes aussi pratiquent le dénigrement mais avec moins de réussite : ils sont limités par leurs moindres capacités verbales. David Buss affirme que le dénigrement est une méthode spécifiquement humaine, le propre de l'humanité en quelque sorte. Il a fait des études complètes pour déterminer quelles sont les attaques les plus efficaces et a obtenu des résultats cohérents avec ce que l'on sait d'autre sur le comportement amoureux humain : elles sont présentées dans son livre (Buss, 1994, Chap. 5, p. 115). Nous ne connaissons aucune étude sur le dénigrement des animaux entre eux.

La beauté intérieure et autres propagandes

La propagande va plus loin que le dénigrement, à la fois par la généralisation qu'elle permet et par son approche qui peut être positive. Beaucoup de femmes partent en effet perdantes sur les critères de la beauté et de la jeunesse et leur stratégie doit être différente de celles des femmes les mieux dotées. Ne faire que critiquer les autres les aidera certainement mais le risque est grand que les hommes ne soient pas dupes du stratagème : une femme abusant de cette facilité paraîtra trop négative et finalement peu crédible. Pour s'en sortir, il faut mettre en avant les autres critères de séduction, comme l'intelligence, la culture, la gentillesse : ce que certaines appellent la *beauté intérieure*.

Au niveau individuel, cela peut marcher. Mais est-ce suffisant ? Il n'est pas évident qu'une femme laide puisse convaincre toute seule un riche d'abandonner pour elle tous ses fantasmes (beaucoup d'hommes affirment en réaction s'intéresser surtout à *l'intelligence extérieure* !) Par contre elle aura beaucoup plus de chance si les journaux l'y aident. Il suffit donc que quelques femmes à des postes médiatiques importants propagent cette idée pour qu'elle prenne d'un coup un pouvoir beaucoup plus important !

Le plus bel exemple de ces derniers temps a été la notion de *valeurs féminines*. Il s'agit d'une propagande très intelligente : en affirmant que les femmes sont douces, aimantes, non agressives, elle fait croire que toute la compétition sexuelle se situe parmi les hommes (qui eux font la guerre, tuent, violent et manquent de sensibilité). Son succès est immense : beaucoup sont actuellement persuadés qu'il suffit de mettre plus de femmes au pouvoir dans la société pour que celle-ci change du tout au tout ! Ses conséquences sont aussi parfois assez dramatiques : c'est ainsi qu'une étude de 1992 de l'AAUW (American Association of University Women) avait fait croire aux décideurs politiques que les filles étaient défavorisées dans le système scolaire et qu'il s'agissait là de l'explication de leur plus faible taux de réussite dans les matières scientifiques de haut niveau. Toute la politique de l'éducation avait été modifiée en fonction de cette étude. Judith Kleinfeld a depuis montré que cette étude était fausse (selon elle à dessein) et que ce sont les garçons qui sont défavorisés dans le système scolaire (Kleinfeld, J., 1998).

Il existe énormément d'autres exemples de propagande et certaines s'attaquent même à forte partie, comme par exemple, « l'immaturité de l'homme de 50 ans qui se remarie avec une plus jeune ». Des articles affirment qu'un homme agissant ainsi montre qu'il n'a pas su se situer dans son époque, s'accepter tel qu'il est et qu'il ne fait que traumatiser les enfants qu'il a déjà en brisant leurs repères essentiels. On peut imaginer facilement que celles qui veulent imposer une telle propagande cherchent à éviter l'abandon, l'âge venant, mais cela leur sera difficile : il est prouvé que les femmes recherchent des maris plus âgés, plus stables, dotés de plus de ressources, ce qui correspond tout à fait aux goûts des hommes qui veulent les femmes les plus jeunes, les plus fertiles.

Ces propagandes modernes semblent s'opposer exactement à celles que l'on nous a apprises aux cours des siècles précédents : les contes de fées où la petite fille pauvre mais belle épousait le prince, où le jeune homme pauvre mais courageux pouvait conquérir la princesse. Il faut croire que les besoins de sauvegarde de la société ne sont plus les mêmes. Pourtant ces propagandes présentent toutes un point commun : c'est de mettre en avant le positionnement « madone », c'est-à-dire de la femme fidèle, maternante et fiable et de critiquer le positionnement « putain » (tout l'inverse). À ce niveau, il n'y a pas grande différence avec les anciens temps : la propagande sert à fonder le dénigrement.

Toutes les mêmes ?

– On t'avait dit de prendre n'importe lequel.
– Oui mais lequel ? répondais-je entre deux sanglots.
(... il) ne se douta jamais que toute la philosophie du monde n'aurait pu répondre d'une manière satisfaisante à ma question.
René Clair (1951, p. 114)

Au milieu des années 1980, la télévision française s'était inquiétée du succès des agences matrimoniales proposant à des femmes asiatiques de se marier en France. Un court reportage du journal télévisé montrait un homme marié par ce moyen expliquer que la culture qui prévalait chez sa compagne faisait partie de ses attraits et qu'il préférait une femme douce et gentille à une féministe acharnée. C'est de peu qu'il ne s'est pas fait traiter directement de salaud par la journaliste qui l'interviewait !

Il y a là en effet trahison : comment les féministes extrémistes les plus strictes pourront-elles se marier et transmettre leurs gènes si d'autres femmes acceptent les conditions qu'elles combattent ? Leur succès n'est possible que si toutes les femmes s'y mettent, sont d'accord entre elles et qu'aucune ne trahit. Dans son analyse sur les stratégies évolutionnairement stables, Dawkins fait remarquer qu'une telle coalition « ne peut pas plus évoluer qu'une coalition de colombes » (Dawkins, 1989, p. 206) : la moindre traîtrise y serait trop rentable et toute femme plus gentille que la moyenne trouverait trop facilement de nombreux prétendants. D'autres, au contraire, s'interrogent sur la stabilité qu'aurait au sein de notre espèce une domination féminine. Edouard Servan-Schreiber a étudié le cas des hyènes tachetées, société matriarcale absolue où les femelles se liguent entre elles pour dominer les mâles. C'est un peu ce qu'ont réussi les féministes américaines : leur extrémisme leur a permis de devenir un des lobbies les plus puissants aux États-Unis, le seul que Bill Clinton n'ait jamais osé froisser en huit ans de présidence (Cookie Roberts en 1997, cité par Kammer, J., 1999, p. 15). Leurs « succès » sont impressionnants : elles ont obtenu le droit de pouvoir impunément demander la castration de tous les hommes, réclamer leur mort ou les insulter de la façon qu'elles souhaitent, tandis que la moindre critique d'un homme sur une femme sera condamnée pour « sexisme » (Leo, J., 2000). Nous avons déjà cité une étude dénoncée comme truquée de l'AAUW et ses conséquences dramatiques mais elle est loin d'être la seule : les Américains emploient maintenant l'expression *fémistats* pour désigner les chiffres déformés avancés par les féministes extrémistes (appelées *féminazies* par Camille Paglia).

Il existe cependant une différence importante entre les hyènes tachetées et les femmes : il s'agit du coût que représente le temps de sevrage de l'enfant. Les hyènes enferment leurs rejetons pendant deux semaines à leur naissance, ne venant que les nourrir, solution qui serait mortelle pour un bébé humain, lequel naît un an trop tôt. La femme n'a pas la liberté de la femelle hyène : la situation n'est pas reproductible. On constate d'ailleurs que beaucoup des féministes les plus convaincues sont restées seules et que même les femmes les plus dynamiques, ayant la plus haute réussite sociale, le pouvoir le plus important, affirment maintenant qu'elles ne sont pas féministes. La roue tourne et la mode est en train de basculer du *g-feminism (gender feminism)* au *i-feminism* (*individualist feminism*) : le féminisme individualiste.

Un autre élément vient à l'encontre de la coalition féminine : c'est le besoin d'être unique, caractéristique commune à presque toutes les femmes. En France, le slogan *Toutes les mêmes* est peut-être celui qui fait le plus hurler les femmes (ce qui amuse fréquemment les hommes). Autre exemple : presque toutes les femmes qui découvrent les théories évopsy en reconnaissent immédiatement la validité pour presque toutes les autres femmes mais pas pour elles ! Ce besoin de différence s'explique pourtant facilement, les femmes ont tout intérêt à affirmer leur unicité et à sélectionner les hommes qui les croiront le plus : comment pourraient-elles les convaincre de leur rester fidèles si ceux-ci les considèrent toutes comme équivalentes ? Comment choisir entre deux choses identiques ? Bien sûr, d'autres avantages apparaissent également. Afficher sa différence par rapport aux autres permettra peut-être à une femme de mieux déjouer les pièges séducteurs que lui tendront les hommes : ceux qui réussiront à passer le filtre seront soit ceux qui ont le plus d'expérience, qui ont donc connu le plus de succès (loi de l'imitation), soit ceux qui s'investiront le plus et le plus longtemps, signe de leur engagement. Un dernier raisonnement reprend l'idée d'une vision étendue de l'homme : il n'est pas choisi seulement pour ce qu'il est mais aussi pour ce qu'il a. La femme ne bénéficie pas de cette facilité : elle ne peut vendre qu'elle-même. Il lui est donc plus nécessaire de se distinguer par elle-même des autres et de rejeter tout ce qui mettrait en avant ses points communs.

Fort heureusement, les femmes peuvent parfois gagner et l'État peut les y aider. Il y a tout d'abord la loi du divorce. Nous avons présenté le divorce comme défavorable aux femmes, qui les place une fois de plus sur le marché du mariage mais avec une valeur plus faible (leurs éventuels enfants dont elles doivent le plus souvent s'occuper augmentent leur coût et leur âge qui a avancé depuis leur premier mariage réduit leur capacité reproductive, c'est-à-dire leur valeur) : elles apparaissent plus chères et moins attractives. Robert Wright cite une Irlandaise : « Une femme qui voterait pour le divorce, c'est comme une dinde qui voterait pour Noël ! » (Wright, 1995, p. 133 qui indique comme source : *The New York Times Book Review* du 4 novembre 1990). Les hommes s'en sortent naturellement mieux : en vieillissant, ils ont pu monter dans la hiérarchie et accumuler des ressources et il est fréquent que leur valeur ait augmenté. Pourtant, les femmes sont le plus fréquemment à l'origine du divorce dans les sociétés occidentales et elles y survivent généralement mieux que les hommes. Comment est-ce possible ? Une des raisons est toute simple : la loi du divorce protège très fortement la femme avec le principe de la pension alimentaire (et mieux, de l'indemnité compensatoire). On ne peut plus parler de coût pour la femme, la loi a retourné les contraintes naturelles : en perdant son mari, elle ne perd pas ses ressources et il est même des pays où elle peut y gagner financièrement ! Il en est de même quand la femme a accès au travail et peut obtenir elle-même des ressources suffisantes, voire gagner plus que son mari. David Buss remarque que le taux de divorce est de 50 % plus élevé dans ce dernier cas par rapport au taux des autres couples aux États-Unis (Buss, 1994, p. 205). Nous avons vu dans le chapitre sur les différents types de société que la protection de la femme incite toujours à la généralisation de la monogamie à répétition, plus avantageuse pour elle que la monogamie simple.

Il est cependant amusant de constater que certaines lois, dites féministes, vont à l'encontre de l'intérêt des femmes. Dans certains états américains, les universités ont ainsi interdit à un professeur d'avoir une relation intime avec ses élèves du sexe féminin, mêmes majeures. L'argument officiel est la protection des élèves : si une d'entre elles tombait amoureuse de son professeur, ce ne pourrait s'expliquer que par un harcèlement sexuel dont elle serait victime ! La justification un peu moins officielle est de protéger les épouses vieillissantes des professeurs, en limitant leur risque d'être abandonnées pour une plus jeune. Mais on peut aussi remarquer qu'une telle loi protège surtout les étudiants mâles de la concurrence des professeurs et leur donne beaucoup plus de chances auprès des étudiantes. Il s'agit donc d'une règle dite féministe qui protège surtout les jeunes hommes !

Les hommes entre eux

Quand des hommes de 120 kilos disent certaines choses,
les hommes de 60 kilos les écoutent.
Michel Audiard

Si en Occident, il apparaît que les femmes ont connu plus de pression sélective que les hommes, cela ne signifie pas qu'ils en sont épargnés. La situation de monogamie à répétition qui se propage dans notre société augmente même cette pression, et on peut prévoir que de moins en moins d'hommes auront la possibilité de transmettre leurs gènes, c'est-à-dire que de plus en plus seront frustrés. La compétition sexuelle masculine est généralement plus visible que la féminine et ses effets peuvent être nettement plus meurtriers : aboutir à une guerre, par exemple.

La concurrence entre les hommes se fait principalement au niveau de l'acquisition et du contrôle des ressources : toute activité orientée vers la domination sera recherchée, source naturelle de nombreux conflits. Ceux-ci sont cependant limités par l'importance accordée par les femmes à la stabilité, à la durée dans la disposition de ressources : un enfant demande plusieurs années pour être élevé et la femme rejettera les trop aventureux (sauf parfois en tant qu'amants). Aussi il apparaît plus important de *contrôler* les ressources que de les *acquérir*. Bien sûr, on ne contrôle vraiment que ce qu'on possède et la lutte d'origine pourra être violente. Une autre contrainte qui restreint le combat pour la dominance a été remarquée chez les primates. On a longtemps cru que seul le mâle dominant fécondait les femelles, que tous les rejetons étaient de lui et on pouvait se demander quel était l'intérêt des dominés d'accepter la situation. Une première explication est qu'ils peuvent essayer de renverser le chef en fomentant des alliances et espérer ainsi bénéficier un jour du contrôle des femelles. Les tests génétiques de parenté ont cependant permis de démonter cette première croyance : les mâles dominés arrivent aussi parfois à féconder les femelles et il peut être plus intéressant pour eux d'en profiter plutôt que de mettre en péril leur santé pour le poste de dominant. Le fort taux d'infidélité chez les humains indique que cette stratégie y existe également. Enfin, la plus grande liberté laissée aux hommes dans leurs stratégies de procréation et la segmentation de la société permettent également de limiter les conflits trop importants.

Pour les hommes comme pour les femmes, l'objectif de la compétition n'est pas seulement d'obtenir un accès facilité à l'autre sexe mais aussi d'empêcher ses concurrents de réussir : c'est la technique du *Panier de Crabes* que nous avons déjà présentée.

Le type de concurrence entre les hommes sait s'adapter à la culture environnante. C'est ainsi qu'en Tunisie, pays où traditionnellement les mariages étaient (et sont encore très souvent) arrangés sur des critères sociaux et où le divorce était quasi inexistant, l'objectif de l'homme n'y est pas d'être le meilleur mais d'être le premier. Cette distinction se remarque souvent sur la route où un conducteur typique ne cherchera pas à aller vite mais à empêcher les autres de le doubler, en slalomant sur la chaussée. De même une femme mariée va souvent se négliger et ne présentera très rapidement plus le moindre attrait esthétique. Il est probable que la récente montée du taux de divorce (le plus souvent demandé par les femmes) va modifier la donne pour les deux sexes en les plaçant dans une situation de compétition permanente, nouvelle pour eux.

LES DIFFÉRENTS ÂGES

Comme on s'en doute, les objectifs, les méthodes et l'intensité de la compétition sexuelle ne sont pas fixes au cours de toute une vie : une personne mariée sera par exemple, moins *en chasse* qu'un jeune célibataire.

Beaucoup se moquent de la femme approchant de la quarantaine sans enfant qui considérera tout homme comme un géniteur potentiel et cherchera à « mettre le grappin » sur tout célibataire à proximité ou à séduire les maris de ses « amies ». Ils pourraient tout autant se moquer de l'homme de la cinquantaine qui fantasme sur les sorties de fac et même s'inquiéter devant le danger que représentent les jeunes hommes, tellement généralisé que l'on parle de *syndrome des jeunes hommes (Young Male Syndrome, YMS).* Toutes ces orientations et attitudes ne sont pourtant que quelques-unes des conséquences les plus caricaturales de l'importance de la programmation génétique chez l'humain : l'inexorabilité de la ménopause chez la femme et le besoin de ressources pour les hommes. Ce sont les mêmes raisons qui expliquent que beaucoup de femmes ayant sacrifié leur vie privée au profit de leur carrière deviennent, avec l'âge, extrêmement cruelles avec toutes leurs subordonnées enceintes. Bien sûr, d'autres seront plus positives et pourront même au contraire aider les autres mères de leur entourage, mais le conflit entre la programmation génétique et les circonstances extérieures est extrêmement fort à cet âge, et suffit souvent à provoquer des frustrations intenses. La programmation masculine est plus souple que celle des femmes, elle lui autorise plus de stratégies, mais ses comportements sont tout de même fortement stéréotypés. Globalement, deux types de critères sont à prendre en compte pour étudier ces évolutions de la compétition sexuelle : l'âge et la situation du couple éventuel.

Il faut tout d'abord noter que chez les femmes, il existe un critère supplémentaire dont l'influence est très rapide : le cycle menstruel qui a une importance majeure sur le comportement. Le syndrome prémenstruel (PMS), par exemple, affecte plus ou moins fortement 80 % des femmes : chez 40 %, la modification d'humeur est importante et 2 % en souffrent suffisamment pour être fortement handicapées dans leurs relations et dans leur travail. Au niveau de la compétition sexuelle, les effets du cycle menstruel sont essentiels. Pendant leurs périodes de fécondités, les femmes seront plus en chasse d'amants et avoueront plus de fantasmes quant à un partenaire sexuel autre que celui en titre (Gangestad *et al.*, 2002), ce qui se traduira visiblement en maquillage et habillement, accorderont plus d'importances aux critères de beauté des hommes comme la symétrie (qu'elles seront capables de distinguer à l'odeur ou aux phéromones) et auront effectivement plus de rapports sexuels avec leurs amants pendant cette période (alors qu'elles privilégieront leur mari en période d'infécondité ; Baker, 1995).

Influence de l'âge

En fait, pour les femmes comme pour les hommes, il semble bien que ce soit lors de l'enfance que se dessinent les positionnements de chacun, c'est-à-dire à la fois le groupe auquel il appartient et quel y est son rang. Les études récentes montrent que les origines génétiques et l'environnement constitué par les pairs sont plus importants que l'éducation parentale pour prédire l'évolution vers la criminalité d'un enfant (Harris, 1995). En d'autres termes, les critères de dominance qui sont ceux de l'environnement de l'enfant constitueront l'influence la plus importante (avec la génétique) sur son avenir : selon qu'il s'épanouit dans un milieu où la compétition se situe au niveau du vol à la tire ou dans un autre où l'essentiel est la réussite aux études, son futur sera totalement différent. Chez les primates, ces compétitions pendant l'enfance où chacun se situe dans la hiérarchie par rapport aux autres sont bien connues. Chez les humains, l'idée a plus de mal à passer, alors même qu'on en retrouve les symptômes dans toutes les cours de récréation de toutes les écoles du monde. Agir sur cet environnement pour en modifier les règles de dominance semble d'ailleurs le moyen le plus efficace de réduire la criminalité à population constante.

L'enfance humaine présente aussi une caractéristique unique dans le monde animal : l'étape de l'adolescence. Les travaux récents de C. Dean et ses collaborateurs (2001) laissent supposer qu'elle n'est apparue que récemment dans l'évolution humaine et que les *Homo erectus* ne la connaissaient pas. Elle n'est pas encore totalement expliquée. Elle produit en effet des garçons qui auront à la fois des pulsions sexuelles quasiment adultes (et seront fertiles) et un corps enfantin et des filles à l'apparence adulte mais inachevées au niveau reproductif (le pelvis n'atteint en moyenne sa maturité que vers 17 ou 18 ans et le premier enfant n'est le plus souvent possible qu'à 19 ans). On peut de plus remarquer que l'adolescence n'est pas partout reconnue socialement comme une période à part : seules les sociétés évoluées feront la distinction, alors que le plus souvent, un rite d'initiation marquera chez les garçons le basculement direct à l'âge adulte, tandis que la fille sera mariée ou vendue au plus tôt dès sa puberté. Pour expliquer tout cela Barry Bogin (anthropologue, université du Michigan, États-Unis) considère que l'adolescence a pu être sélectionnée parce qu'elle permet à chacun et chacune d'avoir une période pour s'entraîner à la complexité de la vie adulte, sans avoir à en payer trop souvent les conséquences : « grossesse ou... poing dans la figure » (Pearson, 2001). Et Judith Rich Harris (1998) remarque que seules les sociétés reconnaissant l'adolescence en tant que période à part évoluent : le troisième groupe que constituent les adolescents va se positionner en opposition aux deux autres, ce qui favorisera la créativité. Cependant, comme pour l'enfance, les critères de dominance en vigueur parmi les adolescents ne sont pas les mêmes que ceux qui les situeront à l'âge adulte (pensez par exemple aux mannequins qui affirment souvent avoir souffert d'être traitées de « grandes perches » à l'école).

L'entrée dans l'âge adulte (de 15 à 30 ans), qui correspond chez les hommes aux étapes de la recherche des ressources et de la dominance, est extrêmement violente. L'étude des statistiques de mortalité, par accident ou par blessure, a permis de dégager un cadre consistant qui est maintenant dénommé *Young Male Syndrome (YMS)*. Bien sûr, tout cela se calme le plus souvent dès que l'homme a des enfants.

L'âge venant, la femme connaîtra un nouveau bouleversement hormonal aux approches de la cinquantaine. Pour expliquer la sélection de la ménopause chez la femme, plusieurs explications évolutionnistes ont été avancées. Certains considèrent que cette fin de la fécondité présente des avantages. La première hypothèse est liée au taux de mortalité de la mère pendant l'accouchement : la ménopause permet de la protéger en interdisant les naissances à une époque où sa santé est déclinante. D'autres mettent en avant que la femme ménopausée, ne pouvant plus elle-même enfanter, s'occupe de ses petits-enfants et leur permet ainsi une meilleure croissance. Il n'est pas encore certain que ces points positifs, quoique réels, apportent un avantage sélectif suffisant pour que les femmes sans ménopause aient entièrement disparu de la planète. Peut-être la ménopause n'est-elle que l'effet secondaire d'une autre caractéristique qui aurait été sélectionnée.

Si l'existence de l'andropause (brusque chute du taux d'androgènes à la fin de la quarantaine) est de plus en plus reconnue (Huhtaniemi *et al.*, 2008 ; Delev *et al.*, 2009), celle du démon de midi (crise de l'homme de la cinquantaine qui part pour une plus jeune) a été confirmée en août 2000 dans une étude italienne par le Professeur Willy Pasini de Rome. Dès que l'homme en a la possibilité, grâce à ses ressources, il aura tout intérêt (en termes de nombre d'enfants) à quitter sa femme ménopausée pour en épouser une plus jeune et refonder une famille. Nous retrouvons là exactement la monogamie à répétition.

Influence de l'âge du couple

L'autre influence liée au temps est bien sûr celle de l'âge du couple. En résumé : après la limerence vient le désamour. Plusieurs approches ont été étudiées pour expliquer cette limitation dans le temps de l'amour.

La première se base sur la notion de coût reproductif : nous avons déjà vu que la limerence coûte cher en accaparant ses victimes et nous pouvons y rajouter que dans un monde où la mortalité est élevée, un attachement important à une personne apparaîtrait comme risqué. D'autres approches considèrent au contraire le bénéfice de la rupture : la variabilité génétique des enfants que nous avons déjà étudiée.

On peut de plus remarquer que les enfants raccrochent un couple. En d'autres termes, si le temps de la limerence n'a pas suffi à la procréation, c'est peut-être qu'il y a incompatibilité génétique et le couple n'a plus sa raison d'être. Une combinaison génétique qui favoriserait l'amour longue durée sans enfants n'aurait que peu de chances de se répandre plus qu'une autre combinaison incitant à réessayer jusqu'à ce que des enfants naissent.

S'il y a enfant, les conditions changent et les relations du couple peuvent évoluer de l'amour au partenariat, plus viable économiquement. Avec l'allongement de la durée de vie, les couples durent peut-être en moyenne plus d'années que cela n'a jamais été le cas dans le passé : les divorces ne représentent qu'entre le tiers et la moitié des mariages et encore, les divorces multiples chez une même personne ne sont pas rares, ce qui signifie bien que de nombreux couples dureront des décennies.

Influence de la société

La dernière influence importante est le degré de difficulté que connaîtra la mère pour obtenir les ressources nécessaires à ses enfants : un homme est plus ou moins vital selon les circonstances. Ces difficultés peuvent bien sûr être naturelles (conditions météorologiques par exemple) ou artificielles (interdire aux femmes de travailler et d'étudier est un moyen proposé par certains pour sauvegarder le couple).

Ainsi les aides sociales aux mères ont une influence importante (mais souvent négligée) sur la compétition sexuelle et le positionnement de chacun. En fait, dans les sociétés occidentales, l'homme n'est plus l'unique pourvoyeur de ressources et son utilité a beaucoup baissé (certaines féministes le jugent même définitivement inutile). Cette situation est nouvelle et est en contraste important avec ce qui est toujours valide dans les pays du Tiers-Monde.

Les conséquences sont extrêmement importantes au niveau social. On constate par exemple que le taux de divorce augmente avec le niveau de civilisation et que ce sont les femmes qui le demandent le plus souvent. On constate surtout que toutes les sociétés où les aides sociales sont développées connaissent un taux de natalité largement inférieur au minimum de renouvellement.

DES RÈGLES SIMPLES

Finalement, si les hommes et les femmes ne semblent toujours pas faits pour se rendre mutuellement heureux, on peut au moins constater qu'ils sont tous deux très bien armés pour s'exploiter mutuellement. La première chose à remarquer est qu'aucun des sexes ne dispose d'un avantage définitif sur l'autre : les féministes et machistes extrémistes sont renvoyés dos à dos. Le deuxième point essentiel est la relative simplicité des règles : quelques objectifs évidents (transmettre ses gènes au mieux) et quelques variables environnementales vont suffire à déterminer une infinité d'attitudes et de comportements. On peut comparer en cela l'évopsy à la mécanique newtonienne où des équations mathématiques simples expliquent des mouvements complexes. Il n'est pas besoin de faire appel à des concepts compliqués comme l'image du père ou les conflits internes pour comprendre et prévoir le comportement de la femme sans enfant qui approche de la ménopause, pas plus qu'ils ne sont utiles pour celui de l'homme de 50 ans qui va divorcer et refonder une nouvelle famille avec une femme qui aurait pu être sa fille.

Bien sûr, l'évopsy n'a pas le caractère mathématique et précis de la physique : l'analogie ne peut être poussée trop loin. Bien sûr aussi, la mécanique newtonienne a déjà montré ses limites et dans certaines conditions, elle est remplacée par les théories de la relativité ou la mécanique quantique : les équations simples du savant anglais n'expliquent pas tout. On peut imaginer qu'il en sera de même en évopsy : au fur et à mesure que les recherches avanceront, que de nouvelles variables seront découvertes, de nouveaux paradigmes apparaîtront et certainement l'évopsy telle qu'elle est décrite dans ce livre ne sera plus considérée comme valide dans tous les cas, peut-être même changera-t-elle de nom.

Mais, de même que la mécanique newtonienne est toujours utilisée dans certaines conditions, ces principes simples étudiés ici continueront à montrer leur validité même quand la vie aura été découverte comme bien plus compliquée que ce nous en disons ici.

Continuons donc l'exploration de ces équations du comportement humain.

Supporter la surpopulation

Retournons aux chiffres. L'être humain moderne (*Homo sapiens sapiens*) existe depuis environ 100 000 ans et n'a pas eu le temps de connaître des changements anatomiques majeurs depuis : nous ressemblons physiquement beaucoup à nos ancêtres d'il y a 4 000 générations. Il en est de même au niveau psychologique : nos comportements d'origine biologique sont sélectionnés de la même manière que les caractères physiques (par les gènes) et le processus de changement prendra le même temps. Nous ressemblons donc aussi psychologiquement beaucoup à nos ancêtres d'il y a 100 000 ans : nous avons les mêmes capacités d'adaptation, les mêmes besoins et les mêmes désirs fondamentaux. La sélection naturelle nécessite un temps très long pour que des modifications génétiques se répandent dans toute une population et 100 000 ans sont insuffisants, il ne peut y avoir que des différenciations locales.

L'humain moderne d'il y a 100 millénaires est lui-même le descendant d'autres humanoïdes et les premiers primates que l'on a appelés humains sont apparus il y a plus de 4 millions d'années, eux-mêmes nés d'autres primates dont les plus anciens datent de 60 millions d'années. Le rapport entre ces durées montre le point essentiel : la sélection s'est opérée sur une durée 600 fois plus longue avant l'apparition de l'homme moderne que depuis celle-ci. On ne peut bien sûr pas connaître le nombre de générations en jeu mais il est certain que la pression sélective s'est principalement déroulée avant l'apparition d'*Homo sapiens sapiens*. Le même raisonnement peut être fait chez l'humain moderne : il existe depuis environ 100 000 ans alors que la civilisation agricole n'est apparue qu'il y a à peine plus de 10 000 ans. Ca ne signifie pas qu'il n'y a plus de sélection mais que la pression sélective a exercé 10 fois plus longtemps son influence avant la civilisation que depuis celle-ci.

Nous parlons ici du principe de *mismatch* : l'humain moderne est le résultat de ces sélections qui se sont principalement déroulées dans des époques révolues, il est le résultat de l'adaptation à un monde qui n'existe plus. Bien sûr, cela ne signifie pas que tout le monde est identique partout : l'accélération de l'évolution au cours des 10 000 dernières années a accru la diversité entre les populations. Mais ces différences ne sont que superficielles : toute la base est commune et il s'agit d'une base de primate.

Tout ce chapitre va être consacré à ce *mismatch*. L'homme est un animal social, aussi nous verrons tout d'abord les différents types de sociétés humaines existant ou ayant existé, ce qui les a déterminées et ce qu'elles ont provoqué. Les deux sections suivantes s'intéresseront à ce qui a constitué le fondement de *la marche civilisatrice* tellement vantée (l'apparition de l'agriculture et de l'élevage, il y a un peu plus de 10 000 ans) et à la conséquence la plus évidente de la civilisation (la surstimulation).

LES SOCIÉTÉS HUMAINES

Nous partageons entre 95 % (Britten, 2002) et 98,5 % (chiffre usuel) de nos séquences d'ADN avec les chimpanzés communs (*Pan troglodytes*) : à vrai dire, la question n'est plus de savoir si l'homme est un singe mais bien plutôt si quelques grands singes ne doivent pas aussi être classés dans le genre *Homo*. Les humains ne se sont séparés des chimpanzés qu'il y a 5 à 7 millions d'années, c'est-à-dire que notre ancêtre commun doit se situer entre 200 000 et 350 000 générations avant nous. Le plus amusant est que les chimpanzés se sont eux-mêmes divisés en deux espèces, dont une nous ressemble énormément : les bonobos.

On les a longtemps pris pour une race de chimpanzés et ils ont été cachés à la population parce que leurs mœurs ne se conformaient pas à la morale dominante. Ces primates, très proches physiquement des humains, qui marchent debout, ont peut-être su créer le paradis sur terre : les attouchements sexuels y sont pratiqués en quasi-permanence, ce qui suffit à désamorcer les conflits du groupe, à les faire vivre dans une paix sereine. Leur ressemblance avec les humains ne pouvait qu'être mal ressentie. Montrer des êtres tellement proches de nous être heureux parce qu'ils ne pratiquent pas l'abstinence n'est généralement pas ce qui plaît le plus aux moralistes. Et, en effet, on ne les voyait jamais à la télévision, à tel point que beaucoup de gens n'ont découvert leur existence que très récemment. Nous bénéficions maintenant de nombreuses émissions sur les bonobos et de plus en plus de chercheurs les étudient et apprennent leurs caractéristiques. Ce retournement de situation n'est pas dû à une défaite des moralistes ou à un changement des mœurs mais plutôt à une nouvelle manière de considérer les grands singes. Après Darwin, de nombreux scientifiques avaient pensé retrouver dans les plus humanoïdes des primates des fossiles vivants qui nous montreraient au présent les conditions de vie des humains des âges préhistoriques. Cet espoir s'est effondré. Il est maintenant reconnu que les grands singes ne sont pas plus des vestiges que nous : ils sont juste adaptés à un environnement différent du nôtre. Et les bonobos ne présentent plus le risque d'être pris pour modèles : nous savons que les sociétés humaines ne peuvent évoluer comme la leur, même si nous pouvons en extraire énormément d'informations (du moins tant qu'ils survivent au génocide en cours).

Les grands singes sont des animaux très proches des humains qui ont pris des voies de développement différentes de la nôtre, avec leurs avantages et leurs inconvénients : on peut étudier pourquoi. On peut comparer les différents types de société dans lesquelles ils vivent et en chercher les origines. On a ainsi découvert une règle fondamentale : « le cadre social des femelles est déterminé par la quantité de nourriture disponible et celui des mâles par la distribution des femelles ». Le raisonnement en est simple : la quantité de la descendance directe d'un mâle est liée au nombre de femelles qu'il pourra féconder, tandis que pour la femelle (qui n'a pas de problème à trouver des mâles), elle dépendra surtout de la nourriture disponible. C'est ce que nous allons voir en premier.

Nous chercherons ensuite à distinguer les différents types de sociétés ayant existé. L'homme est un animal social mais comment définit-on une société ? Il y a énormément de critères à prendre en compte et chaque discipline aura sa propre définition : les chercheurs en science politique se concentreront sur le mode de répartition des pouvoirs, les économistes sur la liberté ou non de commerce, etc. Dans le cadre de l'évopsy, nous n'allons étudier que deux de toutes ces caractéristiques : le type de relation entre les sexes (*mating system*) et les critères de dominance (qui gagne dans l'accès à l'autre sexe), c'est-à-dire les mêmes critères que ceux utilisés par les éthologues pour décrire les sociétés animales.

Les contraintes

Le climat

La contrainte la plus importante qui préside au type de société pouvant se constituer est très certainement le climat, de par son influence sur la disponibilité des ressources. Nous avons cité Peter Frost qui insiste sur le fait que la polygynie (une forme de polygamie* : un homme pour plusieurs femmes) n'a pu se développer que sous des climats tempérés lors de l'EEA (période pendant laquelle s'est déroulée la plus grande partie de l'évolution des humains), alors que le coût des femmes était trop élevé dans une Europe semi-glaciaire pour qu'un homme puisse s'en offrir plusieurs. Nous remarquerons que l'avancée technologique, en Occident au moins, a permis dans une large mesure de contrecarrer l'influence climatique : il n'est de nos jours par exemple pas beaucoup plus difficile de vivre à Bruxelles qu'à Monaco, le chauffage et la climatisation aplanissant les extrêmes.

Le climat a aussi une influence sur la conservation des aliments : la toundra méridionale existant en Europe à l'époque de l'EEA offrait de meilleures conditions que la chaleur africaine. Cette possibilité ou non de conserver le fruit de la chasse modifie du tout au tout les critères de dominance : il ne s'agit plus d'être le meilleur chasseur mais d'être aussi apte à accumuler et conserver les ressources, c'est-à-dire capable de les gérer. Le climat a enfin une influence sur la possibilité ou non d'agriculture. Or celle-ci nécessite la conservation des graines et des têtes de bétail, d'une année à l'autre, ce qui correspond exactement à une accumulation des ressources.

Au delà de cet impact déterminant sur le *contrôle des ressources* recherché par les femmes, le climat a aussi une influence sur le nombre de parasites. Nous savons que plus ceux-ci sont nombreux, plus les hommes présenteront de variation et donc de niveaux de santé différents, ce qui se traduit en termes d'attraction physique. Les femmes vivant dans un environnement à taux élevé de parasites devront être plus attentives dans leur choix d'un géniteur et rejeter les moins bons. Ce raisonnement a été tenu par B.S. Low (1988, 1990, cité par Geary, 1998, p. 133) qui a pu démontrer à partir de l'étude de 186 cultures un fort lien entre le degré de polygynie et le taux parasitaire : parmi toute la variation disponible, les hommes les plus beaux connaîtront un plus grand succès, l'importance même de leur beauté étant accrue (Geary, 1998, p. 133 qui cite Gangestad & Buss, 1993 et Thornhill & Gangestad, 1993).

L'infanticide

L'étude des primates nous permet aussi d'aller plus loin et de compléter les contraintes que nous avons étudiées. Sarah Blaffer Hrdy a pu ainsi découvrir dans les années 1980 que l'infanticide est une contrainte essentielle dans la composition d'une société. Alors que tout le monde le croyait assez rare, elle a pu démontrer qu'il est extrêmement fréquent chez les rongeurs, les carnivores (par exemple, les lions qui prennent le pouvoir tuent fréquemment les rejetons qui ne sont pas d'eux pour mettre la femelle en chaleur et la féconder) et même chez les primates (y compris les chimpanzés). Il est maintenant certain que toutes les sociétés de primates sont basées entre autres sur l'évitement de l'infanticide et protéger les rejetons semble même parfois constituer la principale utilité du mâle : le gibbon par exemple, ne participe absolument pas à l'éducation mais reste fidèle à la même femelle pendant de nombreuses années, avec comme seul rôle apparent d'occuper le terrain, d'éviter qu'un autre mâle ne vienne tuer les rejetons et féconder la femelle.

L'infanticide est nettement moins systématique chez les humains (l'homme ne tuera généralement pas les enfants qu'une femme a eus d'un autre mais l'aidera à s'en occuper afin de mieux la séduire) mais il existe. Nous avons déjà parlé de l'effet Cendrillon : en 1988, Wilson et Daly avaient estimé qu'un enfant élevé par un homme autre que son père biologique avaient 70 fois plus de risques d'être tué que les autres (Wilson & Daly, 1988). Malgré plusieurs remises en cause de leur étude, dont une affirmant que l'effet n'avait pas été retrouvé en Suède (Temrin *et al.*, 2000), ils l'ont confirmée de nouveau en 2001 (Daly & Wilson, 2001). On peut de plus constater que l'infanticide sélectif des filles à la naissance s'est développé, quand elles présentent un coût trop important, comme en Chine par exemple. Il ne s'agit donc pas du meurtre systématique de ses beaux-enfants mais d'une optimisation réaliste en fonction des circonstances.

OSR

Le dernier critère à prendre en compte pour étudier le type d'accouplement est tout simplement celui de la représentation de chacun des sexes. Il est mesuré par ce que l'on appelle l'*Operational Sex Ratio* (*OSR*) qui correspond exactement au rapport : nombre de femmes non accouplées sur nombre d'hommes non accouplés.

L'*OSR* ne dépend pas beaucoup de la génétique : il naît toujours environ, bon an mal an, un petit peu plus de garçons que de filles, chiffre globalement stable au cours des temps (105 garçons pour 100 filles environ). Il est par contre fortement lié à la mortalité différentielle des hommes et des femmes, qu'elle soit due aux accidents, aux guerres ou aux infanticides sélectifs : la première base de l'*OSR* c'est le ratio femmes/hommes aux âges de fécondité, avant même de parler de leurs disponibilités respectives. Il faut en effet tenir compte de la tendance des femmes à rechercher des hommes plus âgés qu'elles : on ne peut pas vraiment parler d'un *OSR* équilibré à 1 dans une société de 100 hommes de 20 ans et 100 femmes de 55 ans ! L'*OSR* est une donnée brute qui ne tient pas compte des désirs individuels. Être « non accouplé » ne signifie pas forcément être « disponible » ; il existe plein de cas où une personne n'est pas libre même si elle est seule : celui ou celle qui est transi(e) d'amour exclusif pour une personne déjà prise, par exemple, ne peut pas être considéré(e) comme disponible. En revanche, les progrès de la médecine depuis la deuxième moitié du XXe siècle ont eu un impact déterminant sur l'OSR en réduisant très fortement la mortalité masculine : si auparavant l'équilibre entre les hommes et les femmes se faisait autour de 30 ans, maintenant il faut dans certaines régions attendre 40-50 ans (Frost, 2009 qui cite Pedersen, 1991), voire 75 ans au Royaume-Uni selon Nicola Woolcock (2010).

Plus l'*OSR* est faible, plus les femmes ont de liberté de choix, de pouvoir et plus les hommes se retrouvent en compétition : c'est le cas en polygynie, ou en monogamie à répétition, la forme actuelle de société occidentale. Les femmes pourraient apprécier cette position dominante mais (hélas) augmenter la pression sur les hommes est assez dangereux : le risque de guerre (civile ou extérieure) augmente et, même au niveau individuel, les femmes ont plus de chances d'être agressées et violées par des hommes frustrés.

L'*OSR*

OSR : Rapport des femmes non mariées pour 100 hommes non mariés par âge : population générale États-Unis en 1992 (US Bureau of the Census, Mars 1993).

ÂGE	OSR
Inférieur à 25	90
25 à 29	78
30 à 34	83
35 à 39	92
40 à 44	120
45 à 64	156
65 et plus	333

Les différentes possibilités

Au final, le nombre de systèmes d'accouplement possibles est restreint : de la promiscuité à la monogamie, en passant par les différentes sortes de polygamie, uniquement. Nous allons maintenant les présenter.

Promiscuité

La forme la plus simple de société est la promiscuité : aucune préférence, tout le monde partage tout. Elle existe chez les chimpanzés mais nous pouvons bien constater qu'elle ne s'est pas vraiment développée dans l'espèce humaine. C'est que cette société impose une procédure très stricte pour limiter l'infanticide : l'unique solution est que la femelle primate ait des relations avec tous les mâles importants (ceux qu'elle aurait oubliés, certains de ne pas être les géniteurs, pourraient tuer sa progéniture). C'est ce que font certaines femelles chimpanzés : elles affichent clairement leurs périodes d'ovulation (par une modification physique extrêmement visible) et ont des relations avec les mâles qui feront parfois des files d'attente devant elles. Elles peuvent même aller jusqu'à relancer les absents ! L'exhaustivité est leur seule garantie et la sélection se fait en interne, par la compétition des spermatozoïdes (guerre des spermes).

Une telle société n'est, semble-t-il, pas longtemps restée stable chez l'être humain. Tout d'abord, celui-ci a vécu dans trop de climats différents pour que les conditions de vie particulières des chimpanzés (et notamment la quantité de nourriture disponible) s'y soient toujours reproduites. Ensuite, le père a eu une forte utilité, comme le montre l'importance sélectionnée de l'investissement parental mâle : le connaître et le garder ont augmenté les chances de l'enfant. Enfin, la capacité de l'homme à découvrir, fabriquer et conserver des ressources engendrera rapidement une hiérarchie : même si tous sont égaux au départ, certains se distingueront rapidement par leur capacité à les accumuler, à les garder (ou surtout à le faire croire) et ces « hauts-potentiels » seront préférés par les femmes. C'est ce que remarquait en mars 1999 Sarah Hrdy (1999b) qui indiquait que le passage d'une société de chasseurs-cueilleurs sans accumulation des ressources, à une société sédentaire qui la permettait, avait obligé les femmes à être plus prudentes dans leur recherche de bons gènes, c'est-à-dire dans leur infidélité, pour ne pas perdre les ressources de l'homme qui les entretenait.

Polygynie

La polygynie, deuxième forme de société, semble l'évolution logique de la promiscuité. Elle a existé de multiples fois au cours de l'histoire et est encore légale dans de nombreux pays : 74 % des types de sociétés existantes au début des années 1990 l'autorisaient ! (Buss, 1994) Polygynie signifie que plusieurs femmes (à partir de deux) se partagent les ressources d'un homme. Cela peut être rentable pour elles : il est toujours deux fois plus intéressant de se partager 100 à 5 (quoi que ce 100 puisse signifier de positif) que d'avoir 10 toute seule. Beaucoup de femmes préféreront être la maîtresse d'un milliardaire que l'épouse unique d'un pauvre : l'avenir de leurs enfants a toutes les chances d'être mieux assuré (sans même parler de leur qualité de vie au présent). Cette situation est aussi particulièrement avantageuse pour les femmes en cas de manque d'hommes, après une guerre par exemple : c'est la situation que l'on retrouve dans le film *Little Big Man* (Penn, 1970) où le héros doit s'occuper de toutes les sœurs de sa compagne.

On distingue deux types de polygynies : celle orientée vers la défense de la femelle (prédominante quand il n'y a pas de possibilité d'accumulation des ressources) et celle orientée vers la défense des ressources (quand ces dernières peuvent être accumulées) (Geary, 1998, pp. 122s).

Le principal problème de la polygynie dans une société évoluée est qu'elle exacerbe les frustrations des plus pauvres qui, n'ayant pas accès aux ressources, n'ont pas accès aux femmes. Ils risquent de se rebiffer, ce qui est dangereux : la polygynie exige un pouvoir central fort. Et au fur et à mesure du temps, la société évolue, les relations humaines se complexifient et finalement le pouvoir se partage plus ou moins : dès lors qu'une femme a plus intérêt à être l'unique épouse d'un homme moyen que de partager un homme puissant, la polygynie s'effondre d'elle-même. Il en est de même si les pauvres se révoltent avec succès : un renouvellement des dirigeants avec un partage des ressources provoquera une révolution des mœurs. Nous avons également remarqué que la polygynie ne peut pas se développer si le coût des femmes est trop élevé par rapport aux ressources disponibles», ce qui a été le cas en Europe au cours de la dernière glaciation.

Monogamie

La monogamie, c'est la coutume occidentale d'avoir une femme et presque pas de maîtresses.
Auteur inconnu cité par David Buss (1994, p. 218)

La monogamie peut être présentée comme l'étape d'après la polygynie. Dans son idéal, elle signifie que les ressources sont suffisamment réparties pour qu'aucune femme n'ait plus intérêt à partager son homme. La femme, disposant d'un homme pour elle toute seule, a vu son pouvoir moyen fortement augmenter. La monogamie semble une solution de justice : s'il y a autant d'hommes que de femmes aux âges correspondants (*OSR* de 1), alors tout le monde aura sa chance et personne ne sera frustré. Elle présente cependant l'inconvénient d'être figée : il y a une compétition au départ et puis, quels que soient les événements, ni l'homme ni la femme ne peuvent remettre en cause leurs engagements pour profiter des circonstances. La monogamie stricte impose également qu'une femme non mariée jeune voie rapidement s'envoler ses chances de convoler : tous les hommes correspondant à sa génération seront déjà pris ou ne s'intéresseront qu'à des plus jeunes qu'elle ; il est très facile dans une telle société de finir seule. Pour la même raison, un divorce ou un veuvage peut être désastreux pour la femme : elle n'a que peu de chances de retrouver quelqu'un qui veuille d'elle vieillie et ses enfants risquent d'en souffrir. Comme nous l'avons vu pour la situation particulière de l'Europe, la monogamie accroît le taux moyen de compétition entre les femmes. La seule optimisation possible est l'infidélité qui consiste pour la femme à obtenir les gènes d'un autre : c'est très positif mais cela n'augmentera pas les ressources à disposition de ses enfants.

La monogamie est donc une solution juste au premier abord, qui correspond à une société évoluée, où les ressources sont réparties, mais qui impose des contraintes très lourdes à porter et finalement des injustices. Robert Wright constate : « En termes purement darwiniens, la majorité des hommes s'en sortent mieux dans un système monogame et la majorité des femmes moins bien. » (Wright, 1995, p. 98) Il est prévisible que la société elle-même cherchera à assouplir le système et pour cela mettra en place des lois sur le divorce, sur la protection de la femme, toutes lois qui permettront l'avènement de la monogamie à répétition.

Monogamie à répétition

Nous voilà arrivés à notre société occidentale moderne : la monogamie à répétition est la version souple de la monogamie. Elle en corrige toutes les contraintes : il n'est pas nécessaire de se marier jeune, la compétition se poursuit toute la vie et tout le monde bénéficie de plusieurs chances, la femme est protégée, etc. À y regarder de plus près, c'est nettement moins rose : tout bien considéré, elle paraît même beaucoup moins juste que la monogamie simple. Robert Wright l'appelle *polygynie de facto* (Wright, 1995 pp. 101 à 108 et p. 386) et la considère comme une forme de société dangereuse. Son raisonnement est solide : comme en polygynie, quelques hommes puissants pourront s'accaparer la période reproductive de plusieurs femmes, pas en même temps dans ce cas mais les unes après les autres, réduisant ainsi les disponibilités pour les hommes moins bien cotés. Et au final, en bas de la hiérarchie, des hommes se retrouveront seuls, avec les mêmes risques de frustrations, de violences et de luttes contre la société. Ses preuves aussi tiennent debout : il remarque notamment que nous vivons justement dans une telle société où la monogamie à répétition se développe, avec comme conséquence des tensions importantes entre les différents groupes sociaux et une augmentation du nombre de viols. Un autre problème de ce type de société est que tout engagement y prend paradoxalement un coût beaucoup plus important qu'en monogamie simple. La femme désirant un enfant devra penser aux possibilités ultérieures qu'elle pourrait avoir : procréer avec son mari actuel limite ses chances de rencontrer quelqu'un de nouveau, de se remarier. Elle aura souvent intérêt à attendre (l'apparition de la notion juridique de « viol au sein du couple » correspond à cette augmentation de coût). Il en est de même pour l'homme qui perdra une partie de ses ressources s'il doit payer une pension alimentaire après un divorce. En d'autres termes, en monogamie à répétition, le mari comme la femme ne sont pas seulement en compétition avec les éventuels amants du conjoint mais aussi avec les compagnons futurs qu'il ou elle pourra avoir.

Polyandrie

La polyandrie correspondrait alors logiquement au pouvoir le plus important de la femme : c'est dans cette situation que sa liberté de choix est la plus grande. De plus, tous les hommes y bénéficient au moins d'une femme partagée, ce qui est mieux que rien. Hélas, cela ne semble pas vraiment le cas et seulement 1 % des sociétés sont réputées polyandres. Nous retrouvons là la limite de la fécondité de la femme : avoir un ou plusieurs géniteurs potentiels ne modifie en rien sa descendance future, l'important étant constitué des ressources. Et la seule société polyandre étudiée, celle du Tibet (Alden Smith, 1998), ne montre pas véritablement de pouvoir accru des femmes : il s'agit juste du partage entre frères de la même femme pour ne pas avoir à diviser les terres, et il apparaît que ceux et celles qui en ont la possibilité (qui ont suffisamment de ressources) choisissent la monogamie. Enfin, on peut remarquer que, par un retournement complet, la polyandrie finit par apporter à la femme les mêmes inconvénients que la promiscuité. Certes, elle a le choix entre les hommes mais que se passe-t-il si elle en néglige ? N'est-elle pas obligée de se partager entre tous pour éviter la jalousie ?

Polyamour

D'autres formes de sociétés ont été testées, à différentes époques, sans durer très longtemps : elles ont toutes abouti plus ou moins rapidement à une des formes détaillées ci-dessus. Certains affirment que les techniques modernes (et notamment la médecine) devraient nous permettre de créer de nouveaux types de relations entre les sexes et entre les gens. Hélas, nous vivons ces nouvelles technologies avec une programmation génétique d'un ancien temps et jusqu'ici toutes les tentatives ont échoué.

Parmi celles-ci, la communauté Kerista à San Francisco offre l'avantage d'avoir été bien médiatisée et étudiée. Elle a expérimenté, jusqu'en 1991, les rapports de *polyfidélité*, c'est-à-dire la promiscuité complète à l'intérieur d'un groupe restreint et défini où tous les membres se connaissent et s'acceptent. Comme chez les chimpanzés l'organisation des relations sexuelles cherchait à limiter les risques de jalousie : une rotation systématique permettait à chacun d'avoir des rapports sexuels avec chacun des autres, nuit après nuit. Pour éviter l'émergence d'une hiérarchie, le partage des ressources (collectivisme total) était entièrement institutionnalisé par des règles très strictes. Mais même le secours de la loi interne n'a pas réussi à empêcher les préférences de s'établir ni même la recherche d'une réussite individuelle dès lors que celle-ci est apparue possible, et finalement la dislocation de la communauté : c'est exactement l'analyse de Hrdy que nous avons évoquée pour la promiscuité (Furchgott, E.,1993).

Le *polyamour*, terme générique désignant toutes ces relations avec plusieurs partenaires, existe cependant toujours et on trouve même sur Internet une étude de sa stabilité en tant que stratégie dans un Dilemme du Prisonnier ! (Hugues, J., 1990)

Classification écologique des systèmes d'accouplement (Table 2.1, p. 42, in Geary, 2003)

Classification	Description
Monogamie	Aucun des sexes n'a la possibilité de monopoliser des membres supplémentaires de l'autre sexe. Le fitness est souvent maximisé par le partage des soins parentaux.
Polygynie	Les mâles peuvent contrôler ou avoir accès à plusieurs femelles
Polygynie orientée vers la défense des ressources	Les mâles contrôlent l'accès aux femelles indirectement, par la monopolisation des ressources critiques
Polygynie orientée vers la défense des femelles (ou harem)	Les mâles contrôlent directement l'accès aux femelles, le plus souvent par la grégarité des femelles
Polygynie orientée vers la dominance des mâles	Les partenaires ou les ressources ne sont pas monopolisables économiquement. Les mâles se rassemblent pendant la saison reproductive et les femelles sélectionnent les mâles au sein de ces groupes.
Polyandrie	Les femelles peuvent contrôler ou avoir accès à plusieurs mâles
Polyandrie orientée vers la défense des ressources	Les femelles contrôlent l'accès aux mâles indirectement, par la monopolisation des ressources critiques
Polyandrie orientée vers l'accès aux femelles	Les femelles ne défendent pas des ressources essentielles aux mâles mais, grâce à des interactions entre elles, peuvent limiter l'accès aux mâles.

Note : D'après « Ecology, Sexual Selection, and the Evolution of Matin Systems » de S.T. EMLEN et L.W. ORING, 1977, *Science*, 197, p. 217. Copyright 1977, American Association for the Advancement of Science. Adapté avec permission.

Le résultat

Différence de taille homme/femme

De nombreux symptômes indiquent que l'humain a expérimenté au cours de son évolution quasiment toutes les formes de société possibles. Le dimorphisme sexuel (les hommes plus grands que les femmes) indique que la polygynie (un mâle pour plusieurs femelles) a très probablement duré assez pour influencer ce que nous sommes. Schématiquement : en polygynie, les mâles sont plus grands que les femelles, alors que dans les autres systèmes, il n'apparaît pas de différence systématique de taille, les femelles pouvant même parfois être plus imposantes que les mâles. Chez les primates, on prend comme exemple le gorille, deux fois plus grand que les femelles qu'il monopolise (polygynie), et le chimpanzé, de la même taille que les femelles, qu'il partage avec les autres mâles (promiscuité). Les fossiles montrent que le dimorphisme sexuel a été très important chez les ancêtres de l'homme et depuis *Homo erectus* (il y a 1,6 millions d'années), la femme est en moyenne un peu plus petite que l'homme : la polygynie aurait donc eu une influence.

Certains chercheurs, comme C. Holden et R. Mace (1999), remettent en cause ce raisonnement et considèrent que le dimorphisme n'est corrélé qu'avec la répartition des rôles des sexes dans la recherche de nourriture. Dave Geary remarque lui que la différence de taille entre les ancêtres humains a précédé toute division du travail et que donc cette dernière s'explique mieux par l'impact de la polygynie (Geary, 1998 pp. 89-90).

Taille des testicules

Un autre critère de comparaison entre les primates démontre l'importance de la promiscuité dans l'évolution : celui de la taille des testicules, c'est-à-dire de la quantité de sperme émise à chaque éjaculation. En effet, dans un système de promiscuité, il y a un lien direct entre la quantité émise lors de l'éjaculation et le pourcentage de chances de féconder la femelle. Il s'agit là de ce que les anglophones appellent un *numbers game* : c'est la quantité qui aide à accroître le résultat. Imaginez un grand sac dans lequel il y a des boules noires et des boules blanches : le pourcentage de chances que vous tiriez du sac une boule noire au hasard dépend directement de la proportion noire/blanche. Pour cette même raison, tout gène qui augmenterait la quantité de sperme émise aurait plus de chances de se répandre dans la population. Et la comparaison entre les gorilles et les chimpanzés mâles le confirme : ces derniers sont quatre fois plus petits mais ont des testicules quatre fois plus gros ! Vous vous en seriez doutés : la taille des testicules de l'homme, qui se situe entre celle des chimpanzés et celle des gorilles, affirme l'influence de la promiscuité.

LA PIRE ERREUR DE L'HISTOIRE HUMAINE

Il y a à peine plus de 10 000 ans, très longtemps après que l'homme soit devenu moderne, en l'espace de moins de 4 000 ans, l'agriculture et l'élevage se développent, des villes apparaissent, des sociétés, des civilisations et la population humaine s'accroît rapidement. Le fait en lui-même est assez extraordinaire et encore très mal compris.

Reprenez l'image du programme d'échecs et imaginez que votre patron vous dise au bout de 160 000 tours (4 millions d'années) : « Il y a un petit changement : ce n'est plus véritablement un programme d'échecs qu'il faut mais un programme pour un jeu approchant, pas tout à fait pareil, ce ne sont plus forcément les mêmes qui gagnent. Essayez de voir ce que deviennent vos règles dans ce nouvel environnement. » Vous vous remettez donc sur votre ordinateur, changez les lois d'attribution de points et quelques autres conditions : vous modifiez l'environnement des programmes pour qu'il corresponde au mieux au nouveau jeu. Et vous reprenez votre tournoi avec les programmes qui ont survécu aux 160 000 tours et regardez ce que cela donne. Beaucoup des règles qui ont déjà disparu auraient été efficaces maintenant mais vous devez vous en passer. Les autres s'en sortent plus ou moins : globalement cela marche, difficilement, mais cela tient le coup. Croyez-vous qu'en seulement 400 tours (10 000 ans), vous allez retrouver les règles les plus adaptées ? Il faudrait un miracle.

Le miracle n'est pas arrivé. Pendant des millions d'années, les pré-humains et finalement les humains ont subi une pression sélective particulière dans un environnement particulier et les 10 000 dernières années seulement ont correspondu, progressivement mais rapidement, à la vie en société. Comme le serait un programme de notre image ci-dessus, l'humain moderne a été façonné par un monde qui n'avait rien à voir avec le monde moderne et le changement d'environnement n'a pas été suffisamment long pour permettre une adaptation assez profonde et cela même si, comme l'ont montré Hawks, Harpending et Cochran (2007) le passage à la civilisation a bien provoqué une accélération de l'évolution. Tout comme nos corps n'ont pas été véritablement modifiés par le passage à l'agriculture, nos cerveaux réagissent toujours comme si nous appartenions encore à ce monde disparu. Les études statistiques le montrent : nous sommes des programmes sélectionnés pour un jeu démodé, et le passage à l'agriculture est ce que Jared Diamond (1987) appelle « la pire erreur de l'histoire humaine ».

L'agriculture, un progrès ?

Dans notre monde moderne, nous considérons l'agriculture comme un progrès, qui permet de nourrir beaucoup plus de monde que la cueillette et la chasse ne l'auraient jamais permis. Sans agriculture, un pays est à la merci de la charité des autres et rarement à l'abri des famines, guerres, génocides et autres difficultés. Pourtant, l'agriculture n'offrait au départ quasiment que des inconvénients. Loin d'être une solution plus facile pour nourrir plus de monde, elle apportait énormément de contraintes : au lieu d'être indépendant, chaque groupe devenait dépendant des autres, il fallait protéger les cultures, travailler jour après jour et puis prévoir sur le long terme. L'impact sur la santé a été extraordinairement violent : la hausse de la mortalité infantile a été telle que les familles sont passées de deux ou trois enfants à sept ou huit, voire plus, nécessaires pour avoir à peine plus de survivants à l'âge adulte. L'espérance de vie a chuté brutalement et n'a été retrouvée qu'au cours du XIXe siècle, en Occident seulement. Les maladies se sont développées, l'humain vivait moins bien et moins longtemps. Plus impressionnant encore : les habitudes comportementales, notamment entre les sexes, n'étaient absolument plus adaptées à cette surpopulation.

Un exemple assez récent (600 ans) des aspects négatifs de l'agriculture a été la fin tragique de la colonie Viking au Groenland, aux alentours de l'an 1400. Les études montrent qu'une baisse de 0,5° de la température moyenne à partir de l'an 1380 a suffi pour que la culture de fourrage pendant les 3 mois d'été devienne insuffisante pour nourrir le bétail pendant les 9 mois d'hiver et que la population finisse par mourir de faim (les femmes et les enfants d'abord). Or, pendant ce temps, les Inuits, qui pratiquaient une vie de chasseurs, ont prospéré !

Pourtant, l'agriculture est apparue indépendamment dans au moins six parties du monde : le Croissant Fertile (Asie du Sud-Ouest), la Chine, l'Amérique Centrale, les Andes et l'Amazonie, le nord-est de l'Amérique et le Sahel en Afrique. La question est donc : pourquoi nos ancêtres les premiers agriculteurs ont-ils continué ? Quels avantages y ont-ils trouvés ? À vrai dire, aucune explication n'est encore complètement validée : il est en effet assez difficile d'expliquer évolutionnairement un changement rapide qui n'apporte aucun avantage immédiat. Dans notre image du programme d'échecs, nous avons juste dit que les règles changeaient d'un coup, de l'extérieur, mais la réalité est évidemment beaucoup plus compliquée : ce serait comme si les programmes avaient d'eux-mêmes *choisi* un environnement plus difficile ! Il a très probablement fallu des contraintes environnementales puissantes pour ce changement. Mark Cohen considère : « Je ne pense pas que la plupart des chasseurs-cueilleurs aient pratiqué l'agriculture avant d'y être contraints, d'autant que cette évolution a correspondu à un échange de la qualité contre la quantité. » (cité in Diamond, 1987)

Les hypothèses

La contrainte la plus évidente est le changement climatique important de la fin de l'âge glaciaire : certaines zones sont devenues plus humides, plus fertiles, tandis que d'autres se sont au contraire asséchées. Il est donc fort probable que l'agriculture a été une obligation pour ne pas mourir de faim. Jared Diamond (1987) remarque que ce changement climatique a pu aussi mener à un accroissement de la population parmi les chasseurs-cueilleurs, dont le mode de vie nécessitait 100 fois plus d'espace que celui des agriculteurs (15 km^2 pour les premiers). Son hypothèse est que ceux qui n'ont pas su mettre en place un contrôle des naissances ont été *obligés* de recourir à l'agriculture et qu'ils ont fini par profiter de leur nombre pour chasser les autres.

Mais certains considèrent que ces explications sont insuffisantes : le passage à l'agriculture permettait certes d'augmenter la population mais nécessitait pour ce faire une révolution dans les relations du groupe. Comment supporter ?

Tous drogués ?

Greg Wadley et Angus Martin ont proposé en 1993 une théorie effrayante (Wadley & Martin, 1993). Ils mettent tout d'abord l'accent sur le lien entre les premières civilisations et les céréales : « C'est une très bonne approximation que de dire que toute civilisation qui est apparue a eu comme base de subsistance l'agriculture céréalière et que partout où les céréales ont été cultivées, la civilisation est apparue. » (id.) L'agriculture n'est donc pas selon eux directement à l'origine des civilisations mais c'est le produit cultivé, les céréales, qui les ont engendrées. Or, on a trouvé des opiacées (proches de l'opium) dans diverses céréales (principalement le blé), le lait bovin (un peu moins) et même le lait humain (encore moins).

Serions-nous drogués ? Les quantités sont certes minimes mais repas après repas, jour après jour, semaine après semaine, la consommation de céréales et de lait bovin est-elle suffisante pour avoir un effet ? On constate en effet qu'un nombre important de personnes boivent largement plus de lait que de raison, semblent souffrir de dépendance et que la suppression du lait de l'alimentation pour raison de santé est une idée qui se répand de plus en plus. On constate également qu'on peut facilement achever un pays souffrant d'une famine en envoyant du blé à ses habitants : ils seront réticents à revenir à l'alimentation d'avant, et l'agriculture locale sera détruite. On constate enfin qu'au fur et à mesure que la production de blé s'accroît, la consommation suit : la baisse de la consommation de pain en France par exemple, a été plus que compensée par le développement des ventes des mélanges céréaliers, des biscottes et des pâtes. La marche vers le blé semble ne jamais vouloir s'arrêter.

On trouve ainsi le principal avantage de l'agriculture : elle permettrait d'avoir à disposition tous les jours les produits dopants que vous recherchez ! Et finalement, une fois les tensions interpersonnelles limitées par l'effet des opiacées, l'humain devient capable de se regrouper en villes qui engendreront une organisation, un partage des tâches, une hiérarchie et donc une civilisation. La conclusion de Wadley et Martin est sans appel :

> « Les civilisations se sont développées parce que la fourniture continuelle, à la demande, d'opiacées alimentaires a changé le comportement des humains en réduisant leur agressivité, leur a permis de devenir tolérants à une vie sédentaire dans des groupes surpeuplés, de réaliser un travail régulier et d'être plus facilement subjugués par les leaders. » (ibid)

On peut bien sûr douter que le blé provoque suffisamment de dépendance pour un tel résultat : d'autres études apparaissent nécessaires. Cependant, au pire, la thèse de la drogue ne serait peut-être pas rejetée pour autant : R.J. Sullivan et E.H. Hagen (2002) ont remarqué que la recherche de substances psychotropes a accompagné toute l'évolution humaine (beaucoup pensent que l'accès à l'alcool a été déterminant).

LA SURSTIMULATION

Le supplice de Tantale

En quittant son environnement de chasseurs-cueilleurs, où il n'était entouré que de 20 à 50 personnes génétiquement proches, pour des villes qui ont très rapidement atteint les 10 000 habitants, l'humain a dû faire face à un problème majeur : la surstimulation. Vivre en société est un long supplice de Tantale, où les désirs les plus physiques seront toujours excités mais ne pourront que rarement être assouvis. Il est impossible de se promener quelques heures dans une ville sans rencontrer un grand nombre de personnes désirables de l'autre sexe ; être au milieu de la foule expose à une multitude de perceptions phéromonales et regarder autour de soi oblige la majorité à confronter sa propre misère avec la réussite de quelques autres... Comment supporter ? D'une certaine façon, il s'agit vraiment là du propre de l'homme :

aucune des autres espèces de grands singes ne voudrait vivre cela ! Et pourtant, les civilisations ont réussi brillamment : la population s'est rapidement et fortement accrue et presque toutes les sociétés non agricoles ont été absorbées par la marche civilisatrice. La thèse de l'effet sédatif des composants céréaliers ne semble pas suffisante pour expliquer une telle réussite sur une si longue période. Heureusement, la société elle-même a engendré un nombre immense de solutions qui ont aidé l'humain à supporter cette surstimulation : nous allons en présenter quelques-unes dans ce chapitre.

L'importance de l'éducation

La première aide dont bénéficient les humains est leur extrême souplesse psychologique à la naissance : naître avec un an d'avance (9 mois de grossesse au lieu de 21 comme nous l'avons vu au premier chapitre) laisse une très grande part à l'influence environnementale, à l'apprentissage. Un humain non éduqué ne saura pas se tenir en société : l'éducation est une nécessité. Dans un chapitre précédent, nous avions simplifié en parlant de gènes souples : nous les retrouvons ici. Un gène ne pourra s'exprimer que si l'environnement le lui permet. Et c'est ainsi que le vieux débat « nature-culture », modernisé sous l'approche « gène-environnement » et toujours enseigné, se trouve entièrement transformé : on ne peut distinguer l'influence de l'un de celle de l'autre, tout est lié, tout est en interaction.

Dès sa naissance et pendant les longues années qui suivront, le petit humain apprendra un ensemble de règles complexes, souvent contradictoires (voire paradoxales, voir Watzlawick *et al.*, 1974) qui lui serviront de guides tout au long de sa vie. Il apprendra à restreindre ses ambitions, à tenir compte de l'entourage, à se situer dans la hiérarchie des dominances, avant même que sa maturation sexuelle ne lui permette d'avoir une envie suffisamment développée. L'éducation offrira ainsi à l'enfant des valeurs, une morale et surtout une culpabilité s'il ne la respecte pas.

Le risque de trahison est quand même grand. Imaginons que naisse un mutant mâle avec un gène l'aidant à se soumettre aux ordres, à suivre la morale, à ne jamais faire de harcèlement et à toujours croire les femmes quand elles disent non. Il sera grandement facilité dans sa vie en société, c'est sûr : toujours à sa place, il ne risquera de gêner personne. Mais quel sera son succès reproductif ? S'il suit la morale la plus stricte et ne féconde qu'une femme au cours de sa vie (s'il en trouve une), ses gènes se répandront moins que ceux d'un traître qui en aurait plusieurs. Sans compter qu'elle-même préférera un géniteur plus combatif, plus apte à monter dans la hiérarchie. Le combat est inégal ! Et pourtant ce sont les moralistes qui ont gagné : comment est-ce possible ?

Eh bien, nous retrouvons ici les notions d'altruisme, de coopération et même la sélection de la parentèle que nous avons déjà étudiés. Le passage à la civilisation a cependant modifié une donnée essentielle : dans un groupe de 25 à 50 personnes, chacun est certain qu'il aura de nouvelles interactions avec tous les autres, ce qui n'est pas le cas depuis l'apparition des villes (et encore moins dans le monde moderne). C'est-à-dire que depuis la fin de la vie en petites bandes de chasseurs-cueilleurs, les humains ont également dû apprendre à attendre la récompense, à comprendre qu'elle pourrait venir d'un autre et à gérer leurs frustrations. Et actuellement, l'anonymat permis par les grandes villes rend l'intérêt de la coopération encore moins évident et l'attrait de la trahison encore plus fort. Il est instructif de constater que plus la société a besoin de la collaboration de ses membres, par le partage des tâches notamment, moins les conditions nécessaires à la coopération se trouvent réunies. On retrouve là l'origine des besoins de lois, de forces de police, de moyens coercitifs et punitifs, dans toute société évoluée : ils correspondent exactement à l'augmentation artificielle du risque et des coûts de la trahison.

L'évitement

La société a également mis en place un grand nombre de règles d'évitement direct de la stimulation. Nous allons ici n'en évoquer que deux : l'habillement et les signes d'appartenance.

L'habillement a pris une part très grande dans cet évitement : extraordinairement pratique dans les pays froids, il s'est en effet imposé dans tous les climats, dès lors qu'il y avait société étendue au-delà d'un petit groupe de gens. La nudité est devenue un tabou puissant et il n'y a que sur certaines rares plages que les Occidentaux bénéficient d'une tolérance relative et peuvent parfois même bronzer sans maillot (la police veille, néanmoins). On a même vu pendant longtemps des reportages sur des tribus où les anthropologues avaient rhabillés les femmes, avant de les filmer « au naturel ». C'est que le corps humain est très sexué visuellement et qu'il apporte énormément d'informations. Il est facile en regardant le corps d'une femme de lui donner un âge et notamment de la situer dans sa période de fécondité : la pilosité pubienne qui contraste sur un corps quasi imberbe (surtout si la peau est claire) montrera qu'elle est réglée, la répartition des graisses (WHR) montrera sa santé et sa fécondité, et la fermeté de ses seins indiquera sa jeunesse. L'homme est extrêmement sensible à ces marques visuelles et cela est très bien exploité commercialement par l'industrie pornographique et le monde de la mode.

L'habillement offre un double avantage : il permet à la fois de cacher toutes ces marques trop indiscrètes et aussi de bluffer. Une femme peut cacher son âge et ses défauts grâce à des vêtements bien coupés et un maquillage efficace. Souvent les vêtements serviront même à accroître l'excitation visuelle, plus qu'à l'empêcher. C'est ainsi par exemple, que le rouge à lèvres, extrêmement fréquent chez les femmes, correspond exactement à la représentation de la vulve qu'affichent sur leur poitrine certaines femelles primates pendant leurs périodes de fécondité. Le bluff est encore plus net quand les objectifs de la coupe des vêtements sont clairement de « sublimer le corps de la femme » : la magie des grands créateurs peut transformer un corps un peu moyen en un magnifique objet de désir. Le dernier avantage important de l'habillement est qu'il permet le positionnement social : les riches et les pauvres, les dominants et les dominés, ne seront pas habillés de la même manière. L'habillement est devenu un langage qui positionnera son porteur dans la hiérarchie et surtout dans quelle hiérarchie il cherche à se situer : un jeune cadre par exemple, montrera son succès par des vêtements de marque, tandis qu'un intellectuel reconnu pourra afficher son dédain vis-à-vis de ces notions par un savant négligé dans sa tenue. Nous retrouvons la notion importante de multi-hiérarchies.

On pourrait aussi ajouter comme une forme particulière d'habillement les déodorants et parfums : alors même que les grands fabricants affirment rechercher le substitut des phéromones, promettant un succès sexuel imparable à leurs clients, chacun fera attention à cacher et à détruire la sueur et les émanations corporelles, dont les phéromones, avant de sortir au contact de la population. L'efficacité du parfum pour se cacher est cependant limitée : M. Milinski et C. Wedekind (2001) ont trouvé que le choix de parfum est dépendant du complexe MHC (celui-là même dont nous avons parlé en étudiant les phéromones), c'est-à-dire que se parfumer correspond à une autre façon de faire sa publicité phéromonale.

Le contrôle de la stabilité de la société se fait aussi par toutes les marques d'appartenance. Au niveau du vocabulaire, le français distingue la femme prise (Madame) de celle à prendre (Mademoiselle), alors que cette différence n'existe pas pour les hommes. Les Tahitiennes traditionnelles qui vont à une fête porteront une fleur à l'oreille, d'un côté ou de l'autre selon qu'elles sont ou non accouplées et le même principe se retrouve dans d'autres sociétés. Certaines Occidentales sont surprises par une marque aussi extérieure de disponibilité sexuelle, qu'elles jugent indécentes, alors qu'elles-mêmes arborent leur alliance au doigt et insistent pour qu'on les appelle du nom de leur mari ou Mademoiselle selon leur propre situation !

Pudeur et ovulation cachée

De nombreux auteurs se sont interrogés sur les avantages qu'apporte à la femme de ne pas montrer ostensiblement sa période de fécondité, à l'opposé de ce qui se passe chez les femelles chimpanzés. L'avis général est que ce secret oblige l'homme à s'investir dans le couple tout au long du cycle puisqu'il ne peut savoir à quel moment sa femme est le plus à surveiller (pour éviter tout cocuage). L'ovulation cachée de la femme serait donc à l'origine de l'investissement paternel (IPM). Cette approche nous semble cependant largement insuffisante. Le point le plus important est que la femme vivra plusieurs cycles tout au long de l'année et qu'une naissance couvre plusieurs cycles. Le deuxième point essentiel est que les femmes ne cachent pas tant que ça leur cycle : elles émettent des phéromones qui permettent de le découvrir et la majorité d'entre elles présentent des variations sensibles de comportement, d'humeur et d'intérêt sexuel au cours du cycle (Singh et Bronstad, 2001). Il est difficile de parler de secret dans ces conditions.

Comprendre les raisons de l'ovulation cachée demande donc à la fois de comprendre pourquoi elle est en partie cachée et pourquoi elle ne l'est pas entièrement. Pour l'instant, aucune théorie ne répond à la fois à ces deux interrogations, aussi nous allons juste indiquer une voie de recherche qui sera peut-être prometteuse. Imaginons que dans l'EEA, une femme affiche aussi évidemment qu'une femelle chimpanzé qu'elle est en période de fécondité. Elle subira alors des contraintes importantes et notamment l'évitement de l'infanticide qui la contraindra à ne pas être fidèle : il est difficile de garder un homme pendant plusieurs cycles dans ces conditions. L'ovulation cachée est donc bien liée à l'investissement paternel mais le sens de la causalité est inverse à celui de la théorie usuelle. Imaginons maintenant dans le même environnement une femme qui cacherait entièrement sa période de fécondité : l'homme qui se la réserverait serait assuré de ne pas souffrir de trop de concurrence mais elle ne pourrait pas aussi facilement profiter des amants de passage. L'ovulation trop cachée restreint les possibilités d'optimisation de la femme.

Si cette approche est bonne, alors nous retrouvons dans l'ovulation cachée une forme de pudeur féminine : elle a le même objectif d'à la fois cacher et dévoiler, de protéger et d'émoustiller. On y retrouve la caractéristique humaine qui est de toujours jouer sur plusieurs tableaux à la fois.

De nombreuses autres hypothèses sont également à prendre en compte. Tout d'abord l'hypothèse neutre : les émissions de phéromones et les variations de comportement ne seraient que des effets secondaires, non sélectionnés, de la forme d'ovulation retenue chez la femme, symptômes que les hommes auraient appris, par la suite, à détecter. Dans ce cas, l'objectif serait bien de cacher l'ovulation mais sa réalisation serait défectueuse. On peut aussi imaginer que cette ovulation semi-cachée soit un moyen supplémentaire de sélection des hommes : ceux qui seraient capables de la percevoir seraient avantagés par rapport aux autres (théorie du handicap)

La segmentation

Plutôt le premier dans ce village que le second à Rome.
Jules César

Il ne s'agit là bien sûr que de quelques-unes des aides engendrées par la société pour lutter contre la surstimulation. Il en existe une autre qui est certainement la plus extraordinaire : le développement de la société a provoqué la segmentation de la population. Le terme marketing de « segmentation » (classification de la population selon un ou plusieurs critères pour distinguer qui va acheter quoi) s'est maintenant étendu au langage courant. Il est particulièrement adapté pour décrire ce qui s'est passé au sein de toute société étendue : des groupes se sont constitués, avec pour chacun leurs propres critères de dominance. À vrai dire, comme nous l'avons déjà remarqué, tous les termes marketing correspondent parfaitement aux situations de séduction.

Dans une société de chasseurs-cueilleurs, il est relativement facile de définir la hiérarchie : l'homme qui rapportera le plus systématiquement le plus de gibier sera évidemment celui qui sera le plus recherché. Ça se complique si on rajoute un sorcier : il bénéficiera souvent lui aussi d'un statut élevé (il s'agit là d'un autre avantage de la religion). C'est-à-dire que même dans une société primitive, on peut retrouver deux (ou plusieurs) hiérarchies parallèles. Ça se complique encore avec les systèmes d'alliances : avoir des alliés est plus utile pour monter dans la hiérarchie qu'être le plus fort : les chimpanzés en sont déjà à ce niveau-là et c'est ce que l'on trouve le plus souvent dans les sociétés humaines sans accumulation (Geary, 1998, p. 124 qui cite Napoléon Chagnon). Dans une société évoluée, cela devient extrêmement complexe. Bien sûr, le montant des richesses peut permettre de créer une hiérarchie valide mais il n'est actuellement en Occident plus besoin d'être le plus riche pour pouvoir très bien nourrir sa famille. La femme peut alors privilégier d'autres critères, rechercher un minimum de ressources et s'intéresser à d'autres aspects : chacune aura ses propres critères de dominance. Il en est de même pour les hommes qui, dans le cadre des caractères de beauté que nous avons étudiés, peuvent varier dans leurs goûts. Dans une société évoluée, tout le monde n'est pas en concurrence avec tout le monde : des groupes vont se créer, avec leurs hiérarchies propres, et l'essentiel pour chacun sera d'être le plus haut possible dans cette société, pas dans toutes à la fois : le premier du village, pour reprendre la phrase de César.

Nous l'avons évoqué plus haut en caricaturant les habits du jeune cadre dynamique et de l'intellectuel reconnu : chacun montrera par sa tenue dans quelle catégorie il se situe, dans quel « segment » et par là même montrera le genre de personne qu'il recherche. L'exemple le plus visible de ces différences de critères de dominance se trouve dans le choix des modèles pour les photographies de publicité : certains seront adaptés à une clientèle populaire, tandis que d'autres viseront à atteindre une élite particulière. Ce choix est même considéré comme suffisant pour positionner le produit vendu : il suffit de comparer les annonces de parfums de grande surface avec celles de parfums de luxe pour s'en convaincre. L'importance des classes sociales, très bien étudiées par les sociologues qui ont mis en évidence leur influence sur les mariages, s'inscrit également dans cette multiplication des critères de dominance.

La soupape de sécurité : les agressions collectives

Hélas, malgré tous ces moyens d'évitement, de nombreuses régions du monde vont connaître, de temps en temps, des agressions collectives (guerres, émeutes). Cette alternance de périodes de conflits et de paix pose deux problèmes à notre explication des moyens d'évitement : soit ces derniers sont suffisants et les conflits ne devraient pas exister, soit ils sont insuffisants et les conflits devraient être permanents. Il faut nécessairement que certaines circonstances environnementales existent qui fassent basculer ces moyens d'évitement des conflits du côté suffisant au côté insuffisant et vice-versa. Quels sont ces déclencheurs ?

Une deuxième question essentielle que pose ce type de conflits est celui de l'intérêt génétique individuel de chacun de ses membres. On peut facilement comprendre que quelqu'un risque sa vie pour sauver celle de ses apparentés proches (sélection de la parentèle) mais moins facilement qu'il prenne les mêmes risques pour la famille des autres, ou tout simplement pour une idée ou une religion. Au global, on peut dire que mourir pour sa patrie est l'une des choses les plus contre-productives que puisse faire quelqu'un pour la transmission de ses gènes. Pourquoi alors ces coalitions ?

Sur le premier point, deux types de déclencheurs ont été étudiés par la psychologie évolutionniste.

Le premier est l'*OSR* : nous avons déjà signalé qu'un ratio défavorable aux hommes augmentera la compétition entre ces derniers et donc les tensions, parfois violentes. Une société manquant de femmes ira en trouver où elle peut et notamment chez les voisins. De nombreuses sociétés de chasseurs-cueilleurs ont pratiqué ou pratiquent encore ce type de raids. L'autre déclencheur possible est le pourcentage des jeunes dans la population. L'hypothèse est qu'une pyramide des âges trop disproportionnée va entraîner un conflit de générations, lequel peut facilement mener à des émeutes, voire à des guerres de conquêtes (c'est le thème de plusieurs péplums). Cette hypothèse avait d'abord été étudiée par Gaston Bouthoul, puis par Herbert Moller à la fin des années 1960 mais ce sont surtout Christian Mesquida et Niel Wiener qui démontreront sa validité en 1996, en choisissant comme critère le nombre de jeunes hommes, au lieu de prendre en compte toute la population masculine. Mesquida et Wiener ont constaté que si le ratio entre les hommes de 15 à 29 ans et ceux de 30 ans et plus dépasse les 0,40, le risque d'agression collective devient important et croît avec l'augmentation de ce ratio (Wiener & Mesquida, 1996 ; Mesquida & Wiener, 1999). Reportés sur une mappemonde, les résultats sont impressionnants : quasiment tous les pays où le ratio atteint 0,5 sont en période de conflits collectifs, alors que les pays bénéficiant d'un ratio inférieur à 0,34 sont presque tous en période de paix. Ce modèle explique également l'histoire : l'Allemagne d'avant la première guerre mondiale connaissait un surplus de jeunes hommes (ratio de 0,75 en 1910) et a cherché à envahir ses voisins, tandis que ni les États-Unis ni l'URSS n'étaient dans cette situation pendant la guerre froide et aucun conflit direct n'a explosé. Pour valider leur modèle, Mesquida et Wiener ont comparé ce ratio avec le nombre de morts par agression collective pour chaque million d'habitants sur une période de dix ans. La corrélation entre les deux variables s'est avérée forte (0,63) et il est aussi apparu que le ratio est le seul critère permettant des résultats statistiquement significatifs, contrairement à ceux mesurant le niveau de pauvreté du pays agresseur, ou même la répartition des richesses entre ses habitants.

Nous voyons donc que le déclenchement des agressions collectives est fortement expliqué par la pyramide des âges d'une population. Il reste cependant la question de l'intérêt génétique de chacun de ces jeunes hommes : partir en guerre est relativement facile, en revenir beaucoup plus aléatoire. Nous avons vu que le modèle de Hamilton n'est pas suffisant, la proximité génétique à l'intérieur des coalitions étant trop faible. Mesquida et Wiener remarquent d'ailleurs que non seulement des familles mais aussi des groupes ethniques différents (voire généralement opposés) peuvent s'allier pour une nouvelle guerre : c'est ce qui se passe au Moyen Orient actuellement.

La caractéristique principale des hommes de 15 à 29 ans est qu'ils sont à l'âge de fonder une famille et donc qu'ils auront besoin de ressources pour arriver à conquérir une femme. La violence générale de cet âge est expliquée par cette compétition pour les ressources, c'est ce qu'on appelle le *Young Male Syndrome** (YMS : syndrome des jeunes hommes). On peut donc imaginer que les agressions collectives ne soient qu'une extension de cette violence originelle. Nous avons de plus également remarqué que les coalitions sont le plus souvent nécessaires dans les sociétés pour atteindre le rôle de dominant et cela qu'il y ait ou non possibilité d'accumulation de ressources. Il faut enfin se rapporter à l'EEA. Si les guerres actuelles ne laissent quasiment aucune initiative (ni chance) au guerrier individuel (ce sont les armes de destruction massive et la coordination du groupe qui comptent), il n'en était pas de même avant la civilisation et il n'en est toujours pas de même dans les tribus de chasseurs-cueilleurs subsistantes. L'étude par Napoléon Chagnon des Yanomami (qui présentaient un ratio de 1,76 en 1958 selon Mesquida & Wiener) a montré que les guerriers efficaces ont plus de descendants que les autres moins valeureux. Il y a possibilité de gain en fitness via les agressions collectives et participer à celles-ci correspond donc à un pari qui peut s'avérer rentable. Nous sommes là en correspondance avec la théorie du handicap de Amotz Zahavi.

PARADIS POUR TOUS

Nous sommes fabriqués pour être des animaux efficaces,
pas des animaux heureux.
Robert Wright (1995, p. 287)

Dans de telles conditions, trouver le bonheur n'est pas très évident. Pourtant, c'est le but de la vie si l'on en croit les sondages ou le préambule de la constitution américaine. Comment faire ? En fait c'est très facile.

On constate tout d'abord que 90 % des Américains se considèrent comme très heureux ou suffisamment heureux, sondage après sondage. On remarque ensuite que ce pourcentage est stable tout au long de la vie et qu'aucun des critères généralement suspectés, comme le niveau social, éducatif ou de fortune, n'a d'importance tant que les conditions minimales de vie sont remplies (la faim fait baisser durablement le bonheur). Les événements positifs de la vie (comme gagner au loto par exemple) n'ont pas un effet plus durable sur le niveau de bonheur que les événements dramatiques (deuils, etc.) : six mois le plus souvent. Enfin les travaux de David Lykken, de l'université du Minnesota, ont montré que le meilleur indicateur du niveau de bonheur d'un individu est de mesurer celui de son jumeau monozygote (s'il en a un), même s'ils ont été élevés séparément ! (ex. : Lykken, D.T. & Tellegen, A., 1996)

En résumé, il apparaît que chacun d'entre nous dispose d'un niveau de bonheur nominal, qui le marquera toute sa vie (sauf problème grave) et que ce niveau est fortement prédéterminé génétiquement. Cela s'explique par le fait que la sensation de bonheur est directement liée aux proportions précises de certains neurotransmetteurs dans notre cerveau (dopamine, sérotonine, etc.) et que celles-ci sont d'abord biologiques avant d'être influencées par l'environnement. Bref, être heureux est facile : il suffit de réussir à remplir les conditions minimales de vie et de profiter de son propre cocktail de neurotransmetteurs.

L'évopsy permet cependant d'aller plus loin que ces constations et peut offrir un espoir à ceux qui se sentent déjà mal partis. Nous avons vu que pour nous inciter à remplir leurs objectifs égoïstes, les gènes sont prêts à tout : y compris d'intervenir sur nos taux de dopamine pour nous manipuler. Nous avons également vu que le bonheur (et le stress) provoqué par la limerence est lié à ces mêmes variations de neurotransmetteurs. On peut résumer la situation ainsi : tout ce qui va dans le sens de la transmission de nos gènes va augmenter notre niveau de bonheur tandis que tout ce qui va à son encontre va le baisser.

Bref, pour être heureux il suffit de réussir sa vie amoureuse et parentale : trouver un bon partenaire pour avoir de beaux enfants et offrir à ces derniers le meilleur environnement possible pour que eux aussi présentent les meilleures chances dans leur avenir. Hélas, tout cela aussi est, comme nous l'avons vu, fortement marqué génétiquement : on ne contrôle pas ses phéromones ni son MHC et les personnes de l'autre sexe auront des préférences hors de notre champ d'influence, on ne choisit pas. Enfin, comme tout le monde a pu le remarquer, c'est quand on est heureux qu'on réussit le plus de choses, le bonheur appelle le bonheur et cette interaction positive est difficile à amorcer.

Les règles de la trahison : savoir optimiser

La pièce de monnaie que l'on lance en l'air en sait
tout autant sur l'avenir que les plus profonds penseurs,
les calculateurs les plus habiles. Je ferai de ma vie un jeu de hasard !
René Clair (1951, p. 122)

À ce point de notre discours, nous avons détaillé les objectifs de nos gènes et l'environnement dans lequel ils s'expriment. Nous avons même découvert que répondre à notre programmation est le meilleur moyen d'augmenter son propre niveau de bonheur. Pourtant, celle-ci apparaît souvent contradictoire et absolument pas adaptée aux contraintes environnementales. Comment s'en sortir ? Et bien, comme nous l'avons vu dès le premier chapitre, il suffit « d'optimiser ».

Optimiser signifie trouver et appliquer la meilleure solution en fonction de contraintes pouvant être opposées. Comme il y a énormément de contraintes (peut-être même plus qu'on ne peut en dénombrer) et que beaucoup d'entre elles s'opposent, l'optimisation est un sport extrêmement délicat aux résultats incertains. Le principal problème est bien sûr que rien ne permet de prédire l'avenir, ce qui nous semble le mieux aujourd'hui pourra se révéler désastreux demain : c'est le thème de *La Princesse de Chine* de René Clair (1951), qui prône finalement de s'en remettre au hasard le plus complet.

Il apparaît cependant que certaines généralités, certaines lois peuvent être trouvées : on s'apercevra que dans telle ou telle circonstance, sur un point précis, le meilleur comportement à avoir est toujours le même. En fait, contrairement au conseil de vie proposé par la nouvelle de René Clair, les études du Dilemme du Prisonnier ont montré que la stratégie aléatoire est une des plus mauvaises possibles, en d'autres termes que nous pouvons faire des choix intelligents.

La découverte de ces règles de choix peuvent être faites de deux façons, selon deux approches : soit en observant la nature et en y remarquant les répétitions, que l'on formalise ensuite ; soit en cherchant à imaginer intellectuellement quelles sont les lois qui pourraient émerger et en vérifiant ensuite qu'elles correspondent à ce qu'on peut observer. Ces deux approches (induction/déduction) sont en fait utilisées par les chercheurs, en parallèle, de manière complémentaire. Mais dans ce chapitre, pour des raisons de présentation, nous n'allons mettre en avant que la seconde (déduction).

QUELS ENFANTS CHOISIR ?

Combien faut-il avoir d'enfants ?

Rien ne peuple comme les gueux.
Diderot

Le choix du nombre d'enfants est un problème qui engendre facilement les conflits entre les deux sexes (Hrdy, 1999b). Les intérêts génétiques de chacun ne sont en effet pas forcément les mêmes et ne sont surtout pas figés. La question de savoir qui va avoir le contrôle sur la fécondation est ainsi une lutte de pouvoir qui ne s'arrête pas : on peut s'en rendre compte par les débats qui n'ont jamais cessé sur la contraception et l'avortement (qui donnent du pouvoir à la femme, comme l'ont très bien remarqué ses adversaires). On peut s'en apercevoir aussi par les affaires de reconnaissance de paternité qui montrent jusqu'où sont prêtes à aller certaines femmes pour se faire féconder par une star ou un grand sportif. En fait, même au sein des familles constituées et solides, la question d'un enfant de plus implique de décider du partage des ressources (en temps et en argent) et d'estimer la qualité de l'environnement. Nous avons déjà remarqué qu'aucune des sociétés évoluées n'a suffisamment d'enfants pour garder une population constante. En d'autres termes, quand ils en ont vraiment le choix, les humains choisissent souvent de *ne pas* avoir beaucoup d'enfants. Cela peut sembler contradictoire avec ce que nous avons écrit jusqu'ici. Mais, en fait, avoir un enfant peut être ressenti comme un coût reproductif, soit parce qu'il constituera une gêne pour la réussite des autres déjà nés, soit parce qu'il constituera un frein pour la mère ou le père à l'encontre de leur possibilité d'en avoir d'autres à un autre moment, ou tout simplement une atteinte à leur qualité de vie.

Le premier critère important dans le choix du nombre d'enfants est bien sûr celui du nombre d'autres existant déjà dans la population. La gestion de la surpopulation est le point de départ : avant de décider du nombre d'enfants qu'on aura, il faut bien déterminer si les ressources seront suffisantes pour les nourrir. Il semble que certains oiseaux aient mis en place une stratégie efficace : tous les ans, ils envahissent quelques arbres, piaillent, font du bruit et par là même se comptent (plus il y a de bruit et plus la colonie est importante). Cette opération permet à chacun de « décider » du nombre d'œufs qu'il fera pendant la saison. Plus la colonie est importante (et donc plus il y a de bruit) et moins il faut avoir de rejetons. En d'autres termes, ces piaillements constituent un outil fiable d'évitement de la surpopulation et le contrôle démographique de ces oiseaux se fait directement, annuellement : ils peuvent optimiser leur reproduction d'une saison sur l'autre. Et tout cela se fait à un niveau individuel : chaque oiseau « décide » seul.

Comment choisir mathématiquement son partenaire ?

Imaginez que vous ayez à choisir parmi une centaine de prétendants mais que vous ne puissiez pas les comparer : vous les voyez les uns après les autres et devez vous décider tout de suite, toute acceptation et tout rejet sont définitifs. Comment faire pour sélectionner le meilleur ? Tous les voir équivaut à choisir le dernier, soit 1 % de chance. Pouvez-vous faire mieux ?

Dans un article du *Newscientist* d'août 2009, Helen Thomson dévoile la stratégie mathématiquement la plus prometteuse : rejeter les 37 premiers, et ensuite sélectionner le premier qui soit meilleur que ceux déjà rencontrés. Le chiffre 37 correspond en fait à 100 (le nombre total de choix) divisé par le logarithme népérien *e* (2,72). Si vous n'avez que 50 prétendants, alors le seuil sera de 18 (50 / 2,72)

Selon Helen Thomson, cette stratégie vous assure 37 % de chance de tomber sur Le meilleur, ce qui est 37 fois mieux que le pur hasard.

Bien sûr, utiliser ce résultat pour mieux réussir sa vie privée est assez difficile : une hiérarchie aussi stricte (Un meilleur) n'existe pas dans la vie et il est impossible de prévoir son nombre de prétendants. Sur ce dernier point cependant un scientifique avait proposé une réponse : il avait estimé le nombre moyen d'opportunités à 33, et conseillait donc de d'abord rejeter les 12 premiers (33 / 2,72) avant de s'engager avec le premier meilleur suivant.

La même stratégie serait inefficace chez les humains : il nous est beaucoup plus difficile de nous compter (du fait des déplacements fréquents vers d'autres territoires et d'autres groupes) et la durée de l'éducation implique qu'il nous faudrait prévoir l'avenir sur une durée de 20 ou 25 ans (le temps d'une génération) si nous voulions véritablement optimiser. De plus, les humains présentent quelques caractéristiques que les oiseaux n'ont pas, dont une importante : la possibilité d'héritage des ressources. Pour une famille qui ne possède rien ou presque, le nombre d'enfants ne change évidemment pas grand chose à l'héritage (zéro divisé par un peu ou par beaucoup, c'est pareil). La situation est quasiment identique pour les familles extrêmement riches. Mais pour une famille moyennement aisée, une division des ressources par 2 ou par 6 va tout changer : dans le premier cas, les enfants auront assez pour bien s'installer dans la vie, dans le deuxième, ils seront condamnés à être pauvres. Un autre élément est aussi à prendre en compte : celui de la mortalité infantile. Dans un pays où elle est très élevée, par exemple, où sur huit enfants, seuls trois ou quatre atteignent l'âge adulte, chacun a tout intérêt à faire ces huit enfants. Mais si un hôpital s'implante à proximité et réduit cette mortalité, il y a des chances que les 8 enfants survivent et que l'équilibre prévu au départ soit rompu : l'héritage n'est plus une division par trois ou quatre mais par huit.

En conséquence, chez l'humain, l'optimisation du nombre d'enfants à avoir est beaucoup plus complexe que chez les oiseaux et il est beaucoup plus long de passer d'un rythme de natalité à un autre. Cela signifie qu'en règle générale, un peuple pauvre aura intérêt à avoir une natalité élevée et à compter sur la mortalité pour que 3 ou 4 enfants deviennent adultes. Quand ce même peuple sera plus riche, avec une meilleure protection médicale, il aura intérêt à baisser le nombre d'enfants. Bien sûr, cette transition prendra du temps : pendant une ou deux générations, chacun continuera d'avoir ses 8 enfants et la population croîtra fortement. Le rééquilibre viendra avec le temps et sera même dépassé : on constate que dans *tous* les pays évolués, la natalité a baissé, souvent au-delà même du seuil de renouvellement de la population.

Choisir le sexe de ses enfants

Le sexe est héréditaire. Si vos parents n'en ont jamais eu,
il est probable que vous non plus.
Auteur inconnu

Le même type de raisonnement s'applique dans le choix du sexe de ses enfants. On considère habituellement que la valeur d'un sexe dépend de sa représentation dans la population au moment de l'entrée sur le marché du mariage. Comme il est impossible au présent de déterminer aujourd'hui quel sera le sexe le moins représenté et donc le plus coté dans 25 ans, on en déduit généralement que s'en remettre au hasard est la seule solution réaliste. C'est d'ailleurs à peu près le choix qu'a fait la nature : il naît en moyenne en Europe environ 105 garçons pour 100 filles (ce qui, grâce à la plus grande mortalité des hommes, permet un équilibre vers 30 ans), alors même que 5 % de garçons suffiraient pour féconder toutes les femmes (comme c'est quasiment le cas chez les éléphants de mer). Nous retrouvons le concept des stratégies évolutionnairement stables, avec les sexes à la place des stratégies. À noter d'ailleurs que la nature semble avoir un système de régulation un petit peu plus complexe : la proportion de garçons augmente juste après les guerres, ce qui laisse supposer que le système procréatif humain est d'une certaine façon influencé par la répartition des sexes. Ce raisonnement basé sur l'aléatoire n'est cependant pas suffisant : nous allons voir qu'il ne suffit pas d'appartenir à une minorité pour avoir de la valeur. Un choix rationnel est souvent possible : il suffit de comparer les avantages de chaque sexe et de pondérer intelligemment en fonction de sa situation personnelle.

Le principal avantage d'un garçon est qu'il pourra transmettre ses gènes à beaucoup d'enfants en fécondant beaucoup de femmes. Pour cela, il lui faudra être dans une société qui le permet : soit une polygynie ou une monogamie à répétition, soit toute autre société où l'infidélité sera possible. Ses chances d'y réussir dépendront principalement de deux critères : sa fortune et la dominance qu'il pourra mettre en avant et éventuellement la qualité et la quantité du sperme qu'il émettra s'il se trouve en concurrence avec d'autres. Il faut par contre prendre en compte la mortalité masculine plus forte que la féminine : un garçon a moins de chances d'arriver à l'âge de procréer ; et il faut surtout prévoir qu'il risque d'être victime de l'infidélité de sa compagne et passer sa vie à nourrir des enfants qui ne sont pas les siens. Choisir une fille apporte des avantages opposés : certes, son nombre d'enfants est limité à moins de 5 en moyenne, alors même qu'elle coûte aussi cher qu'un homme à entretenir, mais sa rareté reproductive fait aussi son prix et elle n'a que peu de risques d'être cocufiée : les enfants qu'elle croira siens le seront en effet le plus généralement. Elle a aussi beaucoup plus de chances d'assurer l'éducation de ses enfants qu'un homme : c'est important pour leur donner le maximum de chances. Enfin, une très jolie fille peut aussi faire un mariage avantageux : les bonds sociaux lui sont faciles et la descendance bénéficiera de l'accroissement des ressources.

Eugénisme et dysgénisme

Sir Francis Galton avait créé en 1883 le terme *eugénisme* pour désigner l'ensemble des actions *collectives* permettant d'améliorer (santé, etc.) les membres de l'espèce humaine. Ne connaissant pas les gènes, il y incluait toutes les actions possibles dans ce but, y compris environnementales. On distingue maintenant *l'eugénisme positif* qui consiste à mettre en place des actions pour que les personnes en bonne santé aient plus d'enfants, ou pour que les enfants eux-mêmes soient en meilleure santé, de *l'eugénisme négatif* qui cherche à empêcher certaines catégories de personnes d'enfanter (stérilisation, etc.), très pratiqué en Occident dans les années 1920-1940. Dans ce sens, l'eugénisme a été et est toujours appliqué depuis : les allocations familiales, par exemple, sont les effets d'une politique à vocation eugéniste. Au cours du siècle, cependant, le sens d'eugénisme a évolué : par son euphonie avec *gène*, il ne désigne plus maintenant que les actions collectives au niveau génétique. L'eugénisme, positif comme négatif, subit actuellement de très nombreuses attaques.

D'autres, comme par exemple, Richard Lynn, affirment que l'Occident actuel ne pratique pas l'eugénisme mais au contraire le *dysgénisme*. Ils considèrent que les aides sociales, comme les allocations familiales, ne font qu'augmenter le nombre d'enfants de ceux qui n'ont pas réussi, les couches sociales inférieures, en décourageant les autres (mieux adaptés au monde actuel) d'avoir des enfants par les impôts et les charges qui leur sont appliqués. Selon ces mêmes auteurs, l'effet serait suffisamment important pour expliquer une partie des problèmes rencontrés par les sociétés occidentales actuelles (montée de la violence, etc.).

Nous retrouvons donc le lien direct entre la beauté de la femme et les ressources de l'homme. Le choix avant la naissance peut se fonder sur les prédictions que l'on peut faire sur ces deux critères : quelle sera la beauté de la fille et quelle sera la fortune dont disposera le garçon à son âge adulte.

Bien évidemment, jusqu'à l'apparition des techniques médicales modernes, ce « choix » n'en était pas un : seul le corps pouvait intervenir. Mais il apparaît que le raisonnement que nous avons mené ci-dessus correspond bien a ce qu'a retenu la sélection naturelle : le ratio de fils chez les hommes haut placés socialement est plus important que parmi la population générale (115 garçons au lieu de 106 pour 100 filles ; Baker, 1995, p. 176).

Ce que nous venons de décrire correspond à ce qui à l'origine était une hypothèse de R. Trivers et D. Willard (d'où le nom : Hypothèse Trivers-Willard (1973)) : l'investissement parental serait plus élevé envers les garçons quand la famille est dans une bonne situation et plus orienté vers les filles en cas de situation difficile. Cette hypothèse a été prouvée pour le *sex-ratio* à la naissance et pour la protection des nouveau-nés. Une étude a cependant trouvé qu'un changement de situation de la famille une fois que les enfants sont nés ne modifie pas l'investissement parental, du moins actuellement aux États-Unis (Kellera, M. *et al.*, 2001).

Eugénisme et clonage : utilisation du génie génétique

Bien sûr, d'ici quelques années, le génie génétique permettra une optimisation beaucoup plus fine que le simple choix du sexe et du nombre d'enfants. Au rythme actuel, il ne faudra pas longtemps avant que l'on soit capable de choisir certaines caractéristiques de l'enfant à naître, non seulement physiques mais aussi psychologiques et intellectuelles. Au fur et à mesure de l'avancée des recherches, de plus en plus de choix seront possibles et nous nous rapprocherons de plus en plus de ce que les Américains appellent des *design babies* : des bébés conçus sur commande. C'est la grande nouveauté qui se profile, celle qui va mettre à mal toutes les optimisations construites au cours des millénaires de l'EEA. Qu'on le veuille ou non, le clonage et l'amélioration génétique vont très probablement se développer très rapidement et être de plus en plus utilisés. Et ce sera le bouleversement le plus important qu'aura connu la lignée humaine depuis ses origines.

Cette évolution inquiète énormément et pose beaucoup de questions éthiques. L'avis majoritaire semble être d'essayer d'interdire toute utilisation humaine du génie génétique mais cette interdiction sera-t-elle respectée ? Peut-on contrôler tout le monde ?

D'un certain point de vue, le génie génétique est une chance extraordinaire pour le bien-être des générations futures. Les enfants seront plus beaux, plus intelligents, en meilleure santé et ne souffriront pas de ces maladies génétiques douloureuses. Comment refuser un tel avenir ?

Tout dépend de quel côté on regarde. Au congrès national américain des « personnes de petites tailles » (nains) de 1999, plusieurs participants arboraient un T-shirt indiquant « Espèce en danger ». C'est qu'en effet beaucoup doivent leur taille à un gène et la découverte de moyens de contrôler avant la naissance la présence de ce gène, et donc de proposer l'avortement, fait que beaucoup d'entre eux ne seraient jamais nés quelques années plus tard. Ils ont bien évidemment ressenti l'annonce de la découverte de ce gène comme le message suivant : « Grâce à la science, vous auriez été supprimé avant la naissance » ! Et Elsa Davidson (1999) s'interroge : « S'agit-il d'eugénisme ou de guérison ? »

Au niveau collectif aussi les questions s'accumulent. Tout le monde aura-t-il les moyens d'utiliser ces techniques de génie génétique ? Ceux qui en auront profité bénéficieront-ils d'un avantage décisif sur les autres ? Domineront-ils le monde ? Existe-t-il un risque de création d'une nouvelle espèce humaine, ne pouvant se mélanger avec l'actuelle ? Comme on le sait maintenant, les réponses sont *non* à la première question et *oui* à toutes les autres, au moins à long terme. Quel en sera l'effet sur la société ? Personne ne sait.

La possibilité d'utiliser le génie génétique pour concevoir son enfant selon ses souhaits pose aussi un autre problème : quels critères faudra-t-il choisir ?

Il existe bien sûr une règle simple : éviter les maladies. Mais déjà le choix se complique : beaucoup de maladies sont d'origine parasitaire (au sens large) et nous ne pouvons prévoir quels seront les parasites dangereux dans les années à venir. Être immunisé contre le SIDA est actuellement un avantage mais qu'en sera-t-il dans 50 ans ? La solution est probablement de reprendre les critères que nous avons étudiés : la beauté (et donc la taille et la symétrie) et l'intelligence. Les articles de journaux montrent d'ailleurs que c'est ce sujet de l'intelligence qui cristallise toutes les angoisses quant aux *design babies*. Par exemple, le 29 septembre 2002, le Nuffield Council on Bioethics, de Londres, a recommandé que « les embryons ne soient pas sélectionnés sur des traits comportementaux comme l'intelligence sur la base d'informations génétiques » (Nuffield Council on Bioethics, 2002). Beaucoup se sont amusés de ce basculement de l'opinion, qui, il y a peu, rejetait toutes les informations scientifiques sur l'origine génétique de l'intelligence, et qui maintenant en a peur !

Une autre possibilité d'optimisation bientôt permise par la technique est le clonage, qui d'ailleurs fait lui aussi l'objet de nombreuses oppositions et est aussi menacé d'un ban international contre toute recherche à son sujet. Cela peut surprendre : il existe déjà de très nombreux clones humains (les jumeaux monozigotes) et tout le monde peut observer qu'ils sont viables... et différents. Qu'est-ce qui fait si peur dans l'idée de clone ?

Le clonage est une forme de reproduction asexuée : les gènes ne se mélangent pas et sont transmis directement. En réfléchissant en termes de ratio de parenté, on peut considérer un clone comme le meilleur véhicule pour transmettre ses gènes : le ratio est de 1 et le décalage temporel augmente les chances de séduction des gènes en question. Par exemple, une femme qui se ferait cloner au moment de sa ménopause doublerait la période de fécondité de ses gènes. D'un autre coté, la reproduction asexuée présente de nombreux inconvénients, dont l'inadaptation aux changements dus au temps et la moindre résistance aux parasites (voir Geary, 1998). On peut d'ailleurs constater que tous les animaux suivant une Stratégie reproductive K pratiquent la reproduction sexuée. En d'autres termes, le clone n'aura probablement pas les mêmes chances que son original.

Il reste bien sûr que le clone apparaît comme la solution à ses propres regrets. Disposant du même capital de départ, il pourra bénéficier de l'enseignement de son original, qui lui permettra d'éviter toutes les erreurs que lui-même aura commises. Est-ce si sûr ? Non, le monde aura changé et le clone ne sera pas identique.

En conclusion, il n'est pas évident que le clonage soit une bonne solution pour transmettre ses gènes efficacement aux générations futures.

BIEN ÉDUQUER SES ENFANTS

I'm not bad, I'm just drawn that way[1].

Une autre optimisation possible est bien sûr d'investir sur l'éducation de ses enfants : les humains vivent une stratégie K et investissent énormément sur leur progéniture. Nous verrons cependant que l'éducation, si elle est nécessaire, n'a finalement qu'un impact extrêmement limité. En fait, le problème de l'importance de l'éducation est un sujet toujours ouvert sur lequel aucune certitude n'existe encore. Nous n'allons donc ici montrer que quelques-uns des arguments en faveur d'une thèse ou de l'autre, sans nous prononcer plus avant.

Important (stratégie K)

Comme on peut s'en douter dans une stratégie K, l'éducation de l'enfant a une importance fondamentale sur la réussite de celui-ci et c'est ce que montre la majorité des études. Dave Geary (1998, Chap. 5) fait la synthèse des études qui révèlent que, au moins dans l'environnement chasseurs-cueilleurs semblable à celui que l'espèce humaine a connu pendant la plus grande partie de son histoire, la perte du père a un impact négatif important sur la vie de l'enfant (qui peut même être tué par le reste de la tribu, comme chez les Aches du Paraguay).

Au-delà de la survie, l'éducation est aussi importante pour la qualité de la vie de l'enfant et comment il se construit neurologiquement. L'influence parentale sur la psychologie constitue le fonds de commerce des traitements psychothérapeutiques : de nombreux livres, à la suite des théories de Freud, expliquent qu'une grande part de nos comportements et attitudes est la conséquence directe de comment nous avons vécu les relations parents/enfants. Deux articles de novembre 2001 viennent montrer que cette influence s'accompagne même de modifications neurologiques chez l'enfant. Un article de J.H. Chung (2001) a montré qu'un manque d'affection de la mère provoque la mort de certaines cellules du cerveau, qui peuvent être récupérées grâce à l'usage d'un antidépresseur (le Prozac® qui agit sur le taux de sérotonine). Une autre étude de Wayne Brake (2001), sur la souris cette fois-ci, a montré que la même cause (manque d'affection de la mère) a un impact sur le système dopaminique du rejeton. En d'autres termes, l'influence du comportement de la mère sur la psychologie

1. « Je ne suis pas mauvaise, j'ai juste été dessinée comme cela » : Jessica, l'héroïne rousse plantureuse de *Qui veut la peau de Roger Rabbit* (Zemeckis, 1988).

de l'enfant se retrouve à différents niveaux biologiques du cerveau et notamment à celui des deux neurotransmetteurs les plus importants : la dopamine et la sérotonine.

Il est difficile dès lors de remettre en cause l'importance de l'éducation sur l'enfant. Pourtant, c'est ce que de nombreux chercheurs font, comme nous allons le voir maintenant.

Impact limité

Des jumeaux identiques élevés séparément sont néanmoins remarquablement semblables, tandis que des personnes non apparentées génétiquement élevées ensembles sont néanmoins remarquablement dissemblables, comme si elles avaient été élevées séparément.
David Cohen (1999, p. 4)

Nous avons déjà cité le livre de Judith Rich Harris qui a détruit le mythe de l'influence majoritaire des parents sur le devenir de l'enfant. En résumé, son approche est que si les gènes expliquent environ 50 % de la variance d'une caractéristique, les pairs en expliquent 40 % et les parents seulement 10 %. En d'autres termes, l'influence la plus importante que puissent avoir des parents sur l'éducation de leurs enfants (dès lors qu'ils sont nés) est de choisir le quartier où ils vivront et donc les pairs que leurs enfants pourront fréquenter. Cette approche a déjà remis en cause la majorité de ce qui est le plus souvent enseigné en psychologie : c'est le fonds de commerce des psychothérapeutes qui est ici attaqué. Pourtant, d'autres chercheurs vont encore plus loin.

David B. Cohen, PhD, professeur de psychologie à l'Université du Texas, a publié en février 1999 un livre au titre éloquent : *L'étranger dans le nid* (Cohen, 1999). Il ne s'oppose pas à Harris sur les influences respectives des pairs et des parents mais remarque que l'ensemble de ces influences est encore plus faible que ne veut bien le reconnaître Harris. Il constate par exemple, que les mesures des *Big five** (critères de personnalités) et des *Big six* (incluant l'intelligence générale (Brand, 1996)) font apparaître une importance génétique de l'ordre de 70 % à 80 %, largement supérieure aux 50 % moyens de Harris. Cohen argumente (communications personnelles) que Harris n'a fait que mesurer les résultats de l'interaction gènes-environnement, c'est-à-dire la personnalité telle qu'elle a pu s'exprimer en fonction de l'environnement et non pas les caractéristiques fondamentales des individus (telles que mesurées par les différents tests).

De nombreuses études viennent en faveur de cette approche de Cohen. Les études sur les jumeaux monozygotes ont montré qu'ils se ressemblaient plus à l'âge adulte s'ils avaient vécu séparés, que s'ils avaient été éduqués ensemble. Les mesures de l'intelligence générale (facteur *g*) ont montré que, sauf détérioration accidentelle, chacun se rapproche de plus en plus avec l'âge du niveau qui lui a été accordé génétiquement. Et même si l'on s'éloigne des potentiels de l'individu pour s'approcher de ses rêves et de ses réalisations, la famille semble n'avoir qu'une importance extrêmement limitée. Le Professeur John P. Caughlin de l'Université de l'Illinois (États-Unis) a montré que le type de structure familiale (famille unie, divorcée, recomposée, etc.) n'a pas d'influence sur les fantasmes et rêves intimes que rapportent les adolescentes et les jeunes femmes (Caughlin *et al.*, 2000). Auparavant, R.S. Albert (1983) avait calculé que « 51 % des Présidents Américains et 45 % des Premiers Ministres Britanniques ont souffert pendant l'enfance de la mort d'un de leurs parents ou d'un frère plus âgé. 22 % des prix Nobel et 41 % de l'échantillon de ROE des scientifiques éminents ont vécu la même perte. (...) Si l'on compare à une moyenne de 8 % dans la population générale de perte pendant l'enfance d'un parent, les pourcentages pour les adultes criminels (32 %), les patients psychiatriques (27 %) et les adultes éminents (28 %) sont élevés et très proches les uns des autres ». Et en 1995, H.J. Eysenck écrivait dans *Genius, the Natural History of Creativity* : « Eisenstadt (1978, American Psychologist) a étudié 699 personnages historiques connus et a trouvé qu'un sur 4 avait perdu au moins un de ses parents avant d'avoir atteint 10 ans. À 15 ans, le pourcentage dépassait les 34 % et 45 % avant 20 ans. (...) La perte de la mère ou des deux parents avant l'âge de 15 ans était trois fois plus fréquente dans l'échantillon des éminences que dans la population générale. » Ce dernier point est d'ailleurs cohérent avec les mythes fondateurs des traditions Celtes et Judéo-chrétiennes où les grands héros sont tous, au moins à moitié, orphelins : Merlin, le Roi Arthur, Lancelot, Galaad, Moïse, Jésus, etc. (voir par exemple : Markale, 1997)

Quelle est donc l'influence parentale ? Nous l'avons vue à la fois nécessaire et négligeable, comment intégrer les deux approches ? Le premier point important est qu'avant que l'État ne prenne le relais, les parents étaient nécessaires pour apporter le minimum à l'enfant, ce dont il a besoin pour vivre et obtenir les composants nécessaires à sa croissance, tant affectifs que biologiques, qui lui offriront la possibilité de devenir ce qu'il est. Le deuxième point est que si les circonstances environnementales sont essentielles au niveau individuel (chacun est marqué par ce qu'il a vécu), les conséquences de ces circonstances sont trop variables pour permettre la découverte de règles générales au niveau collectif. En d'autres termes, le même problème pourra engendrer une infinité de réactions chez les enfants et celles qu'ils choisiront (ou subiront) dépendront de ce qu'ils sont et pas du problème en lui-même. Le troisième point est que l'influence génétique sur le comportement et les caractéristiques psychologiques augmente avec l'âge : nous devenons de plus en plus ce que nous sommes programmés à être.

OPTIMISER SA VIE SEXUELLE

Savoir partir à temps

La dernière optimisation importante est celle de la rupture. Celle-ci apparaît parfois nécessaire dans l'optimisation de sa vie sentimentale : la monogamie stricte avec infidélité ne correspond pas à toutes les situations. L'objectif est donc différent : il ne s'agit plus de trahir à bon escient mais de savoir se protéger des représailles de l'adversaire pour bénéficier des fruits de la trahison.

Les faits divers dans les journaux nous montrent fréquemment les risques inhérents à toute rupture. Il y a tout d'abord le risque d'être tué ou blessé par jalousie, soi-même ou la nouvelle personne que l'on a choisie. Il y a ensuite les risques légaux : la femme abandonnée peut obtenir de fortes sommes des tribunaux, mettant l'homme dans une situation délicate auprès de sa nouvelle compagne, à qui il ne pourra parfois plus apporter de ressources suffisantes. Il faut également s'inquiéter de ce que deviendront les enfants déjà nés : si la femme se remarie, ils auront de plus grands risques d'être tués ou maltraités par leur beau-père (effet Cendrillon). On peut enfin citer les risques de réputation : il est arrivé qu'une femme bafouée fasse ses confidences auprès de magazines à grand tirage et même si elle ne peut obtenir une telle écoute, quelques scandales suffiront à éclabousser l'homme, les rumeurs auront des effets dévastateurs.

Il semble bien que ce soit l'homme qui ait le plus à redouter d'une rupture : à part le risque initial de violence et de meurtre, assez rares dans les milieux éduqués, la femme n'a pas à craindre de représailles prolongées, l'homme étant nettement moins rancunier et passant plus vite à autre chose. Cela ne veut pas dire qu'une femme peut rompre sans aucun risque, elle aussi gagnera à être prudente mais que la frivolité de l'homme lui offre une protection naturelle dont il ne bénéficie pas et que de plus, la loi (au moins française) est à son avantage. Savoir rompre en douceur, c'est-à-dire sans avoir à subir de représailles par la suite, est une nécessité : une erreur à ce niveau peut remettre en cause toute l'optimisation promise par le changement de partenaire. Fort heureusement, des techniques existent.

On constate tout d'abord que la personne la plus dangereuse lors d'une rupture n'est pas forcément celle qui y a objectivement perdu le plus, mais celle qui le croit. Une femme peut très bien avoir obtenu énormément en pensions alimentaires et autres aides et malgré tout continuer d'en réclamer à son ex-mari, et le traîner de procès en procès. De même, un homme séparé peut continuer de jalouser les nouveaux compagnons de son ex-femme et être dangereux à leur encontre, même s'il a trouvé une autre femme, fondé une nouvelle famille et s'en affirme très heureux. Il est assez rare qu'une rupture se passe véritablement bien et il est beaucoup plus fréquent que chacun compare à la mesure de son orgueil combien il a perdu vis-à-vis de l'autre. Celui qui se croira le perdant de l'histoire, quelle que soit la réalité objective, sera le plus dangereux. Cette distinction entre la réalité et le ressenti est essentielle pour comprendre comment rompre en douceur. Le mari qui s'en va et dont la femme se sent humiliée ne gagnera rien à lui donner plus, à la combler de cadeaux ou à lui offrir une pension avantageuse : toutes ces attitudes généreuses n'agiront qu'au niveau de la réalité, pas à celui du ressenti et sont complètement inutiles. De nombreux cas de divorces nous montrent des hommes qui ont quasiment tout laissé à leur femme dès l'origine de la procédure et que celles-ci continuent à poursuivre en justice pour obtenir toujours plus. L'homme qui croit acheter l'orgueil de sa femme ainsi se trompe et le paiera souvent très cher.

Le seul moyen efficace pour se protéger est donc d'agir au niveau du ressenti. Puisque le risque est grand qu'une personne du couple se croie perdante dans la rupture et mette en place des représailles, l'unique solution est que cette personne ne soit pas l'autre. L'homme qui aura réussi à faire croire à sa femme que c'est elle qui le quitte et qu'il va beaucoup y perdre, non seulement limitera fortement le risque de représailles, mais pourra peut-être même bénéficier de son soutien par la suite, tant qu'elle cherchera à se déculpabiliser. De même, la femme qui saura se faire quitter avant de partir avec son amant évitera toute crise de jalousie, et obtiendra peut être une aide utile de son mari. L'objectif est donc simple : pour ne pas souffrir d'une rupture, la seule solution est de faire en sorte que l'autre croie en être à l'origine. Comment faire ?

Il est relativement facile pour un homme de se faire quitter par sa compagne : il lui suffit d'observer tout ce que sa femme attend de lui et d'être systématiquement navrant sur chacun de ces critères. Si la femme l'a choisi pour ses ressources ou pour l'avenir professionnel qu'il promet, il lui suffira d'exprimer de l'inquiétude quant à sa situation financière à venir, ou de faire preuve de manque d'ambition pour qu'elle remette en cause son engagement et regarde autour d'elle les opportunités qui se présentent. Si elle ne tient à lui que pour son côté machiste, distant, froid, il lui suffira de s'accrocher à sa femme, de lui faire sentir tout le poids de son amour, pour que très vite elle aille chercher de l'air ailleurs. Il lui faudra évidemment faire attention à ne pas réveiller l'éventuel côté « infirmière » de son épouse.

Ce genre d'attitude est extrêmement efficace et il n'est pas certain qu'elle soit toujours consciente. On pourrait même imaginer que certaines dépressions, réelles et non simulées, ne soient dues qu'au choix inconscient du cerveau de remplir exactement les conditions nécessaires pour que la femme s'en aille. Après cela, l'homme pourra bien sûr se plaindre d'avoir été abandonné mais en réalité il aura parfaitement rempli son objectif non avoué : rompre sans remous.

Une scène du film *Les Yeux Noirs* (Mikhalkov, 1986) permet même d'aller plus loin. Marcello Mastroianni y croise un matin, dans les couloirs de l'hôtel où il séjourne, sa maîtresse qui lui reproche de ne pas l'avoir rejointe cette nuit-là. Par vengeance, elle lui annonce la fin de la relation et lui fait sentir qu'il n'aura plus droit à elle. Le héros exploite tout de suite cette porte ouverte et lui crie son désespoir devant la rupture : elle le croit et il est entièrement débarrassé du problème. C'est qu'en effet la touche finale, l'attitude à avoir au moment précis de la concrétisation de la rupture, est extrêmement importante. L'homme prudent aura intérêt à jouer le plus grand désespoir, à s'affirmer abandonné, à annoncer qu'il ne survivra pas, bref à étaler le plus évidemment qu'il ne correspond absolument pas à l'homme idéal qu'elle avait rêvé.

La femme voulant appliquer cette technique aura plus de mal : l'homme aime avoir son chez-soi et des maîtresses à l'extérieur et ne partira pas si facilement. Un changement d'attitude de la femme peut même avoir un effet opposé à celui voulu : qu'elle devienne castratrice et il n'aura plus la force de partir, qu'elle arrête de s'occuper de lui et il voudra peut-être la reconquérir. Il faut là encore revenir à ce qui fait son prix pour l'homme. Un des moyens d'action les plus simples est de jouer sur l'image qu'elle représente, auprès de ses amis à lui notamment. Une femme désirable n'est pas seulement la marque du succès d'un homme mais aussi une aide pour aller vers d'autres succès. Mieux la femme est considérée par les amis du mari, plus une intervention à ce niveau sera efficace : tous finiront par conseiller à l'homme de se débarrasser de ce poids lourd qui remet en cause son avenir. Pour cela, elle peut jouer la mégère ou la femme indigne, quelques gaffes seront bienvenues et parler fort et à travers sera plus qu'utile. Mais il lui faut cependant faire attention à ne pas montrer son intention de quitter son mari : les amis de celui-ci voudront peut-être en profiter et chercher à la séduire, ce qui ne remettra pas en cause son image. Si au contraire elle s'humilie complètement auprès d'eux, ils n'auront de cesse de l'aider à se faire quitter. Il ne faut pas non plus qu'elle en fasse trop : il risquerait de lui en vouloir. Là encore on se demande si cette attitude est toujours consciente : il semble bien parfois que la femme devient, pour des raisons qu'elle ne s'explique pas elle-même, cette mégère qui se fait haïr par les proches de son mari. Elle peut les apprécier et malgré tout se sentir elle-même désagréable, presque contre son gré. Une fois encore une décision inconsciente semble guider le comportement.

L'idéal serait évidemment que la rupture se passe bien, sans tout ce cinéma ni toutes ces manipulations, que chacun s'aperçoive honnêtement de la situation du couple et que la décision de rupture soit commune. La loi française reconnaît d'ailleurs cette possibilité pour le divorce. Il ne faut cependant pas trop rêver. La discussion intellectuelle qui verra les deux membres décider de plein accord d'une séparation ne sera peut-être pas en phase avec les désirs inconscients de chacun. Ce n'est pas parce que chacun aura dit accepter cette séparation qu'il ne s'y croira pas perdant et ne cherchera pas à se venger. La rupture de commun accord est bien l'idéal mais uniquement si tout le travail décrit ci-dessus a déjà été effectué.

Pourquoi les femmes aiment les salauds

La compétition sexuelle permanente provoque souvent des comportements qui vont à l'encontre de ceux que nous préférerions choisir. Nous l'avons vu en remarquant qu'un viol a plus de chances d'être fécondant qu'un rapport normal. Il existe un autre exemple de ce décalage, heureusement moins dramatique mais qui surprend toujours : les femmes, quand elles ont le choix, préféreront un « salaud » à un homme gentil. Cela semble aller à l'encontre de tout ce qui est enseigné par la morale et de ce que les femmes elles-mêmes affirment désirer mais le fait est là : la plupart des hommes ont déjà connu l'opportunité de le vérifier. Le salaud correspond à tout ce que les femmes affirment fuir : on y trouve le frivole impénitent qui refuse de s'engager ou qui fuit avant l'accouchement, le macho insensible qui ne s'occupe jamais de sa compagne et à un niveau plus dramatique, l'homme violent qui la bat. Le salaud est donc celui qui ne répond pas aux critères de stabilité et d'investissement parental recherchés par la femme, le *cad* (mufle) dans sa version extrême.

La première raison qui explique le succès d'un salaud est ce que nous avons appelé la « loi de l'imitation » : le frivole montre par ses succès qu'il a plu à d'autres et c'est l'élément essentiel de sa séduction. Il semble que la raison en soit que la femme « pense » (inconsciemment) que s'il transmet cette attitude à des fils, ceux-ci auront également beaucoup d'opportunités de transmettre leurs gènes. Les autres raisons sont plus complexes et correspondent aux besoins féminins les plus profonds. La certitude d'être unique de la femme est le premier élément important : même si elle sait que l'homme est un salaud, elle va croire qu'elle pourra le changer, qu'il ne l'était qu'avec les autres. Il peut d'ailleurs facilement renforcer cette faiblesse en faisant croire qu'il « a toujours été frivole mais qu'il cherche celle avec qui rester » : la première partie de la phrase cible la loi de l'imitation, tandis que la deuxième excite son besoin d'unicité. Il fait croire à la femme qu'il a répondu à ses deux critères principaux.

L'autre besoin exploitable est la recherche de l'homme dominant que fait la femme. Il est tout à fait normal qu'une femme cherche à se rassurer sur la pertinence de son choix d'un homme, par rapport à ce critère. Selon qu'elle aura plus ou moins confiance en elle-même, elle aura plus ou moins besoin de preuves qui la rassureront. Le premier niveau de preuve de la dominance de l'homme, de sa solidité, est qu'il lui paraisse plus fort qu'elle, au moins sur les domaines auxquels elle accorde de l'importance. Cette force devra donc lui être plus ou moins démontrée en fonction de ses craintes. Or existe-t-il une meilleure preuve de la force et de la dominance de l'autre que d'accepter qu'il soit salaud avec soi ? À chaque trahison, l'homme place la femme devant un choix direct : soit elle refuse et la rupture est inévitable, soit elle accepte et sa confiance en la force de l'homme augmentera et donc aussi son amour pour lui.

On peut se demander si le goût des femmes pour les salauds est la conséquence de *bugs* (erreurs de programmation) du cerveau ou s'il s'agit d'une véritable stratégie. On peut penser que la femme a tout intérêt à mentir en affirmant rechercher un homme gentil, serviable, impliqué dans l'éducation des enfants et se sacrifiant à la construction d'un environnement favorable autour d'elle (pour obtenir la stabilité dans son entourage), alors qu'en même temps elle sélectionnera des hommes qui ne correspondent pas à ces critères (pour avoir de bons gènes). La guerre des sexes est d'abord une guerre de mensonges et de tromperies et celle-ci peut sembler particulièrement efficace. On peut de plus constater que ces *bugs*, s'ils en sont, n'empêchent absolument pas les femmes d'arriver à leur succès reproductif : si ce n'était le cas la question ne se poserait pas.

Il y a peut-être aussi une explication biologique, comme l'indique une étude de 2007 (Wang *et al.*, voir aussi Wang *et al.*, 2005) : les hommes et les femmes auraient des réactions opposées au stress. En testant sous IRM fonctionnel 32 sujets, ils ont trouvé que le stress provoquait chez les hommes l'activation de la zone « fight or flight » de leur cerveau, tandis que chez les femmes c'était la zone affective. Cette étude est préliminaire, mais si confirmée elle explique bien la tendance qu'ont certaines femmes à s'accrocher à ceux qui les manipulent.

Elle permettrait aussi d'expliquer le très grand succès opérationnel des méthodes de drague masculines basées sur le stress. L'exemple le plus célèbre en est la prescription du « coach en séduction » David Deangelo « Cocky and Funny » (« C...llu et amusant ») qui placerait la femme en mode affectif grâce au stress tout en offrant la solution à ce stress par le rire.

ET LA MORALE ?

La règle d'or : qui a l'or fait les règles.

Si les réflexions sur la trahison, le mensonge et l'égoïsme permettent d'optimiser notre réussite, que devient la morale ? Peut-on encore croire à une éthique fondamentale à ce niveau de constat ? Ce problème est suffisamment important en psychologie évolutionniste pour que le premier livre à grand succès sur le sujet en ait fait son titre : *L'Animal Moral* (Wright, R., 1994).

La question de la morale pose un problème particulier en évopsy, celui de « l'illusion naturelle » (en anglais : *Natural Fallacy,* aussi dénommée *Ought/Is* qui signifie *Devrait/Est*), qui consiste à croire que tout ce qui est *naturel* est *bien*, c'est-à-dire à définir la morale en fonction de ce que la sélection naturelle a favorisé. Par exemple, cette illusion pourrait faire croire que le cocuage est moralement valide, parce qu'il apparaît extrêmement présent dans l'histoire humaine. C'est le parallèle du mythe de l'authenticité qui a été particulièrement exploité par la publicité dans les années 1990, avec des slogans qui auraient fait hurler n'importe quel homme de Cro-Magnon comme : « La nature vous veut du bien » (en fait, cette tendance à *l'authentique* avait été décidée des années auparavant par les publicistes et était enseignée dans les écoles de commerce dès la deuxième moitié des années 1980...).

L'évopsy n'a pas de solution à apporter à ce problème philosophique. Elle permet juste de faire la double constatation que la morale est nécessaire, en tant que règle de comportement dans un Dilemme du Prisonnier et que la trahir à bon escient est souvent le meilleur moyen de réussir, quel que soit le sens que l'on donne à ce dernier mot.

Les sujets qui fâchent : débats internes

« Le problème de l'évopsy est évidemment qu'à focaliser sur l'origine biologique du comportement, elle en vient à oublier la psychologie, l'individualité de chacun, l'influence de la culture. » Du moins c'est ce qu'on lit dans la presse générale à chaque référence à la sociobiologie ou à l'évopsy.

Cette présentation est doublement de mauvaise foi. Tout d'abord, comme nous l'avons vu, le sujet principal de l'évopsy est la rencontre entre l'environnement et la programmation génétique, comment cette dernière s'exprime en fonction de l'environnement. Ensuite, on ne peut reprocher à l'évopsy de tout expliquer : elle a un domaine d'exploitation qui certes est très large mais elle ne prétend pas à l'universalité. Reprocherait-on à un géologue de ne pas mettre en avant la biologie ?

L'évopsy rencontre quand même des problèmes qui appartiennent à son champ d'application : soit des caractéristiques ou comportements qu'elle ne sait pas (encore ?) expliquer, soit des problèmes purement épistémologiques. Certains s'inscrivent dans des domaines considérés actuellement en Occident comme politiquement sensibles, d'où le titre du chapitre.

Puisque la sélection naturelle se fonde sur la transmission des gènes, il peut paraître surprenant que certains comportements qui vont entièrement à l'encontre de la procréation existent encore après des millions d'années. L'exemple le plus connu est bien sûr l'homosexualité : comment a-t-elle pu exister depuis si longtemps et avoir toujours une représentativité importante ? S'agit-il d'une maladie ? D'une stratégie ? D'un choix personnel ? On peut également se poser de nombreuses questions sur l'importance actuelle de certaines maladies psychiatriques.

Nous allons donc nous intéresser ici successivement à quelques-unes de ces questions, non pas pour leur apporter une réponse définitive (encore inconnue) mais pour montrer ce que l'évopsy peut apporter dans leur étude.

POURQUOI L'HOMOSEXUALITÉ ?

Aussi surprenant que cela puisse paraître au premier abord, on considère souvent que l'homosexualité (masculine comme féminine) présente des avantages sélectifs, à tel point que beaucoup pensent qu'elle est d'origine génétique (c'est-à-dire que certains gènes inciteraient plus ou moins fermement leurs porteurs à avoir des comportements homosexuels). Le 16 juillet 1993, l'équipe de Dean Hamer annonçait dans le magazine *Science* avoir mis à l'évidence un « gène de l'homosexualité » sur le chromosome X (Hamer *et al.*, 1993). Cette découverte, qui avait fait beaucoup de bruit, a été remise en cause en 1999 dans le même magazine par George Rice et ses collègues (Rice *et al.*, 1999). Bien sûr, cette approche est contestée par d'autres pour qui les avantages sélectifs de l'homosexualité sont trop insuffisants pour avoir permis une sélection.

Aussi deux autres types d'hypothèses existent. Pour certains, ce serait le taux d'hormones pendant certaines phases précises de la vie intra-utérine qui en construisant la sexualisation du cerveau détermineraient l'orientation sexuelle. Cette version permet de prendre en compte à la fois le génétique (les gènes qui font appel aux hormones) et l'environnement prénatal (notamment chimique). Enfin, d'autres pensent que ces changements hormonaux sont dus à une attaque virale.

Qui a raison ? Le problème est évidemment que le sujet est extrêmement chargé socialement et politiquement et que la science ne peut pas être véritablement sereine sur la question : chacune de ses recherches est dans le collimateur de groupes de pression opposés. Imaginez-vous annonçant que vous considérez l'homosexualité comme une maladie : vous allez vous faire lyncher !

Au niveau des chiffres, c'est l'explication prénatale qui est la plus avancée : les travaux de Lee Ellis que nous allons détailler ont permis de construire un modèle prédictif valide. Mais le prénatal n'explique pas tout, aussi allons-nous commencer par présenter tout d'abord les explications de l'homosexualité en tant que stratégie et en tant que conséquence d'une attaque virale.

Qu'est-ce qu'être homosexuel ?

L'erreur la plus fréquente au sujet des homosexuels est de considérer qu'ils forment un groupe uni avec des objectifs et des approches communes. En fait, les différences entre les *gays* (hommes homosexuels) et les *lesbiennes* (femmes homosexuelles) sont essentielles : parfois tout les oppose. Steve Sailer, éditorialiste et fondateur du Human-Biodiversity Institute, avait publié en 1994 une étude comparative (Sailer, 1994) : en résumé simplifié, les gays sont gais (il s'agit bien de l'étymologie de gay), les lesbiennes sont en colère. Steve Sailer présente un grand nombre de contrastes sur ce point : les gays aiment la beauté chez leurs partenaires alors que les lesbiennes n'y accordent aucune importance, les gays aiment les milieux féminins alors que les lesbiennes cherchent à éviter les hommes (les bars gays sont ouverts aux femmes, qui y seront bien accueillies, alors que les bars lesbiens sont strictement interdits aux hommes), etc. En fait, les études ont montré que les homosexuels (hommes et femmes) ne sont pas différents des hétérosexuels dans leurs critères de choix des partenaires sexuels, sauf au niveau du sexe. Ainsi les gays rechercheront la beauté chez leurs partenaires, comme les hommes hétérosexuels, la seule différence étant que les premiers cherchent des hommes et les seconds des femmes.

La stratégie homosexuelle

Les homosexuels (hommes et femmes) forment une minorité (4 % de la population, comme les roux) qui semble exister depuis extrêmement longtemps et dans toutes les cultures. Régulièrement décriée, cette minorité a cependant souvent réussi à se constituer en communauté avec le développement d'un fort altruisme réciproque entre ses membres (du moins entre ceux du même sexe). Les relations sexuelles et l'importance de la différence ressentie par rapport aux autres (à laquelle il faut souvent rajouter le secret) renforcent la coopération et permettent aux homosexuels de bénéficier d'alliés fidèles. On affirme souvent que certains milieux professionnels sont presque exclusivement homosexuels et qu'il est impossible à un hétérosexuel d'y réussir : que cette rumeur soit vraie ou fausse, le simple fait qu'elle existe montre que chacun reconnaît l'importance de ces alliances.

Les homosexuels hommes ont un plus grand nombre de partenaires sexuels que les hétérosexuels (certains en ont annoncé plusieurs milliers). Cette quantité renforce le point évoqué précédemment et aussi augmente l'expérience sexuelle. Nous avons déjà vu que Robin Baker (1995) considère l'orgasme féminin comme un filtre permettant de distinguer les partenaires les plus expérimentés : les homosexuels en bénéficient particulièrement.

Et au final, il n'apparaît pas que tous les homosexuels ont moins d'enfants que les autres. Tout d'abord, seule une minorité d'entre eux (constituée de ceux qui seront purement homosexuels toute leur vie) n'aura aucune possibilité d'enfanter. On peut d'ailleurs remarquer que beaucoup ne se « découvrent » homosexuels (ou ne révèlent leur homosexualité) qu'après avoir enfanté. Dans un documentaire sur les transsexuels américains (Prauheim, 1996), presque tous ceux qui étaient interrogés avaient eu des enfants *avant* de pratiquer l'opération de changement de sexe. Enfin, même pour les plus stricts, même pour ceux qui refusent tout contact avec l'autre sexe, des possibilités se développent et notamment la *coparentalité* (contrat entre deux ou plusieurs personnes décrivant l'ensemble des conditions de procréation et d'éducation d'un enfant, sans vie commune).

Les parasites

Pour des chercheurs comme Paul Ewald et Gregory Cochran, de telles explications sont largement insuffisantes. Ils considèrent que le nombre d'homosexuels n'ayant pas d'enfants est trop important pour que l'avantage ait pu être sélectionné. Selon eux, on en est loin : Gregory Cochran a été jusqu'à comparer le coût reproductif d'avoir un enfant homosexuel à celui causé par une épidémie de typhoïde !

Ewald et Cochran se sont spécialisés sur l'approche parasitaire du comportement. Ils cherchent à découvrir en quoi l'action phénotypique étendue de certains parasites affecte le comportement de leurs porteurs. Cette approche que nous avons abordée au début du livre a actuellement le vent en poupe : de nombreux arguments sont ainsi venus en faveur d'une origine rétrovirale de la schizophrénie (Karlsson, H. *et al.*, 2001 ; Lewis, D.A. 2001). L'orientation homosexuelle serait ainsi selon eux la conséquence d'une affection par un parasite qui ne chercherait qu'à se transmettre. Si, pour l'instant, aucun candidat n'a encore été trouvé pour remplir ce rôle, ce qui laisse leur théorie au niveau de l'hypothèse, les arguments de Cochran et Ewald sont solides. Ils remarquent notamment que les homosexuels ont existé à toutes les époques et dans toutes les cultures dont on a pu avoir connaissance et que ce fait interdit une explication purement environnementale.

L'influence prénatale

L'autre approche, la plus avancée, se fonde sur les différences hormonales pendant la vie prénatale. Nous avons vu que le corps et le cerveau ne se sexualisent pas exactement au même moment, qu'il suffit d'un problème lors de l'une ou l'autre de ces étapes pour qu'il puisse y avoir opposition. Les premiers à avoir avancé cette hypothèse l'ont fait à la fin des années 1960. Depuis, de nombreuses études ont été menées, l'une des dernières en date étant celle de Lee Ellis et Shirley Cole-Harding (2001). L'hormone la plus active dans la sexualisation est la testostérone et son action se situe au cours du deuxième trimestre de la grossesse. Tout ce qui aurait un impact sur la production de testostérone pendant cette période pourrait avoir un effet sur l'orientation sexuelle. Ellis et Cole-Harding ont présenté dans leur dernier article les résultats de onze ans d'études sur les effets du stress, de l'alcool et de la nicotine sur l'orientation sexuelle. Ils ont trouvé qu'un stress vécu par la mère pendant la période prénatale a un effet significatif, quoique modeste, sur l'orientation sexuelle des enfants. L'alcool lui n'a montré aucun effet mais l'exposition à la nicotine augmente le taux de lesbianisme chez les enfants filles, « surtout si l'exposition s'est déroulée pendant le premier trimestre et que la mère a connu un stress pendant le deuxième trimestre » (id.).

James V. Kohl, dans une étude que nous avons déjà citée, considère que les phéromones ont une influence sur l'orientation sexuelle des hommes et pas seulement pendant la vie prénatale, en modifiant le développement physique du cerveau (Kohl, 2002).

En 1996, dans un recueil d'articles scientifiques sur l'homosexualité, Lee Ellis insistait sur le fait « qu'il n'y a aucun besoin de considérer qu'une seule des théories de l'homosexualité est correcte » (Ellis, 1996). En fait, les théories parasitaires et celles de l'influence prénatale ne sont pas forcément opposées : le parasite peut très bien avoir agi pendant la vie prénatale. De même, le fait que l'influence prénatale existe toujours après une si longue période montre que la sélection naturelle n'a pas eu d'impact définitif. Il reste donc beaucoup de travaux et d'études à effectuer pour arriver à un ensemble d'explications satisfaisantes de l'homosexualité. Et ce ne sera pas facile d'accorder tout le monde : si on leur parle de l'origine de leur homosexualité, les gays auront tendance à se définir *nés comme ça*, tandis que les lesbiennes préfèreront souvent considérer qu'elles ont *choisi* leur orientation ! (Sailer, 1994)

LES DÉPRESSIONS

La dépression est un narcotique.
Charles Chaplin (1947) dans *Monsieur Verdoux*

Les dépressions constituent un autre domaine difficile à expliquer via la sélection naturelle. On sait qu'elles réduisent l'activité d'un individu, le coupent de son entourage et augmentent même les risques qu'il se suicide. Comment expliquer tout cela ?

Les avantages de la dépression

On distingue deux types de dépressions : l'unipolaire (ou dépression clinique) et la bipolaire, qui n'est que la phase basse d'une psychose maniaco-dépressive (PMD, maintenant appelée *bipolarité*). Ces deux formes présentent des points communs mais ne correspondent pas à la même origine ni ne provoquent exactement les mêmes symptômes. Dans les deux cas, il s'agit d'une maladie qui détruit à la fois l'estime de soi et la volonté. Les traitements médicamenteux qui agissent d'abord sur la volonté avant de remonter le moral augmentent fortement le risque de suicide pendant ces quelques jours de décalage : c'est la raison pour laquelle ils sont toujours accompagnés de calmants (anxiolytiques) en début de traitement. La perte de volonté est donc une protection de la vie du patient (en le protégeant contre le suicide) mais est aussi également un danger pour lui : un dépressif en pleine crise n'a même plus la force d'assurer le minimum vital. Chez un bipolaire, la phase dépressive sera souvent suivie d'une phase maniaque plus ou moins forte, où à l'opposé l'estime de soi sera démesurément gonflée, tandis que le patient sera en pleine hyperactivité. Comme on s'en doute, la phase maniaque est généralement beaucoup plus dangereuse que la phase dépressive : elle laisse des conséquences externes, celles de toutes les actions sans suite qu'aura entamées le patient en délire. De telles maladies sont donc particulièrement redoutables. Pourtant, les bipolaires représentent au total 6 à 8 % de la population (1 % pour les formes extrêmes).

L'implication de certains gènes dans la bipolarité ne fait plus aucun doute. Par contre la génétique est une explication insuffisante : deux jumeaux monozygotes ne seront pas forcément tous les deux atteints. Une origine parasitaire est aussi étudiée : l'accroissement actuel du nombre de patients milite en faveur de cette approche. Mais là encore, aucun candidat parasite n'a été pour l'instant trouvé. On retrouve donc les mêmes raisonnements pour la bipolarité que pour l'homosexualité, sauf qu'ici, on est certain qu'il ne s'agit pas d'un choix mais bien d'une maladie et que les symptômes de la bipolarité ne semblent pas différents selon les sexes.

Kay Redfield Jamison, scientifique américaine, elle-même bipolaire, a étudié la diffusion de cette maladie et s'est aperçue que les écrivains célèbres anglais ont 30 fois plus de chances d'être bipolaires que les non écrivains. L'impact de la bipolarité sur la créativité est tel que l'on retrouve énormément de bipolaires parmi les célébrités : Napoléon, Churchill, Van Gogh, etc. Il est donc envisageable que la bipolarité ait été sélectionnée pour les avantages adaptatifs qu'elle apporte.

D'autres approches ont trouvé d'autres avantages à la dépression (qu'elle soit unipolaire ou bipolaire). On constate en effet que les déclencheurs les plus importants des dépressions sont justement ceux qui correspondent le plus profondément à une perte de fitness pour le patient : la pauvreté chez les hommes, l'infertilité chez les femmes, la maladie, etc. En d'autres termes, la dépression a plus de chances de se produire quand le patient est le moins à même d'assurer la transmission de ses gènes. Pour certains, elle aurait donc comme avantage principal de mettre le patient en retrait du combat sexuel, afin qu'il ne s'y engage pas et elle lui permettrait de passer cette étape sans trop de risques ni de conséquences jusqu'à ce que sa situation se soit améliorée. Ils ajoutent notamment que beaucoup de personnes changent d'orientation après une dépression, ce qui, selon eux, augmenterait son fitness. De la même manière, certains affirment que la dépression post-partum (« baby blues ») aurait pour avantage de forcer la jeune mère à faire appel à son entourage, lequel sera nécessaire pour la survie de l'enfant.

Les limites de l'approche par les avantages

Il reste cependant que la dépression peut avoir un coût reproductif très important. Même si elle ne se suicide pas, la personne dépressive est le plus souvent inapte à se positionner sur le marché du mariage et même dans l'incapacité d'assurer son rôle au sein du couple, toutes choses qui remettent fortement en cause ses chances d'avoir des enfants viables. On ne sait pas encore précisément mesurer ces coûts reproductifs et on ne sait donc pas si la dépression a pu être sélectionnée. Aussi, plusieurs chercheurs avancent l'hypothèse parasitaire (Cochran *et al.*, 2000). Comme pour l'homosexualité et d'autres caractéristiques allant a priori à l'encontre du fitness, cette approche expliquerait à la fois l'augmentation de la fréquence des dépressions, sa survivance au cours des générations et son impact sur l'ensemble de la personnalité. Ils constatent de plus que le lithium, utilisé avec succès comme traitement de la bipolarité, n'a comme effet démontré que celui d'antibiotique. Il est donc facile d'expliquer son efficacité par l'hypothèse qu'il agirait contre des virus, des bactéries ou d'autres parasites influant le caractère.

LES PERVERSIONS SEXUELLES

I just play vicious games, vicious games,
With different names, different names[1].
Yello

Les perversions sexuelles apparaissent comme un autre type de comportements non fertiles. Classées généralement parmi les maladies psychiatriques sous le terme de *paraphilies*, analysées par les freudiens et les lacaniens, elles sont extrêmement développées dans le monde occidental et même souvent à la mode. Il faut tout d'abord s'entendre sur ce qu'est une perversion au sens strict : un scoptophile (voyeur) est-il ou non un pervers ? Nous allons ici en rester à une définition psychiatrique : si le fait de voir lui apporte un plaisir supplémentaire non nécessaire, le voyeur ne sera pas considéré comme *pervers*. Par contre, si le fait de voir lui est *nécessaire* pour prendre du plaisir lors des rapports sexuels, s'il est limité par ce besoin, alors on considérera ce manque comme une maladie psychiatrique, une perversion.

Parmi les nombreuses perversions, la plus à la mode en ce tout début de siècle est sans contestation le sado-masochisme (« SM »). Inclus par les Anglo-Saxons dans le BDSM (*Bondage**, *Domination*, *Sado-Masochism*), il est maintenant vanté dans presque tous les magazines aussi bien féminins que masculins : « Comment passer votre première nuit SM ? », nous apprenait-on en 2001 dans les librairies. Le SM est une perversion à accessoires, où la douleur et le plaisir de faire souffrir sont les objectifs consentis ; le SM est un jeu théâtralisé qui fait mal.

On considère généralement que la recherche du plaisir et la fuite de la douleur constituent les deux motivations fondamentales des humains : le plaisir renforce un comportement, tandis que la douleur le fait fuir. Or les masochistes recherchent la douleur comme source de plaisir : d'où vient cette contradiction ?

Plusieurs approches ont été proposées pour expliquer le masochisme. Freud n'y voyait qu'une conséquence de la passivité de la femme dont il avait une conception très précise : « Le destin de la femme doit rester ce qu'il est : dans sa jeunesse, celui d'une délicieuse et adorable chose ; dans l'âge mûr, celui d'une épouse aimée… L'envie de réussir chez une femme est une névrose, le résultat d'un complexe de castration dont elle ne guérira que par une totale acceptation de son destin passif. » (Freud, 1932) D'autres ont considéré le maso-

1. « Je ne fais que jouer à des jeux vicieux, jeux vicieux, de différents noms, différents noms… » Yello (Groupe musical suisse)

chisme comme un moyen de résolution des conflits : la femme montrerait à l'homme qu'elle l'accepte en tant que dominant, ce qui limite les risques d'escalade s'il est réellement un mâle dominant (ce qu'elle avait intérêt à chercher). Cependant cette hypothèse n'explique pas pourquoi il existe beaucoup d'hommes masochistes : le raisonnement ne tient que pour les femmes. Aussi nous allons nous intéresser à deux études essentielles.

La première est de Brian King et a été présentée au congrès de la Society for Scientific Studies of Sexuality en novembre 1999. En interrogeant des étudiants, il a trouvé des corrélations significatives entre l'expérience de la douleur, l'excitation sexuelle et la durée de l'acte sexuel chez les deux sexes. Cependant il a remarqué que seules les femmes présentent une corrélation entre la motivation sexuelle et l'excitation induite par la douleur, que celle-ci soit subie ou administrée, cette corrélation augmentant avec le statut socioéconomique. On remarquera que la population étudiée était générale et pas extraite des milieux BDSM : ces découvertes incitent donc à penser que tout le monde a des tendances BDSM et que les formes extrêmes n'en sont que des extensions.

La deuxième étude a été publiée par le Massachusetts General Hospital le 5 décembre 2001 (Becerra, L., *et al.*, 2001). En utilisant l'imagerie par résonance magnétique fonctionnelle (fMRI), Lino Becerra et ses collègues ont trouvé que les zones du cerveau impliquées dans le plaisir et le renforcement peuvent aussi être activées par la douleur. Cette étude n'avait à l'origine aucun lien avec le BDSM : il s'agissait de trouver de nouveaux moyens d'actions médicamenteux contre la douleur. Mais son application est évidente.

Les liens entre la douleur et le plaisir sont ainsi beaucoup plus complexes que ce que l'on aurait pu penser. Et le BDSM n'apparaît plus définitivement comme une perversion sexuelle mais peut-être aussi comme un moyen d'utiliser d'autres voies d'atteindre le plaisir.

SOMMES-NOUS TOUS PAREILS ?

Après ces quelques réflexions sur les difficultés rencontrées par l'approche évolutionniste, nous allons nous intéresser au principal « sujet qui fâche » : est-il possible de distinguer des groupes humains ?

Le sujet d'étude de l'évopsy est ce qui est commun à tous. Or, l'évopsy se fonde sur la transmission génétique du comportement et la génétique se caractérise par la variation. En conséquence, ne peut-on pas différencier des groupes, des familles en fonction de leur adaptation à des environnements particuliers ?

S'il est un sujet particulièrement brûlant à notre époque c'est bien celui-ci. L'idée même que l'on puisse distinguer des groupes humains mène aussitôt à des accusations virulentes de *racisme*. Pourtant, les mêmes qui portent ces accusations sont souvent les premiers à reprocher à l'évopsy de *mettre tout le monde dans le même sac* et de ne pas savoir reconnaître les particularités de chacun. Comment s'en sortir ?

En fait, le débat scientifique s'est beaucoup refroidit au cours des toutes dernières années, notamment depuis la remise en cause de l'importance du « Mismatch » par Henry Harpending et Gregory Cochran (2002, 2006, Hawks *et al.* 2007). Au niveau historique les accusations de « racisme » contre la sociobiologie avaient profondément marqué Tooby et Cosmides, qui avaient tout fait pour s'en distancier, mais comme le remarquait sur son blog Peter Frost le 11 février 2010, il ne s'agissait là que d'une « auto-mythification » qui, sans les protéger des attaques comme ils l'espéraient, « *n'a eu pour effet réel que de soumettre la psychologie évolutionniste à des idées qui sont, au minimum, douteuses* ».

Dans cette section nous allons essayer de démêler un peu les termes de ce conflit, du point de vue de l'évolutionnisme. Nous ne développerons bien sûr pas tous les détails de ce débat : il y faudrait plusieurs livres. Mais nous verrons néanmoins qu'au-delà des conflits et des susceptibilités il semble bien que la solution n'ait rien d'extrême : il existe bien des différences globales entre des groupes d'être humains mais elles sont trop faibles pour remettre en cause les points communs.

Les différences entre les humains et les autres primates semblent provenir principalement des nombreuses variations dans la quantité et la qualité de nourriture qu'ils ont pu trouver au cours de leurs pérégrinations sous différents climats. La toundra de la dernière glaciation, par exemple, limitait les possibilité de cueillette un tant soit peu au Nord et faisait reposer l'avenir du groupe sur la chasse et la récupération. Dans les climats plus tempérés ou après la fin de la glaciation, l'éventail et la disponibilité de nourriture sont plus grands. Chez les primates, ces différences se sont traduites par la différenciation d'espèces, les humains eux se sont adaptés à toutes les situations qu'ils ont rencontrées, une adaptation plus culturelle que biologique (vêtements, etc.). Et c'est là le plus extraordinaire : malgré toutes les différences de climat, de nourriture et d'organisation de la société, il n'existe plus qu'une seule espèce d'êtres humains et toutes les autres ont disparu (sauf, peut-être, les « Yétis », « Big foot », etc.). Les humains vivant sur terre sont interféconds et présentent les mêmes caractéristiques fondamentales (celles-là même que nous étudions dans ce livre) : il ne s'agit que de l'espèce humaine. Cela oblige à penser que les populations n'ont jamais été éloignées suffisamment longtemps pour se séparer en espèces, qu'il y a toujours eu des migrations qui ont permis un brassage suffisant. C'est-à-dire que depuis 100 000 ans l'humain moderne a su s'imposer et supprimer toutes les autres espèces humaines, Néandertaliens y compris, tout en restant globalement uni.

Bien sûr, ces diverses situations ont laissé des marques et on peut les retrouver aujourd'hui. Peter Frost, dont nous avons cité les études sur l'évolution de la couleur de peau, remarque que la population européenne est celle qui présente le plus de variations physiques : nulle part ailleurs, la couleur des yeux ou même des cheveux n'y est aussi variée. Il considère que cette différence par rapport aux autres grands groupes est fortement expliquée par la différence de pression sélective dans des climats différents. En fait, si l'on compare les 3 grands groupes qui se sont séparés il y a environ 35 000 ans (en deux temps : d'abord le *Out of Africa* puis la séparation entre les Européens et les Asiatiques, selon la théorie dominante), on trouve que les différences suivent un modèle simple : sur presque tous les critères considérés, les Africains se situeront d'un côté et les Asiatiques de l'autre, avec les Européens au milieu, le plus souvent proches des Asiatiques. Ainsi la durée de grossesse est d'une semaine de plus chez les Asiatiques que chez les Africaines, les enfants d'origine africaine sont les plus éveillés à la naissance et connaissent un développement beaucoup plus rapide, etc.

Le sport de compétition est un bon moyen de distinguer les avantages biologiques particuliers de chacun et c'est ce qu'a fait John Entine dans *Taboo* (2000). Son étude complète démontre que le corps des Africains est nettement plus efficace que celui des Européens. Cela est particulièrement vrai au niveau musculaire : moins gras, les muscles des athlètes d'origine africaine sont beaucoup plus efficaces que ceux de leurs homologues d'autres origines. C'est un avantage important en compétition… sauf en natation où leur manque de graisse ne les aide généralement pas à flotter. Ces différences entre les grands groupes se retrouvent elles-mêmes entre les pays : les Africains de l'Ouest par exemple, domineront en football et en sprint tandis que Kenyans (de l'Est) seront les champions du marathon. John Entine remarque que si l'on poursuit cette recherche de précision, les chiffres sont encore plus révélateurs : si les Africains de l'Est gagnent 50 % des courses d'endurance, les Kenyans dits Kalenjins (1 million et demi) représentent 80 % de ces victoires (soit 40 % du total) et parmi ces derniers ceux du District de Nandi (500 000 personnes, soit un humain sur 12 000) gagnent une course sur 5 !

Bien sûr, de telles différences ne sont que moyennes et les différences à l'intérieur de chacun des grands groupes sont plus importantes que celles entre les groupes : tous les Kalenjins de Nandi ne sont pas des champions internationaux d'endurance. Nous reprenons ici l'exemple de la différence de taille entre les hommes et les femmes : le fait que ces dernières soient en moyenne plus petites que les hommes ne signifie pas que toutes les femmes sont plus petites que tous les hommes. Mais un ratio tellement énorme (20 % des victoires reviennent à 0,008 % de la population) ne peut être dû au hasard. Les biologistes s'y sont intéressés et ont découvert que c'est principalement le rapport entre les fibres lentes et rapides du muscle qui explique leur don. D'ailleurs, leurs résultats en sprint sont (relativement) mauvais : le record Kenyan n'est que de 10,28 secondes au 100 mètres.

Bien d'autres différences ont été trouvées à travers le monde et l'on commence à en découvrir les explications biologiques. On a ainsi trouvé que les Tibétains et les Boliviens doivent leur résistance au mal des montagnes (œdème pulmonaire d'altitude) à leur taux d'oxyde nitrique double de celui des populations vivant en plaines (Beall, C. M. & Goldstein, C., 2002). Le fait que les Tibétains et les Boliviens, qui n'ont pas d'origine récente commune, présentent la même adaptation (évolution convergente) démontre que la sélection a eu le temps d'agir depuis la séparation des grands groupes. Au niveau psychiatrique, les recherches ont montré en 2001 que les gènes impliqués dans la schizophrénie diffèrent en fonction de l'origine : Ming Tsuang et ses collègues (2001) ont trouvé que chez les Américains d'origine européenne ce sont les chromosomes 13 et 15 qui sont impliqués, alors que chez les Américains d'origine africaine le chromosome 15 ne l'est pas.

En plus de l'adaptation, une autre origine de ces différences est ce que l'on appelle l'*effet fondateur*. Bryan Sykes (2001) a annoncé avoir trouvé grâce à l'étude de l'ADN mitochondrial que 95 % des Européens descendent de seulement 7 femmes. Un si faible nombre correspond à un goulet d'étranglement (en anglais, *bottleneck*) : il est impossible que ces 7 personnes aient contenu l'ensemble du pool génique d'origine.

En d'autres termes, il existe bien des différences biologiques importantes entre les différents groupes humains. Les raisons en sont l'effet fondateur, qui fait que seulement une fraction du pool génique d'origine a migré et l'adaptation à l'environnement (sélection naturelle), qui a eu le temps de s'affirmer pendant ces 35 000 ans. Cependant les humains sont restés interféconds, c'est-à-dire qu'un processus de spéciation n'a pas eu le temps de se mettre en place. Un exemple de *mélange* est d'ailleurs particulièrement célèbre : celui qui est considéré comme le meilleur golfeur actuel, Tiger Wood, a des origines sur chacun des 3 continents cités !

Conclusion

La vie n'ayant pas de sens, le sens de ma vie est d'être séduit par les femmes heureuses d'être femmes et qui me rendent heureux d'être un homme.
Stéphane Ferrara (1987)

D'une certaine façon, les femmes se plaindront toujours que les hommes s'intéressent plus à leur physique qu'au romantisme et les hommes se plaindront toujours d'être plus sélectionnés en fonction de leurs ressources que de leur sensibilité. Il est probable que nous serions plus heureux si nous pouvions vivre avec des partenaires correspondant à nos rêves, mais l'expérience nous rappelle quotidiennement que ce n'est pas ce que la sélection naturelle a retenu. L'homme qui veut une femme belle et fidèle sans lui apporter la moindre ressource risque de se plaindre longtemps ; il en est de même de la femme marquée par ses 30 ans passés qui attend toujours son prince charmant milliardaire.

On pourrait caricaturer le comportement humain en disant que la femme va rechercher un homme gentil avec des ressources qui s'occupera d'elle et de ses enfants, qu'elle fera tout pour garder, tout en essayant de le tromper pour obtenir les gènes d'hommes moins gentils mais plus virils ou plus intelligents, tandis que l'homme essayera de déjouer cette tromperie, en se cherchant une madone fidèle pour s'occuper de lui et de ses enfants, tout en essayant de la tromper avec le maximum d'autres femmes, sans se faire prendre. Il s'agit bien d'une guerre de tromperies, de mensonges et d'infidélités.

Tout bien considéré, il est heureux que les humains ne s'imaginent pas répondre à leur programmation génétique quand ils sont amoureux : l'homme qui se visualiserait en train « d'amorcer la pompe aspirante » lors de la copulation aurait peut-être du mal à y trouver beaucoup de plaisir. Mais connaître nos objectifs génétiques et les pressions que notre corps risque de mettre en place pour nous inciter à les remplir permet d'en tirer profit. Peut-être même peut-on choisir : soit suivre ce pour quoi nous sommes programmés, soit faire le choix inverse et l'assumer. Quel que soit notre choix, il sera plus facile à suivre si nous en connaissons les tenants et les aboutissants, du moins peut-on en rêver.

Mais finalement, a-t-on vraiment la liberté de décider ? Regardez autour de vous, observez votre patron, vos subordonnés, votre famille et les gens dans la rue : ne trouvez-vous pas que leur comportement ne fait que reproduire ce que nous avons décrit jusqu'ici ?

Car, contrairement à ce que l'on aurait pu croire, la sélection sexuelle s'accroît dans la société occidentale et elle se porte sur les hommes. Le confort a certes permis la lutte contre les maladies, ainsi que l'apparition de nouvelles stratégies reproductives mais il a surtout engendré une polygynie déguisée (la monogamie à répétition), que l'Occident n'avait pas connue avant l'apparition de la civilisation. La pression sélective augmente pour les hommes et cette évolution n'est pas finie. On peut déjà prévoir qu'ils vont de plus en plus acheter financièrement le potentiel reproductif des femmes : les plus riches pourront s'en offrir plusieurs, tandis que les autres seront éliminés du marché. C'est déjà le cas d'une certaine manière, notamment avec l'indemnité compensatoire ou les contrats de coparentalité. On peut bien sûr se demander quelles en seront les conséquences génétiques : à quoi ressembleront les humains des temps futurs (peut-être nos descendants) ? Mais on peut surtout prévoir qu'il y aura trop d'hommes en compétition, c'est-à-dire pas assez de gagnants et trop d'hommes frustrés d'avoir perdu et qu'alors seule une guerre meurtrière pourra ramener l'équilibre. De même, on peut prévoir avec certitude que les nouvelles technologies médicales (thérapie génique) vont accroître les demandes eugéniques, le vieux démon va se réveiller. Déjà en 1999 l'annonce de la découverte des gènes causant la plupart des cas de nanisme (et permettant les tests prénataux) avait entraîné des débats passionnés : supporterons-nous demain de laisser naître des enfants de petite taille ? Les clones et les *design babies* construits génétiquement sont pour demain : comment réagiront ceux qui n'auront pas les moyens d'en profiter ?

Pour une vie plus agréable, l'idéal serait peut-être d'imiter nos cousins bonobos. C'est ce que semblait indiquer Frans de Waal lors d'une conférence à New York le 24 mars 1999 : « une réceptivité accrue des femelles réduit la compétition sexuelle parmi les mâles et conduit à une plus grande dominance des femelles ». C'est-à-dire que c'est ce refus du choix du partenaire qui offrirait vraiment le pouvoir aux femmes : un *demain féminin* pour reprendre un slogan publicitaire connu. Hélas, nous avons vu que nos conditions de vie sont trop différentes, l'investissement parental trop important et que nous ne pouvons imiter les autres primates.

Comment faire ? Peut-être pouvons-nous déjà faire connaître ces recherches, les vulgariser, les développer, afin que chacun puisse mieux comprendre qui il est et quelles sont les tensions qui l'entourent. Alors, les décisions rationnelles seront plus faciles à prendre et nous pourrons peut être même limiter certains conflits. Du moins peut-on l'espérer si l'on arrive à croire la petite fable suivante :

> Dans les temps anciens, peu de temps après que la mémoire ait commencé à retenir les événements de la tribu, un conflit étrange apparu. Le Conseil des Anciens s'était décidé à faire construire ce pont qui permet maintenant de traverser le grand ravin et d'aller explorer plus loin dans la forêt. Le pont devait initialement être construit en lianes car c'est ainsi que tous les ponts avaient été construits depuis toujours.
>
> Dans l'assemblée, un homme se leva et demanda la parole. Il dit qu'il avait étudié la résistance des lianes et que si celle-ci avait été suffisante pour tous les ponts précédents, le nouveau était si grand et si extraordinaire qu'elle ne pourrait suffire. Il dit encore qu'il avait étudié la résistance du bois du grand arbre de la forêt et qu'il pouvait prouver que si l'on associait ce bois aux lianes, alors le pont tiendrait pendant des générations.
>
> Il y eut un grand émoi dans le Conseil des Anciens. Les plus vieux furent les premiers à réagir. Ils affirmèrent que remettre en question la résistance des lianes, que le simple fait d'avoir osé étudier celle-ci, était une atteinte à la Religion du Grand Tout et à la bonté des Dieux. Ils demandèrent que l'intervenant fut condamné pour blasphème et rejeté de la tribu pour que celle-ci ne soit pas la victime de la colère des Dieux profanés. Cette réaction ne surprit pas notre héros ni ne l'inquiéta : depuis que la religion existe, toujours elle était venue à l'encontre de toute innovation et toujours au bout d'un certain temps elle avait fini par reconnaître son erreur. Aussi l'ignora-t-il. En fait, notre héros comptait sur les plus jeunes du Conseil, ceux qui, déjà éloignés de la Religion, avaient toujours professé l'évolution de la société, militaient pour son amélioration et se nommaient eux-mêmes les Progressistes.
>
> Mais c'est de là que vinrent les réactions les plus hostiles et les plus violentes. Tous se mirent à crier en même temps : les uns affirmaient qu'en parlant ainsi, on remettait en cause la liberté fondamentale de la liane et que lui attribuer des caractéristiques générales était une insulte à l'égalité de tous dans le progrès ; d'autres hurlaient qu'un tel discours était une insulte à la liberté de l'archi-

tecte qui, en tant qu'être humain, pouvait réaliser ce que bon lui semblait et que toute référence à des contraintes externes ouvrait la voie à des dérives dangereuses allant à l'encontre du progrès de tous. Un dernier groupe enfin, celui des plus instruits, insista sur le fait que la connaissance de la résistance des lianes telle qu'il l'avait étudié, n'expliquait pas tout et n'était pas toujours valide, que par exemple, elle ne permettait pas de comprendre pourquoi la feuille, qui est si légère, résiste si bien au vent et qu'en conséquence il restait à trouver une explication plus complète pour qu'elle soit crédible. Notre héros s'efforça de rester calme. Aux premiers, il répondit que ce qui fait la beauté de la liane, sa place dans le monde, est aussi constitué de sa résistance et qu'étudier celle-ci n'était qu'un moyen de mieux la connaître pour mieux la respecter. Aux suivants, il fit remarquer qu'en connaissant la résistance de la liane et celle du bois, l'architecte pourrait encore mieux exprimer sa créativité et sa liberté d'être humain. Enfin, au dernier groupe, il tenta de répondre que si, bien sûr, son approche n'expliquait pas tout, au moins avait-elle un intérêt précis dans le cadre de la construction du pont, ce qu'il trouvait déjà important, et qu'il comptait bien continuer ses recherches pour essayer d'être plus complet.

En fait, il ne fit que tenter cette dernière réponse car aucun mot n'eut le temps de sortir de sa bouche : les Progressistes étaient déjà en train de lui jeter à la figure tout ce qu'ils trouvaient près de leurs mains et certains s'étant levés l'avaient déjà agrippé et l'entraînaient dans les fourrés pour mieux le bastonner.

Notre héros survécut cette fois. Bien sûr, le pont fut construit selon les plans initiaux et, comme prédit, s'écroula dès sa première utilisation : ce fut le fils aîné du Chef qui mourut en l'inaugurant. Aussi la réunion suivante du Conseil fut transformée en tribunal.

Notre héros y fut accusé d'avoir caché des informations essentielles à la survie du fils du Chef. Par sa présentation « agressive et politique » de sa découverte, il n'avait fait que provoquer une réaction violente (justifiée par la sagesse des Anciens) et avait occulté l'intérêt de sa conclusion. On lui dit que, maintenant qu'elle était débarrassée de ses « connotations politiques rétrogrades », l'étude de la résistance des lianes apportait de nouveaux éléments essentiels qui seraient pris en compte par chacun des architectes et notamment pour la construction d'un nouveau pont. C'était donc son attitude ouvertement politique et anti-progressiste qui était la cause directe de la mort du fils du Chef. Il fut condamné à être jeté dans le ravin.

Bien sûr, comme chacun s'en doute, ce petit conte n'est peut-être pas tellement éloigné de la réalité. Dans les faits, de nombreux chercheurs prometteurs ont été agressés et ont vu leur carrières brisées pour avoir osé aborder la question de l'origine biologique du comportement humain au cours des trente dernières années. Et l'on peut lire maintenant que c'était la mauvaise présentation de leurs travaux qui avait entraîné ces réactions « évidemment justifiées » et que, maintenant qu'elle est débarrassée de ses « oripeaux politiques », l'évopsy apporte des solutions intéressantes à des problèmes qui nous concernent tous.

La conclusion de ce livre est la morale de cette historiette. La conclusion de ce livre, c'est que l'évopsy ne répond pas à toutes les questions qui se posent sur la nature humaine mais que les recherches continuent ; que l'évopsy ne cherche à s'intéresser qu'aux faits et n'a pas de connotation politique ; et que dans l'état actuel de son avancée, prendre conscience des découvertes de l'évopsy pourra déjà permettre d'éviter de nombreuses catastrophes prévisibles.

C'est déjà important.

Épilogue

Les femmes des riches, bien nourries, bien menties, bien reposées elles, deviennent jolies.
Ça c'est vrai. Après tout cela suffit peut-être. On ne sait pas.
Ça serait au moins une raison pour exister.

Louis-Ferdinand Céline (1932, p. 421)

Repères historiques

1798	Publication à Londres de *An essay on the principle of population, as it affects the future improvement of society with remarks on the speculations of Mr. godwin, M. condorcet, and other writers.* de Thomas Malthus.
1800	Lamarck (Jean-Baptiste de Monet, chevalier de) (1744-1829) présente sa théorie transformiste. Darwin écrira en 1861 : « Lamarck est le premier homme dont les conclusions sur le sujet retiennent l'attention. Il a rendu l'éminent service d'attirer l'attention sur le fait que la probabilité de tout changement du vivant est le résultat de lois et non d'interventions miraculeuses. »
1859	Publication de *On the Origin of Species* de Charles Darwin : théorie de la sélection naturelle. À noter que le livre ne fait prudemment qu'une seule référence à la psychologie (la célèbre citation en fin d'ouvrage), alors que les carnets de notes de Darwin en sont remplis. Juste avant, Alfred Wallace lui avait communiqué sa théorie de la sélection naturelle.
1866	Mendel publie ses résultats qui restent quasi inconnus.
1871	Darwin publie *On the Descent of Man* qui est en fait le premier livre de psychologie évolutionniste et aussi le premier livre à utiliser en biologie ce qui deviendra la théorie mathématique des jeux (le premier livre en ayant fait état est la Torah, livre religieux juif).
1872	Wundt (structuralisme) et les débuts de la psychologie scientifique : la psychologie passe de la philosophie aux sciences physiques. C'est le premier basculement de paradigme.

1883-1886	Weismann : néo-darwinisme.
1900	Mendel est redécouvert par De Vries.
1908	Publication de *An Introduction to Social Psychology* de William McDougall. Considéré par certains comme le dernier sociologue à s'être référé au darwinisme avant un demi-siècle de freudisme. Nombreuses rééditions dans les années suivantes.
1909	La préface de *Genetic Psychology* de E. A. Kirkpatrick précise : « La théorie de l'évolution a complètement révolutionné les sciences biologiques et fait maintenant de même avec la psychologie, la science en charge de la plus haute forme de la vie, la conscience. [...] Toute la psychologie doit être fondée sur les principes génétiques et devenir génétique dans son principe. »
1918-1933	Fisher : L'évolution est définie en fonction de la fréquence des gènes sous l'effet de pressions sélectives.
1920-1945	L'eugénisme négatif est à la mode : on stérilise les handicapés mentaux. Après la guerre, l'eugénisme sera confondu avec les pratiques des nazis et entièrement rejeté.
1936-1947	Théorie synthétique de l'évolution.
1944	Publication par John Von Neumann et Oskar Morgenstern de *Theory of Games and Economic Behavior* considéré comme la première formalisation mathématique de la théorie des jeux.
1947-1972	Théorie post-synthétique de l'évolution (plus grande importance accordée au hasard).
1920-1950	Béhaviorisme (Comportementalisme). Les règles scientifiques (issues de la physique) de la psychologie sont renforcées, au point que ne sont pris en compte que les stimuli et réponses mesurables. Cette limite offre tous les avantages scientifiques mais néglige les états internes, ce qui entraîne certains à de graves exagérations.
1950 (janvier)	Invention par Melvin Dresher et Merril Flood de ce qui deviendra le Dilemme du Prisonnier (l'histoire des prisonniers sera en fait inventée par A.W. Tucker en 1951).
1956	John Von Neumann prépare une intervention aux « Silliman Conferences » sur le thème : le cerveau est un ordinateur

et l'ordinateur doit être conçu comme un cerveau. Von Neumann ne pourra donner lui-même sa conférence (problèmes de santé) mais ses idées resteront et fonderont à la fois l'immense majorité des ordinateurs actuels (seuls les ordinateurs neuronaux obéissent à des principes différents) et le cognitivisme.

1950- ... Cognitivisme.
Réintroduction des états intermédiaires dans le béhaviorisme.

1950- ... Développement de l'éthologie (étude des animaux dans leur milieu naturel).

1966 Théorie de la sélection de la parentèle de Hamilton.

1967 *The Naked Ape* de Desmond Morris est le premier livre à forte audience vulgarisant les théories de l'origine biologique du comportement humain.

1969-... Redécouverte de l'importance de la sélection sexuelle.

1972 Introduction du concept de stratégie évolutionnairement stable par John Maynard-Smith dans son essai *Game Theory and the Evolution of Fighting.*

1975 *Sociobiology* : *A New Synthesis* de E. O. Wilson. Le titre fait référence à la *Théorie synthétique de l'évolution*.

1976 *The Selfish Gene* de Richard Dawkins. Deuxième édition en 1989.

1984 Publication par Robert Axelrod de *The Evolution of Cooperation* sur le Dilemme du Prisonnier.

1989 Barkow, Cosmides & Tooby : psychologie évolutionniste

2002-2007 Harpending et Cochran montrent que l'évolution humaine a été accélérée par le passage à la civilisation.

NOTES

Ce livre constitue une synthèse de nombreuses sources, la plupart publiées. La plus grande partie provient de sites Internet américains (il n'existe que très peu de choses en français, pas même au Québec) et aussi de quelques livres particulièrement intéressants dont la lecture est conseillée à ceux qui voudront aller plus loin sur le sujet.

Les sources disponibles sont précisées dans le corps du texte. Il est rappelé que les différents auteurs ont pu changer d'avis depuis la publication et que leur opinion actuelle n'est en rien limitée par les textes qu'ils ont pu écrire auparavant. Les articles non encore publiés, ainsi que les différentes discussions privées avec les auteurs, n'ont pas été cités, sauf accord.

Enfin, il est évident que ce livre n'engage en rien aucune autre personne que son auteur.

Les principaux auteurs cités

ARNOLD, L. Eugene, MD : Professeur de psychiatrie, OSU (Ohio State University), Colombus, Ohio, États-Unis.

AXELROD, Robert, Ph.D. : Arthur W. Bromage Distinguished University Professor of Political Science and Public Policy, Université du Michigan, États-Unis. Spécialiste en sciences politiques. Est célèbre pour son tournoi de Dilemme du Prisonnier Itéré (IDP) et le livre très intéressant qu'il en a sorti : *Comment réussir dans un monde d'égoïstes.* http://www-personal.umich.edu/~axe/homepage.html.

BAKER, Robin : Jusqu'en 1996, lecteur en zoologie à l'université de Manchester. A étudié la compétition des spermatozoïdes chez les humains en collaboration avec Bellis. A publié un best-seller : *Spermwars* (en français : *La Guerre du Sexe*).

BARKOW, Jerome H. : Professeur, département de sociologie et d'anthropologie sociale, Université de Dalhousie, Canada. Éditeur avec Tooby et Cosmides de *The Adapted Mind.*

BENESTEAU, Jacques : Psychologue hospitalo-universitaire, chargé d'enseignement à la Faculté de Médecine de Toulouse, France. Auteur de *Mensonges freudiens, Histoire d'une désinformation séculaire* (2002).

BOUTHOUL, Gaston (France, 1896-1980) : Sociologue, fondateur de la polémologie, la sociologie des guerres.

BRAND, Christopher, FGI : Anciennement professeur de psychologie à l'Université d'Edimburgh (Écosse). Actuellement consultant pour la Woodhill Foundation, États-Unis. Auteur de *The g Factor – General Intelligence and its Implications.* Fellow of The Galton Institute. Site personnel : http://www.crispian.demon.co.uk.

BUSS, David M., Ph.D. : Professeur de psychologie, Université du Texas. Auteur de *Les Stratégies de l'Amour* (1994). Site professionnel : http://www.psy.utexas.edu/psy/FACULTY/BussD/bussD.html.

CHAGNON, Napoléon, Ph.D. : Anthropologue américain. Professeur emeritus, Université de Californie, Santa Barbara. Célèbre pour ses études des Yanomami (Vénézuéla, Brésil). À été très médiatiquement accusé de génocide par Patrick Tierney (2000). Il a été beaucoup moins médiatisé que le livre de Tierney est tellement rempli d'erreurs que ses accusations n'ont aucune validité.

Page professionnelle : http://www.anth.ucsb.edu/chagnon.html.

COCHRAN, Gregory M., Ph.D. : Chercheur indépendant. Travaille avec Paul Ewald sur l'origine parasitaire des maladies.

COHEN, David B., Ph.D. : Professeur de psychologie, Université du Texas à Austin, États-Unis. Auteur de *Stranger in the Nest* (1999).

COSMIDES, Leda, Ph.D. : Professeur de psychologie, Université de Californie, Santa Barbara, États-Unis. À l'origine, avec John TOOBY, de la psychologie évolutionniste. Ils ont créé ensemble le CEP (Center for Evolutionary Psychology) : http://www.psych.ucsb.edu/research/cep/.

DARWIN, Charles (Grande-Bretagne, 1809-1882) : Naturaliste. A su assembler ses propres observations avec les théories de Malthus et de Lamarck et a ainsi créé (1859) l'évolutionnisme qui est à la base de toutes les sciences biologiques actuelles. Connu pour sa *Théorie de la sélection naturelle* (1859), il est aussi le découvreur de la *Théorie de la sélection sexuelle* (1871).

DAWKINS, Richard : Charles Simonyi Professor of the Public Understanding of Science, Oxford University. Auteur de nombreux ouvrages dont *Le gène égoïste* (1989). Voir : http://www.world-of-dawkins.com.

DUGATKIN, Lee, Ph.D. : Professeur associé et Distinguished University Scholar, Département de biologie, Université de Louisville, États-Unis. Page personnelle : http://www.louisville.edu/~laduga01/dugatkin.htm.

ELLIS, Lee, Ph.D. : Professeur, Département de sociologie, Minot State University, États-Unis.

EWALD, Paul W. : Professeur de biologie, Amherst College, MA, États-Unis. Collaborateur de Gregory Cochran dans la recherche d'origines parasitaires aux maladies.

FROST, Peter, Ph.D. : Anthropologue, GETIC (Groupe d'études inuit et circumpolaire), Université Laval de Sainte-Foy, Québec, Canada. Page professionnelle : http://www.globetrotter.net/gt/usagers/pfrost/.

GEARY, David Cyril, Ph.D. : Middlebush Professor of Psychological Sciences, Université du Missouri, Columbia, États-Unis. Auteur de *Male Female, The Evolution of Human Sex Differences* (1998) traduit par *Hommes, femmes, l'évolution des différences sexuelles humaines* (2003). Site professionnel : http://www.missouri.edu/~psycorie/.

GRAMMER, Karl : Directeur du Ludwig-Boltzmann-Institute for Urban Ethology, Institute for Human Biology, Université de Vienne, Autriche.

HAMILTON, William Donald, Ph.D. (Grande Bretagne ; 1936-2000) : Biologiste. Professeur de recherches à la Royal Society, Département de Zoologie, Oxford University (UK). A découvert et donné son nom à la *Kin selection* (sélection de la parentèle ou sélection hamiltonienne).

HARRIS, Judith Rich : Auteur de *Pourquoi nos enfants deviennent ce qu'ils sont* (1998). http://xchar.home.att.net/tna/bio.htm.

HRDY, Sarah ép. Blaffer, Ph.D. : Professeur Emeritus d'anthropologie, Université de Californie, Davis, États-Unis. Auteur de *Mother Nature A History of Mothers, Infants, and Natural Selection* (1999).

JAMISON, Kay Redfield, Ph.D. : Psychologue, professeur de psychiatrie, Johns Hopkins University School of Medicine (États-Unis) et professeur honoraire d'anglais, Université de St. Andrews (Scotland) Baltimore, Maryland (États-Unis). Voir http://www.stigmaconference.nih.gov/bios/Jamison.htm.

JENSEN, Arthur R. : Professeur Emeritus de psychologie éducative, Université de Californie, Berkeley, États-Unis. Auteur de *The g Factor : The Science of Mental Ability* (1998).

KIMURA, Motoo (Japon, 1924-1994) : Généticien. A conçu la *Théorie neutre de l'évolution moléculaire.*

KING, Brian : Doctoral Student, Department of Psychology Bowling Green State University Bowling Green, OH 43403.

KOHL, James Vaughn : Chercheur et auteur spécialisé dans les phéromones. http://www.pheromones.com/.

KUHN, Thomas S. (1922-1996) : Auteur de *The Structure of Scientific Revolutions* (1962) qui a introduit le concept de rupture de paradigme en épistémologie. Était à cette époque le « Laurence Rockefeller Professor Emeritus of Linguistics and Philosophy » au MIT (Massachusetts Institute of Technology).

MAYNARD-SMITH, John : Professeur de biologie à l'Université du Sussex (1965-85). Est surtout connu pour son concept de stratégie évolutionnairement stable (ESS : modèle des Colombes (*doves*) et des Faucons (*hawks*)). Auteur de : *Theory of Evolution* (1958), *Mathematical Ideas in Biology* (1968) et *Evolution and the Theory of Games* (1982).

MENCKEN, Henry-Louis (États-Unis, 1880-1956) : Considéré comme le plus grand journaliste américain du XX e siècle. On le surnomme *Le Sage de Baltimore* et il est très connu pour ses aphorismes.

MENDEL, Gregor (Moine Tchèque, 1822-1884) : Considéré comme le fondateur de la génétique. Il a publié ses découvertes en 1866 mais elles ne seront répandues qu'à partir de 1900, date de leur redécouverte par Hugo De Vries (Pays-Bas, 1848-1935). On dit que Darwin n'en avait jamais entendu parler (Voir Pichot, 1999, chap. 3).

MESQUIDA, Christian, Ph.D. : Polémologue. York University, Ontario, Canada.

MILLER, Geoffrey, Ph.D. : Professeur assistant, Département de psychologie, Université du Nouveau Mexique, États-Unis. Auteur de *The mating mind : How sexual choice shaped the evolution of human nature.* http://www.unm.edu/~psych/faculty/gmiller.html.

PITCHFORD, Ian, Ph.D. CBiol MIBiol : Department of Psychiatry, Creighton University School of Medicine, États-Unis. Créateur des listes *Evolutionnary-Psychology* et *Psychiatry-online* et responsable du site Human Nature : http://human-nature.com/.

SAILER, Steve : Journaliste et éditorialiste. Fondateur du Human BioDiversity Institute et de sa liste de diffusion : H-BD. http://www.isteve.com.

SCHMIDHBER, Jürgen : Directeur d'études à l'ISDIA, Intelligence artificielle, Lugano, Suisse. A étudié les critères de beauté selon l'approche fractale.

SINGH, Devendra, Ph.D. : Professeur, Département de Psychologie, Université du Texas, États-Unis. A découvert l'importance du WHR (ratio taille/hanche). http://www.psy.utexas.edu/psy/FACULTY/Singh/Singh.html.

SPERRY, Roger (1913-1994) : Ses études sur les cerveaux partagés (split brains) lui ont permis à Roger Sperry de partager le Prix Nobel 1981 en Physiologie et Médecine avec David Hubel et Torstein Wiesel. Voir http://www.indiana.edu/~pietsch/split-brain.html.

TENNOV Dorothy, Ph.D. : Créatrice du terme *limerence.* A publié en 1977 : *Love and Limerence.* À l'époque : Professor of psychology at the University of Bridgeport, Connecticut. Maintenant retraitée mais toujours présente dans le monde de la recherche. Web : http://www.delanet.com/~tennov/.

THORNHILL, Randy, Ph.D. : Distinguished Professor of Biology, Université du Nouveau Mexique, États-Unis. Est surtout connu pour ses recherches sur l'influence de la symétrie sur le fitness et sa publication avec Craig T PALMER de « *A Natural History of Rape* : *Biological Bases of Sexual Coercion* » (The MIT Press – 2000) dont la thèse est que le viol est aussi une stratégie reproductive et pas seulement une marque de domination de l'homme sur la femme comme le défendent les sociologues. Web : http://biology.unm.edu/Biology/Thornhill/rthorn.htm.

TOOBY, John, Ph.D. : Professeur d'anthropologie, Université de Californie, Santa Barbara, États-Unis. Avec Leda COSMIDES, est à l'origine de la psychologie évolutionniste. Ils ont créé ensemble le CEP (Center for Evolutionary Psychology) : http://www.psych.ucsb.edu/research/cep/.

WAAL (de), Frans B. M., Ph.D. : C. H. Candler Professor, Département de Psychologie, Directeur du Living Links Center, Emory University, États-Unis. Spécialiste des grands singes.

WALLACE, Alfred Russel (Grande Bretagne : 1823-1913) : A découvert en même temps que Charles Darwin la théorie de la sélection naturelle.

WALLER, John C. W., Ph.D. : Postgraduate Fellow, Département d'histoire des sciences, Harvard University, États-Unis.

WEDEKIND, Claus : Institute of Cell, Animal and Population Biology, University of Edinburgh ; Lecturer, Faculty of Science, University of Bern, Switzerland. A découvert l'impact du MHC dans les préférences phéromonales des femmes envers les hommes et l'influence du cycle menstruel sur cette préférence.

WRIGHT, Robert : Journaliste (États-Unis). Auteur de *L'Animal Moral* (1995).

ZAHAVI, Amotz : Département de zoologie, George S. Wise Faculty of Life Sciences, Université de Tel Aviv, Israel. Découvreur avec Avishag Zahavi en 1975 du principe du handicap.

Bibliographie

AHARON, Itzhak ; ETCOFF Nancy ; ARIELY, Dan ; CHABRIS Christopher F. (2001). Beautiful Faces Have Variable Reward Value : fMRI and Behavioral Evidence. *Neuron,* Vol. 32, 537–551, Nov. 8.

ALBERT, R. S. (Ed.) (1983). *Genius and eminence,* Oxford, Pergamon.

ALDEN SMITH, Eric (1998). Is Tibetan Polyandry Adaptive ? Methodological and Metatheoretical Analyses, *Human Nature,* Vol. 9, No. 3, pp. 225-261.

ALVERGNE, A., & LUMMAA, V. (2009). Does the contraceptive pill alter mate choice in humans? *Evolution*, 1-9. doi: 10.1016/j.tree.2009.08.003.

AXELROD, Robert (1984). *Comment réussir dans un monde d'égoïstes*, Paris, Odile Jacob, OPUS Sciences, n° 44. 1996. 1re éd. fr. : *Donnant Donnant*, Paris, Odile Jacob, 1992. VO : *The Evolution of Cooperation*. États-Unis.

BAKER, Robin (1996). *La guerre du sexe*, Éd. JC Lattès, 1997. VO : *Sperm Wars*, Éd. Fourth Estate Ltd, 1996, Sélection sexuelle.

BARKOW, Jerome ; COSMIDES, Leda, TOOBY, John (Eds) (1992). *The Adapted Mind*, New York, Oxford University Press. 18 articles de BARKOW, Jerome ; BLOOM, Paul ; BOULTON, Michael J. ; COSMIDES, Leda ; DALY, Martin ; EALS, Marion ; ELLIS, Bruce J. ; FEISTNER, Anna T.C. ; FERNALD, Anne ; HEERWAGEN, Judith H. ; KAPLAN, Stephen ; LLOYD, Alan T. ; MANN, Janet ; McGREW, W.C.

BEALL, C. M. & C. GOLDSTEIN (2002). Changing patterns of Tibetan Pastoral Nomadism, *The Human Biology of Pastoral Populations,* Leonard and Crawford (Eds), Cambridge University Press, 131-150.

BECERRA, Lino ; BORSOOK, David ; BREITER, Hans ; GONZALEZ, Gilberto & WISE, Roy (2001). Study finds brain's reward areas also activated by pain : Imaging study may lead to improved diagnostic, treatment methods, *Annonce du 5 décembre 2001 du Massachussetts General Hospital*. Disponible à : http://www.mgh.harvard.edu/DEPTS/pubaffairs/releases/120501pain.htm.

BÉNESTEAU, Jacques (2002). *Mensonges freudiens. Histoire d'une désinformation séculaire*. Bruxelles, Pierre Mardaga. Présentation et extrait à : http://www.douance.org.

BENSON, E. (2002). A pheromone by any other name, *Monitor on Psychology*, American Psychological Association, Vol. 33, No. 9, October, p. 48.

BERLINER D.L., MONTI-BLOCH L., JENNINGS-WHITE C., DIAZ-SANCHEZ V. (1996). The functionality of the human vomeronasal organ (VNO) : evidence for steroid receptors, *J Steroid Biochem Mol Biol,* Jun. 58(3), pp. 259-65.

BOUCHARD, Tom & McGUE, Matt (1981). Familial studies of intelligence, *Science,* 212, 4498, 1055-1059.

BRAKE, W. ; FOSSELLA, J. ; MUELLER, A. ; OGAWA S. ; MCEWEN, B.S. (2001). Effects of neonatal maternal separation on gene expression and adult behaviors in c57bl/6j mice, *Soc. Neurosci. Abstr.,* Vol. 27, Program No. 572.14.

BRAND, Christopher (1996). *The g Factor – General Intelligence and its Implications*. Dépublié par Wiley and Son. Version 2001 disponible gratuitement sur le site Douance (http://www.douance.org).

BRÉDART, S. & FRENCH, R.M. (1999). Do babies resemble their fathers more than their mothers ? A failure to replicate Christenfeld & Hill (1995), *Evolution and Human Behavior*, 20, 129-135. Disponible à : http://www.ulg.ac.be/cogsci/rfrench/father_resemblance.pdf.

BRESSAN, Paola (2002). Why babies look like their daddies : paternity uncertainty and the evolution of self-deception in evaluating family resemblance, *Acta Ethologica*, 4, 113-118. Disponible à : http://www.psy.unipd.it/~pbressan/.

BRITTEN, Roy (2002). Divergence between samples of chimpanzee and human DNA sequences is 5 %, counting indels, *Proceedings of the National Academy of Sciences of the USA*, DOI : 10.1073/ pnas.172510699, September 23. http://www.pnas.org/cgi/doi/10.1073/pnas.172510699.

BUSS, David M. (1994). *Les stratégies de l'amour*, Paris, InterEditions. VO : *The Evolution of Desire, Strategies of Human Mating*, David BUSS a publiquement annoncé début 2002 préparer une nouvelle version complétée de ce livre.

CARROLL, Lewis (1872). *Through The Looking Glass*. VF : *De l'autre coté du miroir*, Paris, Flammarion.

CAUGHLIN, J. P. ; GOLISH, T. D. ; OLSON, L. N. ; SARGENT, J. E. ; COOK, J. S. & PETRONIO, S. (2000). Family secrets in various family configurations : A Communication Boundary Management perspective, *Communication Studies*, 51, pp. 116-134.

CÉLINE, Louis-Ferdinand (1932). *Voyage au bout de la nuit*, Paris, Gallimard, 1981, Folio, n° 28 (réédité depuis dans la même collection, 1re éd. : 1932).

CHAPLIN, Charles (1947). *Monsieur VERDOUX*, film de Charles CHAPLIN, États-Unis.

CHRISTENFELD, N. & HILL, E. (1995). Whose baby are you ?, *Nature,* 378 : 669.

CHUNG, J. H. (2001). Maternal separation causes death of brain cells – Prozac® treatment reverses those changes, *Molecular Psychiatry,* Vol. 6, No. 6, pp. 725-728. Public release date : Nov. 26.

CLAIR, René (1951). *La Princesse de Chine,* Paris, Grasset. Réédité sous le titre « Mémoires d'un Innocent » dans le recueil *Jeux du hasard*, Paris, Gallimard, coll. Blanche, 1976 (épuisé).

CLEMENT, René (1972). La *course du lièvre à travers les champs,* film, France, 1972. Avec Robert Ryan, Aldo Ray, Jean-Louis Trintignant, Léa Massari, Tina Farrow. D'après GOODIS, David *Black Friday* et *The Raving Beauty/ Somebody's Done For*.

COCHRAN, Gregory M., EWALD, Paul W. & COCHRAN, Kyle D. (2000). The Infectious Causation of Disease, *PBM,* 43, 3 : 406-448, © 2000 by The Johns Hopkins University Press.

COCHRAN, G., HARDY, J., & HARPENDING, H. (2006). Natural history of Ashkenazi intelligence. *Journal of biosocial science, 38*(5), 659-93. doi: 10.1017/S0021932005027069.

COHEN, David. B. (1999). *Stranger in the nest*, New York, Wiley & Son.

COLAPINTO, J. (1997). The true story of John/Joan, *Rolling Stone*, 54-73, 92-6, December 11.

CONNIF, Richard (2001). Why we take risks (entretien avec Amotz ZAHAVI), *Discover*, Vol. 22, No. 12, December.

COSMIDES, Leda ; TOOBY, John (1997). *Evolutionary Psychology : A Primer*, Disponible à : http://www.psych.ucsb.edu/research/cep/primer.html.

DALY, M. & WILSON, M. (1988). Evolutionary social psychology and family homicide, *Science,* 242 : 519-524.

DALY, M. & WILSON, M. (2001). An assessment of some proposed exceptions to the phenomenon of nepotistic discrimination against stepchildren, *Annales Zoologici Fennici,* 38 : 287-296. Disponible à : http://sekj.pc.helsinki.fi/PDF/anz38-free/anz38-287p.pdf.

DAMASIO, Antonio R. (1994). *L'erreur de Descartes. La raison des émotions*, Paris, Odile Jacob, 1995. VO : *Descartes' Error. Emotion, Reason, and the Human Brain.*

DAMASIO, Antonio R. (1999). *Le Sentiment même de soi. Corps, Emotions, Conscience.* Odile Jacob. VO : *The feeling of What Happens. Body and Emotions in the making of Consciousness.*

DANK, Barry M. (1996). The Ethics of Sexual Correctness and the Cass Case, *Book Of Proceeedings, Seventh Annual Conference On Applied Ethics,* pp. 110-115. Disponible à http://www.csulb.edu/~asc/post9.html.

DARWIN, C. (1871). *The descent of man, and selection in relation to sex*, London, John Murray.

DARWIN, Charles (1859). *L'origine des espèces*, Flammarion, GF 685, 1992. VO : *On the Origin of Species by Means of Natural Selection or the Preservation of Favoured Races in the Struggle for Life*, UK.

DARWIN, Charles (1872). *L'expression des émotions chez l'homme et les animaux* (premiers chapitres : Rivages Poche, n° 351, 2001). VO : *The expression of the Emotions in Man and Animals,* UK.

DAVIDSON, Elsa (1999). Size Matters. Advances in prenatal screening may soon make dwarfism obsolete. Is this eugenics or a cure ?, *Feed magazine*, October 20.

DAWKINS, Richard (1989). *Le gène égoïste*, Paris, Odile Jacob, OPUS Sciences, n° 33. 1996. VO : *The Selfish Gene*, UK (1re éd. 1976, 2e éd. complétée 1989).

DEAN, C. ; LEAKEY, M.G. ; REID, D. ; SCHRENK, F. ; SCHWARTZ, G.T. ; STRINGER, C. ; WALKER, A. (2001). Growth processes in teeth distinguish modern humans from Homo erectus and earlier hominids, *Nature*, 414, pp. 628-631. Disponible à : ftp ://pc74.anat.ucl.ac.uk/pub/dean/deanetal2001.pdf.

DELACOUR, Jean (1998). *Une introduction aux neurosciences cognitives*, Bruxelles, De Boeck Université, coll. Neurosciences et Cognition.

DELEV, D. P., KOSTADINOVA, I. I., KOSTADINOV, I. D., & UBENOVA, D. K. (2009). Physiological and Clinical characteristics of Andropause. *Folia Medica*, *LI*(1), 15-22.

DIAMOND, Jared (1987). The worst mistake in the history of the human race, *Discover Magazine*, May, pp. 64-66. Disponible à : http://www.agron.iastate.edu/courses/agron342/diamondmistake.html.

DUGATKIN, L. A. & GODIN (1998). How females choose their mates, *Scientific American,* 278(4) : 56-61.

DUGATKIN, Lee Alan (2001). *The Imitation Factor : Evolution Beyond the Gene,* 1st edition, Jan., Free Press.

DURANTE, K. M. (2008). Changes in women's choice of dress across the ovulatory cycle: naturalistic ad laboratory task-based evidence. *Pers. Soc. Psychol. Bull.*, *34*, 1451-1460.

EBBINGHAUS (1885). *A Contribution to Experimental Psychology,* Disponible en version anglaise à http://psychclassics.yorku.ca/Ebbinghaus/.

ELLIS, Lee (1996). Theories of Homosexuality et The role of Perinatal Factors in Determining Sexual Orientation, in Ritch C. SAVIN-WILLIAMS et Kenneth M. COHEN (Eds), *Lives of Lesbians, Gays, and Bisexuals – Children to Adults*, Cornell University, Harcourt Brace College Publishers.

ELLIS, Lee, COLE-HARDING, Shirley (2001). The effets of prenatal stress, and of prenatal alcohol and nicotine exposure, on human sexual orientation, *Physiology and Behavior,* 74 : 213-226.

ENTINE, John (2000). *Taboo : Why Black Athletes Dominate Sports and Why We're Afraid to Talk About It,* Public Affairs.

EPIGÉNOME, N. O. (2010). Qu'est-ce que l'épigénétique? *Epigenome.eu*. Retrieved from http://epigenome.eu/fr/1,1,0.

ETAVARD, Paulette (1967). *Amour et Vie. Notre Aventure d'homme*, Livre Clé (SPER), coll. Clair Avenir (Livre de morale catholique à l'attention des adolescents).

EYSENCK, H. J. (1995). *Genius : The natural history of creativity*. New York, Cambridge University Press.

FAY, J. C. & C.-I WU (2002). The neutral theory in the genomic era, *Curr. Opinion Gen. Dev.* (in press). Voir *Human and fly studies tally good and bad mutations, stress ongoing role of natural selection*, University of Chicago, Feb. 27. http://www.uchospitals.edu/news/Evolve.html.

FEIN, Ellen & SCHNEIDER, Sherrie (1996). *The Rules,* Warner Book. Voir http://www.therulesbook.com.

FERRARA, Stéphane (1987). Interview dans *Photo,* n° 240 (septembre).

FISHER, Sir Ronald Aylmer (1930). *The Genetical Theory of Natural Selection*, Oxford, Oxford University Press.

FISHER, H. (2004). Trois systèmes neuraux différents pour la reproduction humaine selon Helen Fisher. *Evopsy*. Retrieved from http://evopsy.com/article125.html.

FISKE, S. T. (1993). Controlling other people : The impact of power on stereotyping, *American Psychologist*, 48, 621-628.

FLEISCHER, Richard (1958). *Les Vikings*. Film, États-Unis. Avec Kirk Douglas, Tony Curtis, Janet Leigh, Ernest Borgnine. Les scènes finales ont été tournées au Fort La Latte, près du Cap Fréhel à Matignon (Côte d'Armor, Bretagne Nord).

FREUD, S. (1932). De la sexualité féminine, *Œuvres complètes. Volume XIX,* Paris, PUF.

FROST, P. (2009). Where are the women? *Evo and Proud*. Retrieved from http://evoandproud.blogspot.com/2009/08/where-are-women.html.

FROST, P. (2010). John Tooby and Leda Cosmides. Why not collaborate? *Evo and Proud*. Retrieved from http://evoandproud.blogspot.com/2010/02/john-tooby-and-leda-cosmides-why-not.html.

FURCHGOTT, Eve (1993). What Happened to Kerista ?, *Communities Journal,* No. 80/81, Spring/Summer. Disponible à : http://www.globalideasbank.org/BOV/BV-63.HTML.

GANGESTAD, S. W. & BUSS, D. M. (1993). Pathogen prevalence and human mate preferences, *Ethology and Sociobiology*, 14, 89-96.

GANGESTAD SW, THORNHILL R, GARVER CE (2002). Changes in women's sexual interests and their partners' mate-retention tactics across the menstrual cycle : evidence for shifting conflicts of interest, *The Royal Society. Proceedings Biology and Sciences*, May 7, 269(1494) : 975-82.

GAYON, Jean (1997). Hasard et évolution, *Pour la Science,* n° 14, *L'évolution*, janvier, épuisé, disponible en livre.

GEARY, D.C. (1998). *Male Female : The Evolution of Human Sex Differences*, American Psychological Association. VF : *Hommes, Femmes : l'évolution des différences sexuelles humaines*, Bruxelles, De Boeck Université, 2003.

GEARY, D.C. (2003). Table 2.1 : Une classification écologique des systèmes d'accouplement. In P. Gouillou, *Hommes, Femmes : L'évolution des différences sexuelles humaines* (1re, p. 42). Louvain : De Boeck Université.

GOODSTEIN ELLESLEY, Laurie (2001). Muslims Nurture Sense of Self on Campus, *New York Times,* Nov. 3.

GOTTSHALL, John & Tiffany (2001). Press release du 23 juin, *New Scientist,* Voir : http://www.eurekalert.org/pub_releases/2001-06/NS-Raes-1906101.php.

GOUILLOU, Philippe (1997-2003). Site Douance.org, http://www.douance.org.

GOUILLOU, Philippe (2002). Le QI (Quotient Intellectuel), *ANAE. Approche neuropsychologique des apprentissages chez l'enfant*, n° 67, pp. 83-90 [8 pages].

GOUILLOU, P. (2004). Taxonomie: Homo Sapiens Sapiens. *Evopsy*. Retrieved from http://evopsy.com/article39.html.

GOULD, Stephen Jay (1989). *La vie est belle* (1re éd. fr., Paris, Seuil, 1991, Points Sciences S128). VO : *Wonderful Life*, États-Unis, 1989.

GOUYON, Pierre Henry (1999). *Magazine Littéraire,* mars.

GRAMMER K, JUTTE A. (1997). Battle of odors : significance of pheromones for human reproduction, *Gynakol Geburtshilfliche Rundsch*, 37(3) :150-3 [Article in German].

GRUNER, Charles R. (1997). *The Game of Humor : A Comprehensive Theory of Why We Laugh,* New Brunswick, NJ : Transaction Publishers.

HAGEN, E. H. (2009). Human natures — A review of The 10,000 Year Explosion G. Cochran and H. Harpending. *Evolution and Human Behavior*, *30*(6), 453-455. doi: 10.1016/j.evolhumbehav.2009.07.006.

HAMER D.H., HU S., MAGNUSON V.L., HU N. ADN PATTATUCCI A.M.L. (1993). A linkage between DNA markers on the X chromosome and male sexual orientation, *Science*, 261 : 320-326.

HAMILTON, W. D. (1964). The genetical evolution of social behavior. II, *Journal of Theoretical Biology*, 7, 17-52.

HARRIS, Judith Rich (1995). Where Is the Child's Environment ? A Group Socialization Theory of Development, *Psychological Review*, July, American Psychological Association Inc., Disponible à : http://www.apa.org/journals/rev/rev1023458.html.

HARRIS, Judith Rich (1998). *Pourquoi nos enfants deviennent ce qu'ils sont. De la véritable influence des parents sur la personnalité de leurs enfants,* Paris, Robert Laffont, coll. Réponses, 1999. VO : *The Nurture Assumption*, États-Unis.

HAWKS, J., WANG, E. T., COCHRAN, G. M., HARPENDING, H. C., & Moyzis, R. K. (2007). Recent acceleration of human adaptive evolution. *Proceedings of the National Academy of Sciences of the United States of America*, *104*(52), 20753-8. doi: 10.1073/pnas.0707650104.

HAZAN, Cynthia (1999a). CyberHiker : A tough year for monogamy, Interview par *Environnemental News Network (ENN)*. Disponible à http://www.enn.com/enn-features-archive/1999/07/073099/hiker730_4690.asp.

HAZAN, Cynthia (1999b). Interview au *Sunday Time Magazine*, 25 juillet.

HERRNSTEIN, Richard J. et MURRAY, Charles (1994). *The Bell Curve*, New York, The Free Press.

HEWLETT, Sylvia Ann (2002). *Creating a life : Professional Women and their Children*, Talk Miramax, Apr.

HILL, K. & HURTADO, A. M. (1996). Ache life history : *The ecology and demography of a foraging people*, New York, Aldine de Gruyter.

HOLDEN,C. & MACE, R. (1999). Sexual Dimorphism in Stature and Women's Work : A Phylogenetic Cross-Cultural Analysis, *American Journal of Physical Anthropology*, Vol. 110, issue 1, 27-45. 0002-9483.

HRDY, Sarah Blaffer (1999a). *Mother Nature A History of Mothers, Infants, and Natural Selection*, New York, Pantheon Books.

HRDY, Sarah BLAFFER (1999b). Conférence à New York City, 24 mars, source : liste HBE-L.

HUGHES, James J. (1990). Monogamy as a Prisoners Dilemma : Non-Monogamy as a Collective Action Problem. Disponible à : http://www.changesurfer.com/Acad/Monogamy/Mono.htm.

HUHTANIEMI, I., MÄKINEN, J. I., PERHEENTUPA, A., & RAITAKARI, O. T. (2008). Late-onset hypogonadism in men. Experience from the Turku Male Ageing Study (TuMAS). *Hormones (Athens, Greece)*, 7(1), 36-45. Retrieved from http://www.ncbi.nlm.nih.gov/pubmed/18359743.

IRONS, William (1991). How Did Morality Evolve ?, *Zygon : Journal of Religion and Science*, Vol. 26, No. 1, March, pp. 49-90.

JASPARD, Maryse (1997). *La sexualité en France*, Paris, La Découverte, coll. Repères, n° 221.

JENSEN A.R. (1978). Genetic and behavioral effects of nonrandom mating, *Human Variation : Biopsycholgy of Age, Race and Sex*, R.T. Osborne, C.E. Noble, and N. Weyl (Eds), New York, Academic Press, pp. 5-105.

JENSEN A.R. (1998). *The g Factor : The Science of Mental Ability*, Praeger.

KAMMER, Jack (1999). *Si les hommes ont tout le pouvoir, pourquoi les femmes imposent-elles les règles ?*, trad. de Gérard Pierre LEVESQUE. Disponible à : http://www.rulymob.com/french/index.htm.

KARLSSON H., BACHMANN S., SCHRVDER J., MCARTHUR J., TORREY EF, YOLKEN R.H. (2001). Retroviral RNA identified in the cerebrospinal fluids and brains of individuals with schizophrenia, *Proc. Natl Acad Sci USA*, 98 : 4634-4639.

KELLERA, Matthew C., NESSEB, Randolph M. & HOFFERTHB, Sandra (2001). The Trivers-Willard hypothesis of parental investment – No effect in the contemporary United States, *Evolution and Human Behavior*, 22, 343-360.

KENNAIR, Leif Edward Ottesen (2002). Evolutionary Psychology : An Emerging Integrative Perspective Within The Science And Practice Of Psychology, *The Human Nature Review*, Vol. 2, 17-61, Jan. 15. Disponible à : http://human-nature.com/nibbs/02/ep.html.

KENRICK, D. ; GUTIERRES, S. & GOLDBERG, L. (1989). Influence of popular erotica on judgments of strangers and mates, *Journal of Experimental Social Psychology,* 25, 159–167.

KENRICK, D.T. ; SADALLA, E.K. ; GROTH, G. & TROST, M.R. (1990). Evolution, traits, and the stages of human courtship : Qualifying the parental investment model, *Journal of Personality (Special Issue on Biological Approaches to Personality)*, pp. 97-116.

KEVERNE, Barry (1992). Primate Social Relationships : Their Determinants and Consequences, *Study of Behaviour*, Vol. 21 (Academic Press).

KIMURA, Motoo (1983). *The Neutral Theory of Molecular Evolution*, Cambridge, Cambridge University Press. VF : C. Montgelard (trad. coll.), *Théorie neutraliste de l'évolution*, Paris, Flammarion, coll. Nouvelle Bibliothèque scientifique.

KLEINFELD, Judith (1998). The Myth That Schools Shortchange Girls : Social Science in the Service of Deception, *Prepared for The Women's Freedom Network*. Disponible à : http://www.uaf.edu/northern/schools/myth.html.

KOEHLER, Nicole, RHODES, Gillian, Simmons, Leigh W. (2002). Are human female preferences for symmetrical male faces enhanced when conception is likely ?, *Animal Behavior,* Vol. 64, No. 2, Aug., pp. 233-238.

KOHL, James Vaughn (1999). Mammalian Olfactory Genetic. Neuronal-Hormonal-Behavioral Reciprocity and Human Sexuality, *Congrès HBES*. Voir aussi : http://www.pheromones.com.

KOHL, James Vaughn (2002). Homosexual Orientation in Males : Human Pheromones and Neuroscience (Part one) : *Across-Species Comparisons and Psychopathology Bulletin,* 3 (2), 19-24, 2e partie publiée en novembre 2002.

KUHN, Thomas S. (1962). *The Structure of Scientific Revolutions,* Chicago, University of Chicago Press.

LANDGLEBEN, Daniel M.D. ; GUR, Ruben Ph.D. ; CHILDRESS, Ann Rose Ph.D. ; O'BRIEN, Charles M.D., Ph.D. ; MALDJIAN, Joseph M.D. ; SCHROEDER Lee, McDONALD, Scott (2001). The brain operates differently in deception and honesty, *Public release date* : Nov. 11, University of Pennsylvania Medical Center. http://www.eurekalert.org/pub_releases/2001-11/uopm-tbo110901.php.

LANGANEY, André (1979). *Le sexe et l'innovation*, Paris, Seuil, Points Sciences S54, 1987 (1re éd. : Seuil, 1979).

LANGANEY, André (1991). *Le sauvage central*, Paris, Éd. Raymond Chabaud.

LANGANEY, André (1999). *La Philosophie biologique*, Paris, Belin.

LEMAIRE, Patrick (1999). *Psychologie Cognitive*, Bruxelles, De Boeck Université, coll. Ouverture Psychologique.

LEO, John (2000). Anti-male bias increasingly pervades our culture, *Jewish World Review*, 25 July/22 Tamuz, 5760.

LEWIS DA. (2001). Commentary : Retroviruses and the pathogenesis of schizophrenia, *Proc Natl Acad Sci USA*, 98 : 4293-4294.

LEWIS, Ricki (2000). Reevaluating Sex Reassignment. Evidence supports nature over nurture in establishing gender identity, *The Scientist* 14[14], 6, Jul. 10. Disponible à http://www.the-scientist.com/yr2000/jul/lewis_p6_000710.html.

LITTRÉ, Émile (1872-1876). *Dictionnaire de la Langue Française* (1re éd. : 1872, éd. complétée en 1876).

LOW, B. S. (1998). Pathogen stress and polygyny in humans, in L. Betzig, M. Borgerhoff Mulder, & P. Turke (Eds), *Human reproductive behaviour : A Darwinian perspective,* Cambridge, Cambridge University Press, pp. 115-127.

LOW, B.S. (1990). Marriage systems and pathogen in human societies, *American Zoologist*, 30, 325-339.

LYKKEN, D.T. & TELLEGEN, A. (1996). Happiness is a stochastic phenomenon, *Psychological Science*, 7, 186-189. Disponible à : http://www.psych.umn.edu/psyfac/emeritus_sr/Lykken/Happiness.pdf.

McCLINTOCK, Martha (1971). Menstrual Synchrony and Suppression, *Nature*, Vol. 229, pp. 244-245, Jan. 22.

MARKALE, Jean (1972). *La femme celte*, Paris, Payot, coll. Petite Bibliothèque Payot / Documents P108, 1992 (1re éd. : Bibliothèque historique Payot, 1972).

MARKALE, Jean (1997). *La grande déesse*, Paris, Albin Michel.

MAYNARD-SMITH, John (1972). Game Theory and The Evolution of Fighting, *On Evolution,* Edinburgh, Edinburgh University Press, pp. 8-28.

MAYR, E. (1942). *Systematics and the origin of species from the viewpoint of a zoologist. Systematics and the origin of species from the viewpoint of a zoologist,*. Retrieved from http://searchworks.stanford.edu/view/1853559.

MAYR, Ernst (1991). *One Long Argument. Charles DARWIN and the Genesis of Modern Evolutionary Thought*, Harvard University Press. Voir la synthèse de Joel HANES sur le site Talk Origins à : http://www.talkorigins.org/faqs/darwinism.html.

MAZUR, Allan & MUELLER, Ulrich (1996). Facial Dominance, in Somit, A. & Peterson, S. (Eds), *Research in Biopolitics*, London, JAI Press, Vol. 4, pp. 99-111. Disponible à : http://cogprints.ecs.soton.ac.uk/archive/00000631/.

MC DONALD, Bill (1996). Memsahib Power : Throughout western history, have white women been the primary agents of oppression ?, *The Backlash* !, July. Disponible à http://www.backlash.com/content/gender/1996/7-jul96/memsahib.html.

MCVITTIE, B. (2006). Comment l'épigénétique façonne-t-elle la vie? (D. De Cicco & L. Claesen) *Epigenome.eu*. Retrieved from http://epigenome.eu/fr/1,3,0.

MESQUIDA, Christian G. & WIENER, Neil I. (1996). Human Collective Agression : a behavioural ecology perspective, *Ethology and Sociobiology*, 17 : 247-262.

MESQUIDA, Christian G. & WIENER, Neil I. (1999). Male Age Composition and Severity of Conflicts, *Politics and the Life Sciences,* September, 181-189.

MIKHALKOV, Nikita (1986). *Les Yeux noirs* (VO : *Oci ciornie*), film italien, scénario : Nikita Mikhalkov, Suso Cecchi d'Amico, d'après trois nouvelles de Tchekhov.

MILINSKI, M. & WEDEKIND, C. (2001). Evidence for MHC-correlated perfume preferences in humans, *Behavioral Ecology*, 12, 140-149.

MILLER, Geoffrey (2000a) : The Mating Mind : How Sexual Choice Shaped the Evolution of Human Nature, New York, Doubleday.

MILLER, Geoffrey (2000b). Social Policy Implications of the New Happiness Research, *Edge*, June. Disponible à http://www.edge.org/3rd_culture/story/86.html.

MINELLA, J. (2002). Sexual desire boosted by breasfeeding odours, *New Scientist Print Edition*, Apr. 24. http://www.newscientist.com/news/news.jsp ?id=ns99992205.

MONTI-BLOCH L., DIAZ-SANCHEZ V., JENNINGS-WHITE C., BERLINER DL. (1998). Modulation of serum testosterone and autonomic function through stimulation of the male human vomeronasal organ (VNO) with pregna-4,20-diene-3,6-dione, *J Steroid Biochem Mol Biol*, Apr. 65(1-6) : 237-42.

MONOD, Jacques (1970). *Le hasard et la nécessité*, Paris, Seuil, Points Essais 43, 1998 (1re éd. : Seuil).

MORAN, Laurence (1993). *The Modern Synthesis of Genetics and Evolution*, Jan. http://www.talkorigins.org/faqs/modern-synthesis.html.

MOROFUSHI, M. ; Shinohara, K. ; FUNABASHI, T. ; KIMURA, F. (2000). Positive relationship between menstrual synchrony and ability to smell 5alpha-androst-16-en-3alpha-ol, *Chem Senses*, Aug. 25(4) : 407-11.

MORRIS, Desmond (1967). *The naked Ape*, London, Jonathan Cape, 252 p. VF : *Le Singe nu,* Paris, Librairie Générale Française, Le Livre de Poche, n° 2752.

MUELLER, U. & MAZUR, A. (1998). Facial Dominance in Homo Sapiens as Honest Signaling of Male Quality. Disponible à http://cogprints.ecs.soton.ac.uk/archive/00000696/.

NUFFIELD COUNCIL ON BIOETHICS (2002). *Report* : *Genetics and human behaviour*, September 27. Disponible à http://www.nuffieldbioethics.org/publications/pp _0000000015.asp.

OSWALD, Andrew & ZIZZO, Daniel John (2001). Are People Willing to Pay to Reduce Others' Incomes ?, *Annales d'Economie et de Statistique*, July/December, 63-64, 39-65. Disponible à http://www.andrewoswald.com/.

OVERBEEK, Paul (1999). *New Scientist*, October 30. Disponible à http://www.newscientist.co.uk/ns/19991030/newsstory2.html.

PEARSON, Helen (2001). Ancestors skip adolescence, *Nature Update* 011206-10, 6 décembre. http://www.nature.com/nsu/011206/011206-10.html.

PEASE, Allan et Barbara (1999). *Pourquoi les hommes n'écoutent jamais et les femmes ne savent pas lire une carte routière*, First Editions. VO : *Why men never listen and women can't read a map*, États-Unis, 1998.

PEDERSEN, F. (1991). Secular trends in human sex ratios. *Human Nature*, *2*(3), 271-291. doi : 10.1007/BF02692189.

PENN, Arthur (1970). *Little Big Man*. Film, États-Unis, avec Dustin Hoffman, Faye Dunaway et Chief Dan George.

PENN, Nate & LAROSE, Lawrence (1996). *The Code : Time-Tested Secrets for Getting What You Want from Women Without Marrying Them !,* Éd. Fireside, États-Unis.

PENTON-VOAK, I.S. & PERRETT, D.I. (1998). Effects of Exaggerated Femininity and Masculinity on Facial Attractiveness, *Nature*, 399, 741-742 du 24 juin 1999. Présenté au congrès HBES 1998.

PINKER, Steven (1997). *Comment fonctionne l'esprit*. Odile Jacob. 2000. VO *How the Mind Works*, W.W. Norton & Company.

PLOMIN, DEFRIES, McCLEARN & RUTTER (1997). *Des gènes au comportement Introduction à la génétique comportementale*, Bruxelles, De Boeck Université, 1999. VO : *Behavioral Genetics*, W.H. Freeman & Company, Third Edition.

PORTMANN, A. (1941). Die Tragzeiten der Primaten und die Dauer der Schwangerschaft beim Menschen : ein Problem der vergleichen Biologie, *Rev. Suisse Zool.*, 48 : 511-518.

REUSCH, T. HAEBERLI, M. AESCHLIMANN, P. & MILINSKI, M. (2001). Female stickleback count alleles : a new strategy of sexual selection explaining MHC polymorphism, *Nature,* 414, 300. 302.

RICE, George, ANDERSON, Carol, RISCH, Neil & EBERS, George (1999). Male Homosexuality : Absence of Linkage to Microsatellite Markers at Xq280, *Science*, Apr. 23, 284 : 665-667 (in Reports).

SAILER, Steve (1994). Why Lesbians Aren't Gay : From « Pervert » to « Victim » : The Media's Continued One Dimensional Stereotyping of Homosexuals, *National Review*, May 30. Disponible à http://www.isteve.com/lesvsgay.htm.

SCHEIB, J.E. ; SHAVER, P.R. & RABOY, B.L. (1998). Relationships and Reproduction : A Role for Social Support, *Congrès HBES 1998*. Abstract disponible à http://www.hbes.com/HBES/abst98.htm.

SCHMIDHBER, Jürgen (1998). *Facial Beauty and Fractal Geometry* (June 7). Disponible à http://cogprints.soton.ac.uk/abs/psyc/199806026 (voir les images sur le site).

SCHWARTZ, Marianne & VISSING, John (2002). *New England Journal of Medicine,* Vol. 342, No. 8, Aug. 22, pp. 576-580 et commentaire, pp. 609-610.

SECHAN, Renaud (1985). Miss Maggie. Paroles : Renaud Séchan, Musique : Renaud Séchan, Franck Langolff, in *Mistral Gagnant*.

SILBERMAN, Steve (2001). The Geek Syndrome, *Wired,* Dec.9-12. Disponible à http://www.wired.com/wired/archive/9.12/aspergers.html.

SINGH, Devendra (1993). Body Shape and Women's Attractiveness : The Critical Role of Waist-to-Hip Ratio, *Human Nature,* Vol. 4, No. 3, pp. 297-321.

SINGH D, BRONSTAD PM. (2001). Female body odour is a potential cue to ovulation, *The Royal Society Proceedings : Biological Sciences*, Apr. 22, 268(1469) : 797-801.

STARKS, P. T. & BLACKIE, C. A. (2000). The relationship between serial monogamy and rape in the United States (1960-1995), *Proceedings of the Royal Society London*, Series B, Biological Sciences, 267(1449), 1259-1263.

STERN, Kathleen & McCLINTOCK, Martha (1998). Regulation of ovulation by human pheromones. Letters to Nature, *Nature*, Vol. 392, pp. 177-179, March 12.

SULLIVAN, R. J. & HAGEN, E. H. (2002). Psychotropic substance-seeking : evolutionary pathology or adaptation ?, *Addiction,* Vol. 97, Issue 4, Apr., pp. 389-400.

SYKES, Brian (2001). *The Seven Daughter of Eve*, Bantam Press (UK). VF : *Les sept filles d'Eve*, Paris, Albin Michel.

TAMISIER, Jean Christophe *et al.* (1998). *Dictionnaire des peuples,* sous la direction de Jean-Christophe TAMISIER, Paris, Larousse Bordas.

TEMRIN, H. ; BUCHMAYER. S. & ENQUIST, M. (2000). Step-parents and infanticide : new data contradict evolutionary predictions, *Proceedings of the Royal Society London,* B 267 : 943-945.

TENNOV, Dr Dorothy (1979). *Love and Limerence : The Experience of Being in Love,* Stein and Day, Publishers, Reissue edition (February 1987) : National Book Network. Extraits à http://www.sexuality.org et http://gost.isi.edu/brian/elbows/limerence.html.

TERRASSIER, JC & GOUILLOU, Ph (1998). *Guide pratique de l'enfant surdoué*, Paris, ESF (5e éd. : août 2002).

TIERNEY, Patrick (2000). *Darkness in El Dorado,* New York, Norton Publications.

THOMSON, H. (2009). What's luck got to do with it? The math of gambling. *New Scientist.* Retrieved from http://www.newscientist.com/article/mg20327202.600-whats-luck-got-to-do-with-it-the-math-of-gambling.html?full=true.

THORNHILL, R. & GANGESTAD, S. W. (1993). Human facial beauty : Averageness, symmetry, and parasite resistance, *Human Nature*, 4, 237-269.

THORNHILL, R. & GANGESTAD, S. W. (1999). The scent of symmetry : A human pheromone that signals fitness ?, *Evolution and Human Behavior*, 20, 175-201.

TRIVERS, R., & WILLARD, D. (1973). Natural selection of parental ability to vary the sex ratio of offspring, *Science*, 179, 90–92.

TROISI A. & CAROSI M. (1998). Female orgasm rate increases with male dominance in Japanese macaques, *Animal Behavior*, 56(5) : 1261-1266.

TSUANG, MT, FARAONE, S. ; YOUNG K. A. ; PRABHUDESAI, S. HAVERSOCK, S.L. ; MENA, F. ; MENON, A.S. ; SAUTTER, F. BALDWIN, C. (2001). Important step taken toward the identification of schizophrenia genes. Public Release date : Dec. 9. http://www.eurekalert.org/pub_releases/2001-12/acon-ist120601.php.

VAN VALEN, L. (1973). A New Evolutionary Law, *Evolutionary Theory,* 1, pp. 1-30.

VON NEUMAN, John (1956). *L'ordinateur et le cerveau,* Paris, Flammarion, Champs, n° 284, 1996 (VO : 1956), préface de Klara Von NEUMANN, trad. Pascal Engel, suivi de : PIGNON, Dominique : *Les machines molles de Von Neumann*.

VON PRAUHEIM, Rosa (1996). *Gare aux transsexuels*, Documentaire télévisé allemand, Arte TV.

WADLEY, Greg & MARTIN, Angus (1993). The origins of agriculture – a biological perspective and a new hypothesis, *Australian Biologist* (June). Voir : http://www.edfac.unimelb.edu.au/EPM/papers/GW_paper.html.

WALL, Frans de (1999). Conférence à New York City, États-Unis. Propos rapportés par James Broody, Ph.D. sur la liste HBE-L (www.hbe.com).

WANG, J., KORCZYKOWSKI, M., RAO, H., FAN, Y., PLUTA, J., GUR, R. C., et al. (2007). Gender difference in neural response to psychological stress. *Social cognitive and affective neuroscience*, *2*(3), 227-239. doi: 10.1093/scan/nsm018.

WANG, J., RAO, H., WETMORE, G. S., FURLAN, P. M., KORCZYKOWSKI, M., DINGES, D. F., et al. (2005). Perfusion functional MRI reveals cerebral blood flow pattern under psychological stress. *Proceedings of the National Academy of Sciences of the United States of America*, *102*(49), 17804-9. doi: 10.1073/pnas.0503082102.

WASSER, Samuel K. ; SEWALL, GRETCHEN, and SOULES, Michael (1993). Psychosocial Stress as a Cause of Infertility, *Fertility and Sterility*, Vol. 59, No. 3.

WATZLAWICK, Paul ; HELMICK BEAVIN, J. & D. Jackson, D (1967). *Pragmatics of Human Communication,* New York, W.W. Norton, trad. fr. : *Une logique de la communication*, Paris, Seuil, 1972.

WATZLAWICK Paul ; WEAKLAND, J. & FISCH, R. (1974). *Change : Principles of Problem Formation and Problem Resolution,* New York, W.W. Norton, trad, fr. : *Changements, Paradoxes et Psychothérapie,* Paris, Seuil, 1975.

WEDEKIND, C. ; SEEBECK, T. ; BETTENS, F. ; PAEPKE, A.J. (1995). MHC-dependent mate preferences in humans, *Proceedings of the Royal Society of London*, Series B, 260 : 345-349.

WILSON, E. O. (1995). Science and ideology, *Academic Questions*, Vol. 8, 06-01, pp 73. Disponible à http://www.mugu.com/cgi-bin/Upstream/Root.

WILSON, E.O. (1975). *Sociobiology : A New Synthesis*, Cambridge, Belknap Press of Harvard Univ. Press. 697 pp. Réédité en 2000 : *Sociobiology : The New Synthesis, Twenty-fifth Anniversary Edition,* Harvard University Press, 25th anniv edition (March 4, 2000).

WILSON, Edward O. (1998). *L'unicité du savoir*, Paris, Robert Laffont, 2000. VO : *Consilience*.

WOLFE, Tom (1999). *In Our Time*, Bantam Doubleday Dell Pub.

WOLPERT, Lewis (1999). Is Science dangerous ?, *Nature*, 398, 281-282, p. 282.

WOOD, J. V., PERUNOVIC, W. E., & LEE, J. W. (2009). Positive self-statements : power for some, peril for others. *Psychological science : a journal of the American Psychological Society / APS*, *20*(7), 860-6. doi : 10.1111/j.1467-9280.2009.02370.x.

WOOLCOCK, N. (2010). Single ladies keep your hopes up : there are more unmarried men now. *Times Online*. London. Retrieved from http://women.timesonline.co.uk/tol/life_and_style/women/relationships/article7024086.ece.

WRIGHT, Robert (1994). *L'Animal Moral*, Paris. Éd. Michalon. 1995. VO : *The Moral Animal, Evolutionary Psychology and Everyday Life,* États-Unis.

ZAHAVI, AMOTZ. (1975). Mate selection : A selection for handicap, *Journal of Theoretical Biology,* 53 : 205-214.

ZANDONELLA, Catherine (2001). Pheromones can banish premenstrual syndrome, *New Scientist, 18-07*. Disponible à http://www.newscientist.com/news/news.jsp ?id=ns9999104.

ZEMECKIS, Robert (1988). *Qui veut la peau de Roger Rabbit*, Film, États-Unis. VO : *Who Framed Roger Rabbit* ?

Glossaire

Un glossaire plus complet et bilingue est en ligne sur le site Evopsy.org

ADN « Junk » (*Junk DNA*) : Ensemble des gènes présents dans l'ADN qui semblent n'avoir strictement aucune utilité. Dawkins imagine qu'il s'agit peut-être de gènes égoïstes, qui profitent des êtres vivants pour se reproduire sans intervenir : virus, etc.

ADN (*DNA*) : Structure présente au sein de chaque cellule et qui contient l'ensemble des gènes. La duplication de l'ADN passe par un « négatif » : l'ARN.

ADN mitochondrial (ADN mt) : Les mitochondries font partie de chaque cellule humaine. Leur ADN est spécifique, ce qui signifie qu'il s'agit d'un autre être vivant que nous transportons. L'ADN mitochondrial n'est transmis que par la mère, ce qui en fait un bon marqueur de l'évolution : on peut remonter les lignées (chez les hommes on utilise le chromosome Y). C'est ainsi qu'on a pu découvrir une ancêtre commune à tous les humains actuels : *l'Ève africaine*.

Aléatoire (*Random*) : Selon les définitions de Jean Gayon (1997), un des trois types de hasard : « Un événement aléatoire est un événement qui suit une loi de probabilité. » Jean Gayon

Allèle (*Allele*) : Expression d'un gène. Chaque paire de chromosomes possède deux allèles de chaque gène, en vis-à-vis : un en provenance du père et un en provenance de la mère. Si un allèle d'un chromosome est différent de celui correspondant sur l'autre chromosome, les règles de dominance et de récession déterminent leur expression dans le phénotype : un allèle *dominant* s'exprimera toujours tandis qu'un allèle *récessif* ne s'exprimera pas.

Altruisme : Action coûteuse pour son propre fitness au bénéfice du fitness d'autre(s).

Amour (*Love*) : Sentiment positif fort liant 2 ou plusieurs êtres vivants, le plus souvent de sexes opposés. Certains le distinguent de la *limerence*. L'amour lie généralement des êtres proches génétiquement (parents et enfants, etc.) ou des êtres ayant une alliance dans un but d'augmentation de leur fitness. Sarah Fisher distingue alors trois types d'amour correspondant à trois systèmes neuraux différents.

ARN : Voir ADN

Beagle (*HMS Beagle*) *(Her Majesty Service Beagle)* : nom du bateau sur lequel Darwin a fait son tour du monde. Beagle est le nom d'une race de chien de chasse courant (la plus répandue dans le monde).

Beauté : Qualité d'une caractéristique physique. La beauté apparaît chez la femme comme principalement signe extérieur de fécondité et est l'un des critères essentiels recherchés par l'homme. La beauté a moins d'importance chez l'homme, où la *Dominance faciale* lui est souvent préférée par les femmes.

Bénéfice : Tout ce qui augmente son *fitness* (ou *inclusive fitness*). Opposé : Coût

Big five* et *Big six : Critères de personnalité. *Big five* : extraversion, agrément, fait d'être consciencieux, stabilité émotionnelle, ouverture d'esprit. Christopher Brand a créé le *Big six* en y rajoutant à ces cinq facteurs celui d'intelligence générale *g*, qui n'est que faiblement corrélé avec eux (Brand, 1996).

Biologie : « Ce qui est généralement commun aux végétaux et aux animaux comme toutes les facultés qui sont propres à chacun de ces êtres sans exception, doit constituer l'unique et vaste objet d'une science particulière qui n'est pas encore fondée, qui n'a même pas de nom et à laquelle je donnerai le nom de biologie. » Jean Lamarck (in Langaney, 1999, p. 21)

Bipolarité : Nouvelle désignation médicale de la psychose maniaco-dépressive (PMD), par opposition aux dépressions (unipolaires). Voir http://www.bipolaire.org

Bonobos (Chimpanzé pygmée) : Espèce de grands singes s'étant séparée des chimpanzés communs après la séparation de ces derniers d'avec la lignée humaine. Les bonobos sont les animaux ressemblant le plus extérieurement aux humains : marche debout, activité sexuelle pendant toute la période du cycle, etc. Ils sont en voie de disparition. Taxonomie : voir site Evopsy.org

Bondage : Mot anglais se traduisant par « asservissement ». En BDSM (*Bondage Domination Sado-Masochism*), il désigne les pratiques d'attacher l'autre (avec des cordes, menottes, etc.). Aux niveaux les plus développés, il s'agit d'un véritable art visuel.

Chance (malchance) : Selon les définitions de Jean Gayon (1997), un des trois types de hasard : « Le sens le plus familier du mot hasard renvoie à la notion de finalité : quelque chose se produit de manière inattendue par rapport à un but, conscient ou non. »

Chromosome : Les gènes sont rassemblés sur des chromosomes regroupés par paires : un provenant de la mère, l'autre du père. Les humains en possèdent 23 paires. La 23e est constituée des chromosomes sexuels : X (en provenance de la mère ou du père) et parfois Y en provenance uniquement du père.

Contingence (Théorie de la) : Théorie de SJ Gould qui la définit dans son livre *La vie est belle* (1989) : « ...de sorte que l'on est obligé à présent de regarder l'imposant spectacle de l'évolution de la vie comme un ensemble d'évènements extraordinairement improbables, parfaitement logiques en rétrospective et susceptibles d'être rigoureusement expliqués mais absolument impossibles à prédire et tout à fait non reproductibles ». Cette théorie est souvent présentée comme en opposition avec l'évolutionnisme : ce n'est évidemment pas le cas.

Contingence : Selon les définitions de Jean Gayon (1997), un des trois types de hasard : « Des événements (ou des classes d'événements) sont dits fortuits s'ils ne sont pas déductibles à l'intérieur d'une théorie, soit que cette théorie n'existe pas, soit que nous ne connaissions pas assez les conditions initiales pour faire une prédiction, soit enfin que les calculs nécessaires à la prédiction sont trop complexes. » Ces événements fortuits sont contingents à la théorie. Pour comprendre il cite le problème de l'accélération g. La valeur g est déductible dans la physique Newtonienne (il suffit de connaître la masse et la forme de la terre) mais ne l'est pas dans la loi Galiléenne de la chute des corps (une autre valeur de g est tout à fait possible).

Coolidge (effet) : Calvin Coolidge (1872-1933) a été le 30e président des États-Unis (1923-1929). On raconte que lors d'une visite d'une ferme qu'il effectuait avec son épouse, l'attention de cette dernière a été attirée par la frénésie sexuelle d'un coq et que le Guide lui expliqua que le coq faisait ça *des centaines de fois par jour*. Elle demanda alors que l'on répète ce fait au Président. Quand ce dernier passa devant le même enclos, le Guide tint promesse et lui vanta les exploits du coq. Alors Calvin Coolidge lui demanda s'il s'agissait toujours de la même poule : « Bien sûr que non » répondit le guide. Et le Président ajouta : « Vous direz *cela* à la Présidente. » Cette histoire (très certainement inventée) a donné son nom à l'augmentation de l'attrait sexuel d'un mâle pour une femelle qu'il n'a pas déjà montée. Est complémentaire de l'effet Westermark (chute de l'attrait sexuel pour une femelle déjà montée).

Copycat : En anglais : copieur, imitateur, plagiaire. Désigne la tendance naturelle à imiter les autres dans le choix de partenaire (loi de l'imitation de Dugatkin)

Couleur de peau : Globalement, la couleur de peau suit un gradient du nord (la plus claire) au sud (la plus foncée) mais ce n'est pas toujours vrai : à même latitude, les Européens sont plus clairs que les Asiatiques ou les Américains (d'origine). Diverses théories ont été proposées pour expliquer cette variation, la plus récente étant l'effet anti-parasitaire de la mélanine, responsable biologique de la couleur de peau. Peter Frost remarque que les femmes sont toujours plus claires que les hommes, que la blancheur est une caractéristique féminine et la noirceur une caractéristique masculine, et que la région où les femmes sont les plus blanches (Europe du Nord) est aussi celle où les femmes ont subi la pression sélective la plus forte et présentent le plus de variations (ex. : couleur des yeux). La sélection sexuelle aurait donc aussi eu un rôle dans la création de ce gradient.

Coût : Tout ce qui diminue son fitness. Opposé : Bénéfice

Darwinisme : Ensemble des théories de Darwin, telles qu'elles sont comprises, selon les époques. Il est connu que le darwinisme a subi en ses débuts l'attaque des religieux mais il faut aussi rappeler que le manque de bases à la transmission des caractères d'une génération sur l'autre a rebuté de nombreux scientifiques. Certains considèrent que c'est la redécouverte de la génétique en 1900 qui a sauvé le darwinisme.

Dérive génétique (*Genetic Drift*) : Processus de pure chance par lequel les fréquences génétiques peuvent changer sans stimuli externes. Ne peut exister que dans une population finie et ne se constate réellement que dans les populations de petite taille (voir Équilibre de Hardy-Weinberg). Certains ont considéré que la dérive génétique a été plus influente sur l'évolution que la sélection naturelle. Cette approche est maintenant rejetée (voir Sélection neutre).

Dilemme du Prisonnier : Modèle mathématique (jeu) présenté en 1951 par Merril Flood et Melvin Dresher et formalisé peu après par A.W. Tucker. Ce dilemme permet de modéliser et d'expliquer le développement de l'altruisme dans un groupe dont les individus ont des objectifs égoïstes.

Dominance faciale : Concept créé par Mazur et Mueller qui le définissent comme le degré auquel une personne est jugée en fonction de son apparence faciale en tant que dominant, autoritaire et leader, comme opposé à quelqu'un qui est subordonné, obéissant et suiveur. Ils ont remarqué que la mesure de dominance faciale est chez les hommes un meilleur critère prédictif de réussite sociale future que la beauté.

Dominance : « Capacité à gagner des conflits d'intérêts. » (Mesquida & Wiener, 1999)

Donnant-Donnant : Traduction française de *Tit for tat* (voir ce mot), stratégie dans un Dilemme du Prisonnier Itéré.

EEA (Environment of Evolutionary Adaptedness) : La lignée humaine a vécu la plus grande partie de son existence dans un environnement de chasseurs/cueilleurs, les villes et la civilisation n'étant apparues que très récemment (moins de 15 000 ans). On appelle *EEA* l'environnement correspondant à cette période. Remarques : le concept de *l'EEA* est assez flou : il se réfère à ce qui existait avant la civilisation et pas à un environnement précis et bien défini ; le concept de *l'EEA* est la différence principale entre l'évopsy et la sociobiologie ; *l'EEA* récent (moins de 1,6 millions d'années) correspond au Pléistocène (voir Ère).

Effet Cendrillon : Plus grande mortalité des enfants élevés par des non-apparentés biologiques.

Effet fondateur : Une population émigrante n'a que peu de chances d'être représentative du pool génique de la population totale d'origine et présentera donc d'autres caractères (psychologiques ou physiques) qui se répandront de générations en générations. L'effet fondateur combiné à la dérive génétique et aux variations de pression sélective explique l'apparition de certaines espèces.

Effort d'accouplement : Investissement sur la recherche de nouveaux partenaires sexuels. Voir Investissement et Investissement parental.

Égalité/inégalité entre les humains : Contrairement à ce que beaucoup croient, la Déclaration Universelle des Droits de l'Homme ne s'intéresse qu'à l'égalité *en droit* qui, selon les philosophes du XVIIIe siècle en France comme aux USA, constitue la seule possibilité de gérer les différences fondamentales entre les humains.

Épignétique : L'étude des changements héréditaires dans la fonction des gènes, ayant lieu sans altération de la séquence ADN. (Epigénome 2010).

Équilibre : Une situation est dite en équilibre sur un critère dans un environnement si des modifications modérées de cet environnement ne modifient pas ce critère ou si la situation retourne d'elle-même vers l'équilibre après modification.

Équilibre de Hardy-Weinberg : Hypothétique : dans une population infinie, la fréquence allélique restera constante s'il n'y a pas de mécanismes évolutionnaires.

Équilibres ponctués (Théorie des ~) : Approche de SJ Gould présentée par lui-même comme en opposition avec le gradualisme, ce qui est contesté par Dawkins. Pour Gould, l'évolution se caractérise par de longues périodes de stabilité, où il y a peu d'évolutions, entrecoupées de périodes brèves extrêmement instables, caractérisées par de nombreux changements d'espèces dues à des macromutations. Dawkins ne nie pas ce timing mais conteste les macromutations.

Ère : Unité de temps de l'histoire de la terre, qui se décompte à partir de l'apparition de la première roche (la durée précédente est appelée « hadéen »). L'ère se subdivise en « Périodes » qui se subdivisent en « Époques » (ou « Étages »). On distingue successivement, en millions d'années (Remarque : les différentes sources montrent beaucoup de différences de dates) : ère précambrienne (entre – 4 016 et – 2 500), ère protérozoïque (entre – 2 500 et – 545), ère paléozoïque ou primaire (entre – 545 et – 245), ère mésozoïque ou secondaire (entre – 245 et – 65), ère cénozoïque (tertiaire et quaternaire) (depuis – 65). Nous sommes actuellement, depuis 10.000 ans, dans l'époque holocène de la période quaternaire de l'ère cénozoïque. La période précédente, qui remonte jusqu'au début du quaternaire (il y a 1,6 millions d'années) était le pléistocène. (Voir *EEA*)

Érection : La nécessité chez l'homme d'avoir un afflux sanguin suffisant pour durcir son pénis et pénétrer une femme est considérée par certains comme un handicap au sens de Zahavi. Voir Pénis.

Espèce en anneau : Parfois le point précis d'une spéciation est impossible à déterminer. C'est le cas si plusieurs populations sont suffisamment proches pour que toutes soient interfécondes avec leurs deux voisines, alors qu'elles ne le sont plus avec celles plus éloignées géographiquement. On parle dans ce cas d'espèce en anneau.

Espèce : Comme pour le gène, il est très difficile de définir précisément une espèce. Depuis Ernst Mayr (1942), on considère que deux êtres vivants appartiennent à des espèces différentes s'ils ne peuvent avoir ensemble de descendant fécond. Exemple : l'âne et le cheval peuvent donner naissance à un mulet qui est stérile. Cela signifie que leurs évolutions respectives les ont suffisamment éloignés l'un de l'autre pour les séparer en deux espèces. En terme de taxonomie (voir : Gouillou, 2004) l'espèce est une subdivision du Genre, et elle se subdivise elle-même en « Sous-espèces » généralement appelées « Variétés » dans le Règne végétal et « Races » dans le Règne animal.

Eugénisme : Mot inventé par Sir Galton qui l'avait défini : « Ensemble (agrégat) des conditions les plus favorables pour une existence en bonne santé et heureuse. » Ensemble des méthodes permettant d'améliorer (santé, etc.) les membres de l'espèce humaine. Le sens est maintenant le plus souvent restreint aux actions génétiques, ce qui n'était pas le cas aux débuts de l'eugénisme (1883, Sir Francis Galton). On distingue l'eugénisme positif, qui consiste à mettre en place des actions pour que les personnes en bonne santé aient plus d'enfants, ou pour que les enfants eux-mêmes soient en meilleure santé, de l'eugénisme négatif, qui cherche à empêcher certaines catégories de personnes d'enfanter (stérilisation, etc.), très pratiqué en Occident dans les années 1920-1940. Remarque : l'eugénisme correspond à des actions collectives. Le fait de choisir le/la meilleur(e) partenaire pour avoir des enfants n'est pas appelé de l'eugénisme. L'opposé de eugénisme est dysgénisme.

Ève africaine : Surnom donné à une femme qui aurait vécu en Afrique il y a entre 200 000 et 400 000 ans et qui a transmis son ADN Mitochondrial à tous les humains vivant actuellement. Elle est donc notre arrière-...-grand-mère à tous, ce qui ne signifie pas qu'elle était la première femme.

Évolution : On distingue deux définitions de l'évolution : pour les Comparatistes : *L'évolution est le processus par lequel certains gènes deviennent plus nombreux et d'autres moins dans le pool génique.* (Dawkins, R., 1989, p. 72) ; pour les Indépendants : l'évolution est mesurée par le nombre absolu de copies d'un certain allèle. La définition comparatiste est la plus utilisée.

Évopsy : Raccourci de *Evolutionary Psychology* (Psychologie évolutionniste). On lit aussi : *Evol-Psych*.

Fécondité : Possibilité d'enfanter. Chez la femme, elle dépend principalement de l'âge (entre la puberté et la ménopause), de la qualité de l'entourage social (stabilité relationnelle) et de la santé. Certaines caractéristiques visuelles aident à la déterminer : elles correspondent à la beauté. Quand on dit que la fécondité baisse de moitié chez la femme occidentale actuelle entre 25 et 35 ans, cela signifie qu'un rapport sexuel complet a 2 fois moins de chance d'être fécondant à 35 ans qu'à 25.

Féminisme : À l'origine (XIXe) le terme désignait la lutte des femmes pour l'égalité politique (droit de vote, etc.). Depuis la deuxième guerre mondiale, le féminisme américain s'est durci et le terme désigne maintenant des mouvements marxistes fondés sur la lutte entre les sexes. Il est souvent appelé *gender feminism (g-feminism)* : féminisme de genre. En réaction, un nouveau type de féminisme est en train d'apparaître aux États-Unis : le féminisme individualiste (*i-feminism*) dont l'objectif est de défendre la liberté de chacun et qui donc se définit comme d'abord individualiste avant d'être féministe.

Fitness reproductif (*Reproductive Fitness*) : Le *fitness* serait le nombre de descendants à long terme. En réalité, comme on ne peut pas le calculer, ni même être certain qu'une action d'aujourd'hui aura un effet sur les générations lointaines à venir, on l'emploie surtout en tant que probabilité d'avoir beaucoup de descendants à long terme.

Gène dominant : Voir Allèle

Gène égoïste (*Selfish Gene*) : Image de Richard Dawkins (1976). Le gène (répliquant) est dit égoïste car il ne cherche qu'à se reproduire et pas à assurer le bien être de son porteur (le véhicule)

Gène récessif : Voir Allèle

Gène : Partie de l'ADN constituée d'une succession de 4 molécules et qui code les protéines. Le gène est, depuis la théorie synthétique de l'évolution l'unité de sélection : la sélection naturelle intervient à son niveau.

Génome : Ensemble des gènes caractérisant une espèce.

Génotype : Ensemble des gènes d'un individu.

Gradualisme : Théorie selon laquelle l'évolution se fait lentement par la sélection progressive de petits changements. S'oppose donc à l'existence de macromutations génétiques.

Handicap (Théorie du ~) : Théorie présentée par Amotz Zahavi qui postule qu'un comportement ou une caractéristique présentant un coût réel sera plus appréciée lors de la compétition sexuelle qu'un bluff.

Hasard : Jean Gayon (1997) distingue 3 sens au mot hasard : chance (ou malchance), aléatoire, contingence. Voir ces mots.

Héritabilité génétique : Coefficient mesurant à la fois l'hérédité et la variabilité d'un caractère du phénotype. Définition : proportion de la variance phénotypique provenant de la variance génétique. Exemples : l'héritabilité du nombre de doigts est très faible parce que tout le monde ou presque a 5 doigts à chaque main (il y a bien hérédité mais pas variabilité), par contre l'héritabilité du QI est très élevée.

Hiérarchie : Organisation d'une société humaine ou animale en fonction de qui domine qui. Les dominants ont un accès facilité aux ressources, ce qui augmente leur valeur reproductive et donc leur fitness. Toute société évoluée comporte de multiples hiérarchies, parfois complémentaires et parfois parallèles.

Hominidés (Hominoidea) : La superfamille Hominoidea comprend les Pongidae (Pongidés : orang-outan, bonobo, chimpanzé, gorille), les Hylobatidae (gibbon et siamang) et les Hominidae (humains). Les deux premiers sont appelés *Apes* par les anglophones, que l'on traduit le plus souvent par « grands singes » (Les *Great apes* sont précisément les pongidés). Voir Taxonomie

***IDP* (*Iterated Dilemna of Prisoner*)** : Dilemme du Prisonnier Itéré (voir ce mot)

Inclusive Fitness : *Fitness* vue du côté des gènes : inclut donc la parentèle (introduit par Hamilton pour sa théorie de la Sélection de la Parentèle)

Indemnité compensatoire : En France, somme due après le divorce par l'ex-mari à son ex-femme qui a arrêté sa carrière pour élever les enfants.

Infanticide : Meurtre des enfants. Est le plus fréquemment exercé par un mâle qui n'est pas leur père. Sarah Hrdy a montré que l'évitement de l'infanticide a une importance primordiale dans la constitution d'une société.

***Inspection Time* (Test d'~)** : Dans un test de décision simple, on mesure à la fois le temps d'inspection (IT) et le temps de réaction (RT). Comme le prévoyait Galton, une corrélation existe entre le facteur général d'intellligence (*g*) et le temps d'inspection (environ 0,50).

Investissement : Toute action faite pour obtenir un bénéfice. Un investissement se mesure en termes de coûts. On distingue l'investissement sur la recherche de nouveaux partenaires sexuels (*effort d'accouplement*) et l'*investissement parental*.

Investissement Parental : « Tout investissement fait par un parent sur un enfant qui augmente les chances de survie de l'enfant (et donc son succès en matière de reproduction), tout cela au prix pour le parent de sa capacité d'investissement sur d'autres enfants. » R.L. Trivers (1972) cité par Dawkins (1989, p. 172) qui ajoute quelques lignes après : « L'investissement parental se mesure en unités de diminution de l'espérance de vie des autres enfants, nés ou à naître. » Voir Effort d'accouplement.

IPM (Investissement Parental Mâle) : Version paternelle de l'investissement parental. On dit aussi *investissement paternel*. L'espèce humaine se caractérise par un IPM élevé (quoique non absolu).

Lamarckisme : Synonyme de transformisme ; souvent employé à tort pour désigner la transmission des caractères acquis.

Ligand : Les ligands agonistes sont des substances chimiques qui vont occuper des récepteurs spécifiques du cerveau et provoquer un effet. Les antagonistes occupent la place et empêchent la production de tout effet.

Limerence : Mot inventé en 1977 par le Dr Dorothy Tennov pour désigner l'état « être amoureux » dans ce qu'il est différent de « aimer ». Tennov a trouvé que la principale différence entre les 2 états est qu'en limerence, on attend une réciprocité, alors que l'amour peut ne pas la demander. Les travaux de Cynthia Hazan ont montré que cet état dure entre 18 et 30 mois et qu'il est du à un dégagement de Dopamine, de phényléthylamine (PEA) et d'oxytocine. Dorothy Tennov conteste les résultats de Hazan.

Macromutation : Mutations impliquant de manière coordonnée tout un ensemble de gènes.

Madone : Opposé à putain. Stratégie possible pour une femme qui consiste à mettre en avant la fidélité et l'engagement dans l'éducation des enfants. Ces stratégies sont ressenties par les hommes qui classent les femmes dans l'une ou l'autre catégorie.

Mariage horaire : Pratiqué par certains Musulmans qui se « marient » avec une prostituée le temps de la passe. Le mariage horaire est permis par l'Islam : son but original était de permettre à un homme d'être hébergé avec des femmes sans que celles-ci aient à rester en permanence voilées, ce qui n'a aucun rapport avec les relations sexuelles.

Masturbation : Selon Baker, l'orgasme permit en dehors de rapports sexuels par la masturbation a un rôle très important : chez l'homme, elle sert à évacuer les vieux spermatozoïdes pour les remplacer par des plus jeunes (principe du *FIFO* : *First In First Out*) et la femme peut l'utiliser pour sélectionner le géniteur qu'elle accepte en contrôlant son propre *orgasme* (voir ce mot).

Mème : À la fin de son best-seller, *Le Gène Égoïste*, Richard Dawkins postule que l'on peut étendre les notions de *véhicule* et de *répliquant* à d'autres domaines que la vie. Il définit ainsi par analogie les *mèmes*, qui sont les répliquants culturels, les unités de la sélection culturelle, qui utilisent les individus pour se propager. Le succès de cette idée a provoqué le développement d'une discipline scientifique : la *mémétique.*

Mémétique : Discipline scientifique qui étudie les *mèmes*.

Méta- : Le préfixe méta- est ici employé dans son sens de logique de classe : un méta-X est un X de X. Exemples : une méta-théorie est une théorie sur la théorie, la méta-philosophie est la philosophie étudiant la philosophie, l'ensemble de tous les ensembles est un méta-ensemble.

MHC (Major Histocompatibility Complex) : Partie du génotype. Les gènes du MHC sont les plus différents d'une personne à l'autre, au point qu'ils servent à l'organisme à distinguer ses cellules de celles des autres (essentiel en cas de greffe). Selon les études de Wedekind, ils sont distingués par la perception phéromonales : les femmes en période de fécondité préfèrent les phéromones des hommes ayant le MHC le plus différent du leur, alors que dès qu'elles sont enceintes, elles préfèrent les plus proches.

Mitochondrie : Voir ADN Mitochondrial

Module (cerveau) : Voir Processeur

Monogamie : Mode d'accouplement : 1 mâle pour 1 femelle. Opposé de polygamie.

Mutation : Changement dans la copie d'un gène d'une génération à l'autre. On mesure un *taux de mutations* correspondant à la probabilité qu'un gène mute lors d'une recopie.

Neutraliste (Théorie ~ de l'évolution) : Voir Sélection neutre.

Orgasme : Réaction physique et psychologique correspondant généralement au paroxysme du plaisir sexuel. Chez l'homme, l'orgasme s'accompagne de l'éjaculation (éjection du sperme). Chez la femme, il s'accompagne dans les deux minutes qui suivent sa sensation d'un mouvement du vagin qui aspire le sperme présent. Baker a déterminé que ce mouvement aspirant permettait la rétention de 70 % du sperme au lieu de 30 % dans les autres cas : l'orgasme féminin a donc un rôle dans la fécondation.

***OSR* (*Operational Sex Ratio*)** : Rapport du nombre de femmes non accouplées sur nombre d'hommes non accouplés.

Paradigme : Depuis Kuhn (1962) désigne la métathéorie en vigueur à une époque. Voir premier chapitre.

Parasite : Être vivant aux dépens d'un autre (l'hôte). L'influence des parasites sur le comportement n'est que depuis très récemment étudiée. Certains chercheurs (comme Paul Ewald et Gregory Cochran) pensent que l'homosexualité ainsi que certaines maladies psychiatriques (schizophrénie et bipolarité) sont dues à une infection parasitaire.

***Pecking Order* (Ordre des bécots)** : Hiérarchie existant chez les poules : elles se positionnent de la dominante à la dernière dominée, chacune des poules (sauf la dernière) ayant le droit de donner des coups de bec à celles qu'elles dominent mais pas à leurs supérieures. Par extension : système hiérarchique bien défini et comportement de pouvoir qui y mène.

Pénis (Taille du ~) : Contrairement à ce qui est le plus souvent lu, la taille et la forme du pénis sont des critères importants de sélection naturelle et sexuelle chez l'humain. L'humain est le primate ayant le plus gros pénis (principalement du fait que le système génital féminin est plus large pour laisser passer des têtes plus importantes). Sa forme est celle d'un racloir qui va faire ressortir les éléments présents dans le vagin, notamment le sperme des amants précédents.

Ph.D. (PhD) : *Philosopher Degree.* Doctorat américain, titre d'un diplômé d'un PhD. Se rajoute après le nom (ex. : Peter Frost, PhD)

Phénotype : Ensemble des manifestations d'un gène. Celles-ci peuvent être biologiques ou comportementales. L'effet ne se limite pas toujours à son porteur mais peut influencer l'entourage, c'est ce que Richard Dawkins appelle « Effet Phénotypique Étendu ».

Phéromone : Vient du grec *pherein* (transporter) et *hormon* (exciter). Les phéromones ont été définies par Terence Monmaney comme « les substances produites par un organisme qui provoquent une réponse non apprise chez d'autres membres de la même espèce ». Voir le site (en anglais) de Jim Kohl : http://www.pheromones.com

Polyandrie : Une des 3 formes de *polygamie* : une femelle pour plusieurs mâles. Extrêmement rare chez les humains (1 % des sociétés selon Buss (1994)).

Polygamie : Mode d'accouplement. Opposé de *monogamie*. Il existe trois formes possibles de polygamie : *polygynie*, *polyandrie* et *promiscuité*.

Polygynie : Une des trois formes possibles de *polygamie* : un mâle pour plusieurs femelles. Très fréquent chez les humains (74 % des sociétés l'autorisaient aux débuts 1990 (Buss, 1994)).

Pool génétique : Ensemble des gènes d'une population.

Problème adaptatif : Selon Cosmides et Tooby, problème sur lequel notre cerveau a été sélectionné.

Processeur (on dit aussi *module*) : En général : unité physique de traitement. On sous-entend le plus souvent : traitement d'information. En évopsy désigne les zones suffisamment spécialisées du cerveau pour avoir pu être sélectionnées (exemple : le processeur du langage).

Promiscuité : Une des trois formes possibles de *polygamie* : plusieurs mâles pour plusieurs femelles.

Psychologie évolutionniste : À l'origine : approche biologique du comportement humain respectant les 5 principes définis par Cosmides et Tooby. Est maintenant un terme générique pour toute approche évolutionniste de la psychologie. On peut prévoir que, de même qu'on ne dit plus « biologie évolutionniste » mais tout simplement « biologie », à très court terme on ne parlera plus que de « psychologie », l'approche évolutionniste étant toujours sous-entendue.

Psychologie : Selon Cosmides et Tooby (1997) : « la psychologie est cette branche de la biologie qui étudie : (1) les cerveaux, (2) comment les cerveaux traitent l'information et (3) comment les programmes du cerveau de traitement de l'information engendrent le comportement. »

Putain : Opposé à *madone*. Stratégie reproductive possible pour une femme, où elle ne met pas en avant la fidélité mais au contraire les multiples relations. Ces *stratégies* sont ressenties par les hommes qui classent les femmes dans l'une ou l'autre catégorie. Les putains ont été condamnées par la morale bien pensante (parfois brûlées au Moyen-Âge occidental, encore régulièrement lapidées au Moyen-Orient actuel) mais ce sont celles qui fascinent le plus les hommes (... qui aiment les putains et épousent les madones).

***Red Queen* (Reine rouge)** : Référence à la Reine rouge dans *De l'autre côté du miroir* de Lewis Carroll (1872) qui dit à Alice : « Ici, il faut courir aussi vite que tu peux pour rester à la même place. Si tu veux te déplacer, tu dois courir au moins deux fois plus vite. » C'est le principe même de la course aux armements.

Répliquant, Véhicule : Selon Dawkins, un *véhicule* est un support de *répliquants*. Un individu porte et transmets des gènes : ces derniers sont les *répliquants* et l'individu un *véhicule*. Les répliquants peuvent être autre chose que des gènes : Dawkins propose comme autre type les *mèmes*.

Ressources : En psychologie évolutionniste, désigne tout élément pouvant accroître le fitness : nourriture, eau, argent, etc. Selon les circonstances environnementales, certaines ressources sont plus prisées que d'autres. Dans certaines études, il est utile de distinguer les ressources nécessaires à la survie (nourriture, eau, protection) des ressources de prestiges liées à la sélection sexuelle.

Rétrovirus : virus dont le code génétique est composé d'ARN (au lieu d'ADN).

Sélection de la parentèle (Sélection hamiltonienne ou *Kin selection*) : Théorie proposée par W.D. Hamilton pour expliquer les comportements altruistes. Principe : si l'on se situe au niveau des gènes, un individu équivaut en probabilité à son vrai jumeau, deux de ses collatéraux, deux de ses enfants, etc. Un comportement altruiste qui présenterait un coût pour son acteur mais apporterait un avantage à suffisamment de sa parentèle peut donc être sélectionné. La formule de Hamilton est $RB > C$: l'altruisme est bénéfique au niveau du gène si le degré de relation R entre l'acteur et le(s) bénéficiaire(s) (noté en fraction : 1/2 entre deux frères, 1/8 entre deux cousins, etc.) multiplié par le bénéfice B obtenu par les bénéficiaires est supérieur au coût subi par l'acteur. On démontre que cette formule n'est pas valide dans un environnement où tout le monde a le même degré de relation (exemple : l'altruisme ne peut se développer par la *Kin selection* dans un groupe de dix frères)

Sélection naturelle (Sélection darwinienne) : Théorie de Darwin. Il a créé le terme en référence à la sélection artificielle effectuée par les éleveurs grâce à leurs croisements (Darwin lui-même élevait des pigeons). Le principe (simplifié) en est : tout être vivant disposant d'un avantage a plus de chances de transmettre ses caractéristiques aux générations suivantes et cette pression qui sélectionne les meilleurs explique la diversité des êtres vivants. La sélection naturelle présuppose que certaines caractéristiques qui diffèrent entre les individus ont un impact sur les chances de survie et/ou de reproduction et sont au moins partiellement héritables.

Sélection neutre : Théorie de M. Kimura qui la définit : « Contrairement à la théorie synthétique traditionnelle (ou théorie néo-darwinienne), l'hypothèse neutraliste affirme que la grande majorité des substitutions de mutants s'effectue non pas par sélection darwinienne positive mais par fixation aléatoire de mutants sélectivement neutres ou presque neutres. Ce modèle postule également que la majorité de la variabilité moléculaire intraspécifique, telle qu'elle se manifeste sous la forme du polymorphisme protéique, est sélectivement neutre ou presque et qu'elle est maintenue dans les espèces par l'équilibre entre la pression de mutation et l'extinction ou la fixation aléatoire des allèles. » (Kimura, 1983). Théorie rejetée en Février 2002 par Justin C. Fay *et al.* (2002)

Sélection sexuelle : Deuxième théorie de Darwin (1871) : elle postule qu'en plus de la *sélection naturelle*, les choix des partenaires sexuels ont une importance déterminante sur l'évolution.

SES : En français : stratégie évolutionnairement stable (*Evolutionary Stable Strategy = ESS*) ; en anglais : statut socioéconomique.

Sexe : On distingue le mâle de la femelle par la taille des cellules sexuelles : par définition, la femelle a les plus grandes.

Sociobiologie : Nom donné par E.O. Wilson à l'étude de l'origine biologique du comportement des animaux sociaux. Le terme avait été employé plusieurs fois avec différentes significations depuis au moins 1930 mais c'est Wilson qui l'a fait connaître. Pour des raisons politiques, ce terme est tombé en disgrâce.

Stabilité : Absence de changements brutaux. Une situation est dite stable sur un critère si l'équilibre de ce critère y est durable.

Stratégie : Une stratégie est une règle de comportement dans une interaction ou pour réussir dans un environnement complexe. *Tit for tat* est une stratégie possible du *Dilemme Itéré du Prisonnier*.

Stratégie évolutionnairement stable (*Evolutionary Stable Strategy* **:** *ESS***)** : « Une ESS se définit comme une stratégie qui, si elle est adoptée par la plupart de ses membres, ne peut être améliorée par aucune autre stratégie. » (Dawkins, R., 1989, p. 103) Concept introduit par John Maynard-Smith.

Stratégie reproductive : Ensemble des actions et moyens utilisés par une personne pour atteindre ses objectifs reproductifs.

Stratégie K : Stratégie reproductive consistant à avoir peu d'enfants mais à investir beaucoup sur leur éducation. Exemple : stratégie des humains.

Stratégie r : Stratégie reproductive consistant à avoir beaucoup d'enfants sans investir beaucoup sur leur éducation. Exemple : stratégie des fourmis.

Symétrie : Randy Thornhill a découvert que la symétrie verticale (droite-gauche) est un critère de sélection sexuelle important : la symétrie est le critère de beauté essentiel et est un signe fiable d'un développement harmonieux. Il a également constaté que les femmes ont plus d'orgasmes avec les hommes présentant le plus haut taux de symétrie.

Tabula Rasa : Mythe béhavioriste que l'enfant humain naît sans aucune programmation génétique ou pré-natale et peut être modelé à 100 % par l'éducation. Théorie attribuée à John Locke affirmant que le cerveau d'un bébé humain est totalement vierge à la naissance, et que ce sont les expériences qui formeront l'individu. L'expression en elle-même ne se trouve pas dans Essay de Locke (1690), mais dans sa traduction française (1700) de Pierre Coste. Ce mythe existe encore dans certains discours : « Tous les enfants ont le même potentiel de départ », etc.

Taxonomie : Science des lois de classification des êtres vivants. Se fonde actuellement sur le système de Linnée. Les unités de la taxonomie sont les taxa (au singulier : taxon). Pour la classification de l'homme et des principaux primates, voir http://www.evopsy.org

Théorie de l'esprit (*Theory of Mind : TOM***)** : « La théorie de l'esprit représente la capacité à détecter si les émotions signalées par ces expressions faciales reflètent ou non l'état émotionnel réel de l'individu. » (GEARY, 1998)

***Tit for tat* (ou T4T ou TFT)** : Stratégie pour le Dilemme du Prisonnier Itéré proposée à Axelrod par Anatole Rapoport (Canada). Consiste à coopérer le premier tour, puis à jouer systématiquement ce qu'a joué l'adversaire au tour précédent. Cette stratégie est le plus souvent gagnante dans les tournois. On en déduit que la coopération a pu se développer facilement dans un monde d'égoïstes. En français, on traduit par : *Donnant-donnant*

Transformisme : 1800 (59 ans avant Darwin) : Théorie de *Lamarck* fondant l'évolutionnisme contre le fixisme (défendu notamment par Cuvier). À noter que le transformisme ne proposait ni moteur ni moyen de l'évolution. Darwin apportera comme moteur la sélection naturelle, le moyen de l'évolution n'étant découvert que par Mendel.

Véhicule : voir Répliquant

Viol : Selon Thornhill, le viol est principalement une stratégie reproductive qui consiste à interdire tout choix à la femelle, qui est forcée. Chez les humains, un viol est plus fécondant qu'un rapport sexuel consenti par la femme. Deux types d'hypothèses pour l'expliquer : soit le violeur choisit sa victime selon sa fécondité (Gottschall, 2001), soit le viol en lui-même agit sur la probabilité de fécondation (Baker, 1995).

Virus : Parasite infectieux de la cellule.

Westermack (effet) : Chute de l'attrait sexuel du mâle pour une femelle déjà montée. Voir Coolidge (effet).

WHR (Waist to Hip Ratio = Ratio taille/hanche) : Ratio entre la circonférence la plus petite de la taille et la circonférence la plus large des hanches. Devendra

Singh a découvert qu'il s'agit d'un critère universel de santé et de beauté. Les femmes les plus belles ont un ratio de 0,70, tandis que les hommes sont à 0,95. La raison est liée à la répartition des graisses qui est différente chez la femme pendant sa période de fécondité (de la puberté à la ménopause).

Y (Chromosome) : Le chromosome Y n'est transmis que de père en fils. Cette caractéristique en fait l'équivalent pour les lignées paternelles de l'*ADN mitochondrial* pour les lignées maternelles.

YMS (*Young Male Syndrom* : Syndrome des jeunes hommes) : Constatation statistique que les hommes de 15 à 30 ans causent l'immense majorité des délits et crimes. S'explique par leur recherche de ressources pour obtenir une ou plusieurs épouses.

Index

T

V

W

Y

Z

Table des matières